松崎憲三◉著

民俗信仰の位相

変質と多様性をさぐる

岩田書院

はしがき

「葬列に出合ったら親指を隠す。そうしなければ親が早死にする」といった俗信をご存知の方は多いだろう。それが「霊柩車に出合ったら云々」となり、さらには死を連想させる救急車や消防車を見たら親指を隠す、といった例もみられるようになった。このように、俗信は時代状況に即して変質しながら今日でも息づいているのである。また、オウム真理教による地下鉄サリン事件以降、宗教離れが進んでいるといわれているが、その反面ではスピリチュアルブームがおこり、パワースポットめぐりも盛んである。さまざまな祭り・行事も、地域的特色を有しながら、あるいは多かれ少なかれ変質を遂げながら、各地で繰り広げられている。

本書は、民俗信仰に寄り添う人々が、何を取捨選択しながら今日ある姿に育んできたのか、またどのような意味合いをもって民俗信仰が維持されてきたのか、これらの点を明らかにすることを目的としている。

「民俗信仰」といっても、あるいは「あまり馴染みがない」と感じる人がいるかもしれないが、「民間信仰」から「民俗宗教」を経て使われるようになった用語である。その移り変わりの経緯については、谷口貢・宮本袈裟雄編『日本の民俗信仰』（八千代出版、二〇〇九年）に詳しい。「固有信仰」といったニュアンスの強い「民間信仰」を避け、また領域の拡大に伴って「民俗宗教」なる用語が使われるようになったものの、拡散傾向が否めず、しかも隣接分野から提唱されたということもあり、改めて主体的に体勢を立て直すべく、使用されるようになったのである。

筆者自身も、どちらかといえば「宗教」という言葉を好まず、民俗学特有の「人が寄り添い育むもの」という意味では、「民俗信仰」の方がふさわしいと考え、使用するようになった。ちなみに「民俗信仰」の示す範囲は、狭義の民俗神(田の神、野神、山の神や、荒神等)や俗信にとどまらず、祭り・行事も含むものとする。

本書では、現代社会にみられる民俗信仰を概観したうえで、夢占い、縁切習俗に触れ、その後、野神、人神、祭り・行事を取り上げている。いずれも可能な限り歴史的変化(変質)をトレースし、また多様な現状を把握したうえで、課題に取り組むべく努力したつもりである。多岐にわたる民俗信仰のうち、わずかなものを取り上げたにすぎないが、「民俗信仰に寄り添う人々」の発想の豊かさと、願いの切実さを垣間みていただければ幸いである。

ちなみに本書は、成城大学の科学研究費助成事業等間接経費のうち、研究成果の公表(出版等助成)支援により刊行されたものである。大学当局には衷心より感謝申し上げる次第である。

二〇一六年七月吉日

松崎　憲三

民俗信仰の位相　目次

第一章　現代社会と民俗信仰
—不安解消と癒しを求めて—

はじめに

日常の生活文化に焦点を当てるという民俗学の性格上、どうしても過去の固定した観念や静的な構造を扱う学問と考えられがちであるが、民俗学はその出発点から社会変動と深くかかわっていた。「明治期以降、いわゆる文明開化と呼ばれ、あるいは西欧化、近代化と呼ばれ、社会や生活が大きく変化するなかから出発し、伝承文化・民俗文化に注目しつつその学的体系を整えて来た」のが民俗学にほかならない。(1) 念のために近代以降の変化についてみると、先ず明治維新による西欧化・近代化、明治後期の殖産興業政策に伴う都市と農村の変貌があげられる。さらには大正デモクラシーによる変化、第二次大戦後のアメリカ文化の流入や昭和三〇年代から四〇年代にかけての高度経済成長を契機とする生活様式の一変等々である。とりわけ高度経済成に伴う変化はドラスティックであり、そのため生活革命とさえ呼ばれた。すなわち、生産・流通・消費システムの大規模な変革によって、社会関係や個々人の価値観・行動様式に著しい変化を来し、過疎化・過密化が進行するとともにグローバル化に伴って国際化や多文化社会化が進み、生活様式も大幅な変更を余儀なくされたのである。

ちなみに、ここにあげたような社会変動期にはさまざまな神仏信仰が流行し、また新宗教教団が雨後の筍のごとく生み出された。新宗教のうち、近世末期から明治初期にかけて成立した教団としては、天理教・黒住教などがあり（第一期）、少し遅れて明治後期に大本教が創立された（第二期）。最も大きな勢力を築いた教団は、大正末期から戦後にかけて成立したもので、ひとのみち（後のＰＬ教団）・立正佼成会・創価学会・真如苑などがある（第三期）。また昭和四五年（一九七〇）以後に主な発展期を迎えた教団には、崇敬真光・オウム真理教・統一教会などがあり、これら第四期のそれは特に「新々宗教」と呼びならわされている。(2)

なお、第三期までの新宗教は「貧・病・争」からの救済や「世直し」を約束し、新しい精神共同体や確固とした生活規律・価値観を提示することで多くの人々を惹きつけた。しかし第四期のいわゆる新々宗教は、若者の信者が多いのも特徴だが、心の浄化・向上や平安の回復、さらには神秘的な体験の獲得や超能力の開発を強調するものが多い。いずれにしても、新宗教・新々宗教は、民俗信仰の影響を受けたり、神道や仏教等の教義の折衷あるいは一部の強調によって、既成教団がもたらした環境のなかから成立している。こうして社会変動期に登場した教団は、庶民の不安解消、生活の方向づけに一定の役割を果たしてきたのである。

一方、社会不安や社会変動を背景に、何がきっかけか不明のまま突如として流行《はや》り出し、それも束の間のことですぐにおさまってしまうという神仏が、歴史的にみて幾度となく発現しており、これを流行神《はやりがみ》という。近世初頭に中部・東海地方に頻発した鍬神《くわかみ》信仰は、伊勢神宮の御師《おんし》が神々の種下しに使ったという鍬を神体として、村から村へと送りながら踊り歩くというものであった。豊穣を祈願する一種のオルギッシュダンスであり、江戸幕府崩壊前夜の世直し踊り「ええじゃないか」に通ずるものがある。もう一例あげるならば、時代的にはずっと下るが、第二次世界大戦時、八幡八社参りや千社参りに代表される武運長久祈願、千人針に象徴される弾丸《たま》除け祈願が爆発的な流行をみせた。後者との関連で、戦時下に大流行した神社・小祠をみてみると、山梨県忍野村内野の天狗社、島根県出雲市の旅《た》伏《ぶす》神社等々、なぜか天狗を祭神あるいは祭神の眷属《けんぞく》(使わしめ)とするものが多い。その理由については、自らの意思とかかわりなく生と死に直面することを余儀なくされた人々が、生と死を司る神仏のうち最も強力な天狗への祈願へ殺到したため、と考えられている(3)。このように、流行神も庶民の不安解消に重要な役割を果たしているのである。

さて以下では、社会変動といっても主として身近な人口構成や家族構成の変化に留意しながら、民俗信仰のトピックスをいくつか取り上げることにしたい。

一　家族生活と民俗信仰

今日では、おじ・おばなどの親族や奉公人などが同居する大家族はほとんどみられない。夫婦とその後継者となる一子の夫婦、および未婚の子女といった三世代からなる直系家族も減り、夫婦と未婚の子女が一人か二人という核家族が多くなった。これが戦後の流れである。産業構造の変化や住居のあり方、価値観の変化等々が、そうした状況をもたらした要因である。最近では、子どものいない夫婦家族や高齢者の夫婦家族、父子・母子家族も目立つようになった。これら以上に急増しているのが一人住まい、一人世帯であり、都市部や過疎地で際立っている。唐突に響くかもしれないが、そうしたなかで注目されているのが「家族の一員」としてのペット(愛玩飼育動物)なのである。ワニや大蛇を飼育していた人が、うっかり逃がしてしまったり、飼いきれずに放置し物議を醸したという報道が時折マスコミを賑わす。しかしここで注目したいのは、主としてペットとしての犬・猫である。

ペットフード工業会の平成一六年(二〇〇四)の推計では、全国で飼われている犬の数はおよそ一二四五万匹、猫は一〇三七万匹余りだという。このうち犬は、祖父母・息子夫婦・孫が同居するような賑やかな家庭環境で「家族の一員」として飼われる傾向が強く、また猫は独身女性や子どものいない夫婦など、家族員数の少ない静かな家庭でかわいがられる傾向が強いという。いずれにしても、ペットを媒介として家族間の軋轢を緩和したり、空白を埋める潤滑油としてペットは重要な役割を果たしているのである。新聞に目を通すと、「イヌやネコと暮らして人の豊かさを取り戻そう」、「愛する「家族」を失うとき、ペットロスビデオ発売」、「全国ペット霊園ガイド」、「ペットは入信できる?」、「老犬の痴ほう増加、かなわん」等々の記事が目に飛び込んでくる。その内容はさまざまだが、ペットが家族並、いやそれ以上に丁寧に扱われていることがわかる。その点を、ペットの供養を通して確認することにしたい。

ペットを処理する方法としては、自宅の庭に埋葬するほか、東京都の場合、区部では有料で都清掃事務所が、市町村部では市役所や役場に連絡すれば引き取ってくれる。しかし、「家族の一員」としてのペットをゴミ扱いしかね、民間のペット霊園に供養・埋葬を依頼することになる。江戸期の都内の遺跡から犬・猫の石塔が発掘されたり、墨田区両国の回向院(浄土宗)のように、古くからペットの供養を手がけていた寺院もある。しかしペット霊園は昭和初期頃から創設されはじめ、急激に増えるのは昭和五〇年(一九七五)以降である。

そのうち、昭和三二年(一九五七)と比較的早い時期に開園した東京都調布市深大寺にある世界動物友の会では、平成四年(一九九二)の調査時点ですでに「開園以来現在までの納骨数は、一〇万体ではきかない」という。ペットのお骨や位牌が祀られている納骨堂の内部には、「霊座」と呼ばれるロッカー式仏壇がズラリと並んでいる(写真1-1)。「霊座」は五段階に分けられ、ロッカーの高低の位置と容積とにより、二万三〇〇〇円から四〇万八〇〇〇円まで、使用料に幅がある。また、ロッカー式の「霊座」のほか、合葬を旨とする「合同墓」もある。この「合同墓」は、「息子の代になって誰も参らなくなってはかわいそうだから……」、「誰かが絶えずお参りしてくれるから」との理由で利用者が多い。家族構成の変化によって墓の継承者がおらず、無縁墓が増えつつある人の供養のあり方の一つを、このペットの「合同墓」が示しているともいえる。ちなみに、盆や春秋の彼岸の供養、年忌供養が、人間のそれ同様になされていることはいうまでもない。

先の家族構成の変化に次いで、人口構成の変化を概観してみると、日本は多産多死の時代から多産少死の時代（昭和初期から昭和二五年（一九五〇）頃まで）を経て、少産少死の時代に至り、今や少産多死の時代に入ったといわれるように、急激に人口構造の変化を来し、少子化・高齢化を迎えた。さらに後者について細かくみると、六五歳以上の人口が総人口に占める割合は、昭和二〇年には五％に満たなかったが、昭和四五年には七％を超え、高齢化社会に至った。そうして平成六年（一九九四）には一四％にまで達し、高齢社会に突入した。そうしたなかで古稀・喜寿・傘《さん》寿《じゅ》・米寿といった年祝いが盛んになり、長寿にあやかろうとする習俗、イベントも各地で繰り広げられるようになった。その一方で、老人の自殺や老人に対する虐待問題、寝たきり老人と介護をめぐる問題等々がクローズアップされることになった。そうして昭和四七年に有吉佐和子が『恍惚の人』なる小説を世に問い、そのなかでポックリ信仰に触れたところ、にわかに注目され、一種の社会現象として爆発的に流行した。

写真 1-1　ペットの霊座（東京都調布市）

ちなみにポックリ信仰とは、「健康で長生きし、万一病気になったとしても長患いせず、しもの世話にもならず、安らかに往生をとげたい」という心意に基づく信仰であり、老人たちの尊厳を保つ最後の手段と考えるむきもある。対象となる神仏は多様であるが、庶民になじみ深い地蔵が圧倒的に多く、しかもイビダレ除け、タレコ止め等々の失禁防止といった現世利益的側面の強いことがうかがえる。観音や阿弥陀についても、現世と来世の二世安楽を謳っているものの、やはり現世利益的側面にウェイトが置かれている。西日本に散見される那須与一公墳墓・石塔に関しても、弓の名人に「しものやまいをいぬく」ことへの期待感が大きかった。寝たきり状態になって、身体も思うように動かせず、他人にしもの世話になることは、人間としての尊厳を傷つけられることであり、そうした事態への不安と拒絶反応が流行の主たる要因といえる。

参詣者は女性が中心であり、病んでいる老人本人や介護に当たっている人など切実な問題を抱えて藁をもつかむ思いで出向く人がいる一方、自らの老いを見越して、レジャーを兼ねてあらかじめ参詣に赴く人も少なくない(4)。

老人がレジャーを兼ねて赴く場所として都内で想起されるのは、豊島区巣鴨のとげ抜き地蔵であろう。ここは若者のファッションの街原宿にあやかって、「おばあちゃんの原宿」と命名されている。モンペとスラックスとを折衷した「モンスラ」発祥の地ゆえ、そのように呼ばれているのである。毎月二四日は地蔵の縁日とされ、老夫婦や老婦人数人のグループが数多く参詣に訪れる。今日では二四日のみならず、四のつく日はいずれも混雑する。地蔵通りの入口には、祈禱師・占い師が数人店構えをしており、地蔵通りに入ると食堂や洋品店に混ざって、薬局やセキ止めのカリンを多数揃えた果物店が立ち並んでいる。今やとげ抜きのみならず、病気治し一般にまで拡大されて信仰を仰ぎ、そのためこの種の店も多い。

とげ抜き地蔵の縁起にはいくつかバリエーションがあるが、その主なものを紹介しよう。正徳五年(一七一五)に毛利家で働く御殿女中の一人が、折れた針をくわえているうちにうっかり飲み込んでしまった。針は喉に立って、さらに腹のなかに入っておおいに苦しんだ。そこで毛利家出入りの西順という僧侶が、この霊験あらたかなる地蔵の御影《みえい》(紙に印刷した小さな像)を頂戴しなさいといって、水とともに飲ませた。しばらくすると女中は腹のものを吐き、それをみると針が御影を貫いていた。一同不思議の感に打たれ、やがてそれが流行神になった、という内容である。多少の浮沈はあっても、近世来流行神としていろいろな人たちの信仰を仰いできた。特に現在は、高齢社会に見合う形で、老人たちの人気を博している。

地蔵といえば、子授け地蔵、子育て地蔵、夜泣き地蔵など子ども、女性とかかわる名称、ご利益のものも多い。地蔵の梵名はクシティ・ガルバであり、クシティとは大地、地霊を意味し、ガルバは童子を意味する。したがって丸坊主に似た声聞形という像容と相俟って、子どもの守護仏となりやすかった。なお、七月二三・二四日（八月の所もある）には全国で地蔵盆が繰り広げられるが、とりわけ近畿地方で盛んである。地蔵に化粧を施したり、百万遍の数珠を繰る、金魚すくいなどのアトラクションを催すなど、さまざまな形で行事が執行される。地蔵を祀っていない団地などの地域でも、京都市中京区の壬生寺（律宗）からレンタル地蔵を借り出し、子どもたちを楽しませてあげるとともに、お互いによく知らない団地の住人同士がコミュニケーションをはかる意味で、地蔵盆を行っているのである。

写真 1-2　水子地蔵（東京都港区・増上寺）

今日の地蔵信仰で、もう一つ忘れてはならないのが水子地蔵である（写真1-2）。水子とは、さまざまな事情によってこの世の空気を吸うことのできなかった胎児を指し、うしろめたさや哀れさから菩提を弔うというのが水子供養である。対象となる神仏としてはほかに観音も無視できないが、地蔵の方がポピュラーである。水子供養は、胎児の生命の尊重とその抹殺といった、認識と行為との間のギャップを埋めるべく、マスコミ等に喧伝されて受容されたもので、一部宗教者による祟りの強調と、母親を取り巻く社会環境の変化、すなわち地域社会や家族の崩壊に伴って、相談し悩みを共有できる人々がいなくなり、不安の個別化が進んだ結果、爆発的ブームになったものと考えられる(5)。

なお、水子ブームに関しては、「一九七〇年代前半に、戦後の混乱期に子供をおろした主婦層の心をとらえた」第一期と、一九七〇年代後半から八〇年代にかけて「水子ソングや水子キャラクターが生まれ、若い女性が押しかける」という第二期水子ブームに分けられるが、その後はブームが鎮静し、習俗として定着したものとされている(6)。

二　都市生活と民俗信仰

大都市の宗教空間を模式的に描くと、東京では先ずその中心部を、明治神宮・日枝神社・増上寺(浄土宗)・寛永寺(天台宗)などの大寺社、さらには創価学会・立正佼成会などの新宗教教団が占めている。一方周辺部には、巣鴨とげ抜き地蔵や酉の市で知られる浅草の鷲《おおとり》神社に代表される比較的小規模な寺社が立地し、都心・周辺を問わず路地裏やビルの屋上には小祠・小堂の類がみられる。さらには都市のヘソとも目される、俗なる空間・盛り場の一画にも信仰対象が設置されており、不思議な情景が醸し出されている。

盛り場のそれについていえば、東京では千代田区大手町のオフィスビル街の一画にある将門(の首)塚、大阪ではキタと並ぶ盛り場ミナミ(大阪市中央区難波)にある法善寺横丁の水掛不動がその代表だろう。

さて法善寺(浄土宗)は、かつては広大な境内地に寄席があり、その周辺にさまざまな見世が乱立して盛り場を形成していた。しかし堂宇は戦災により焼失してしまい、水掛不動だけが残り、今日篤い信仰を集めている。「昼は信心深い日参組、わざわざ回り道して参詣する人たち、通りすがりの参詣人など、これらの人びとは老若男女あらゆる階層にわたる。これが灯ともし頃になると様相が一変し、横丁徘徊の酔人たちが一様に不動尊に立ち寄る。洗心水なる井戸の水を自ら汲んで、火焔《かえん》の中に立つ憤怒の形相の苔むす不動尊に水をかけ、線香の煙をくゆらせ一心に拝む。その姿は真剣そのもの」だという。(7) この不動はよろず祈願に御利益があるとされており、不安や絶望に直面した人のみならず、ついでに立ち寄ってとにかく手を合わせる人など、祈願内容は各人各様であることが知られる。

他方大手町の将門(の首)塚は、周辺のサラリーマンやOLたちの信仰対象となっている。将門伝説は、きわめて広い範囲にわたって分布しているが、大きく二つの系統に整理することができる。一つは将門調伏の霊異を語るもので、神仏霊験譚や高僧たちの法威譚として、主に京都を中心に語り伝えられてきた。もう一つは超人性を強調するもので、『太平記』に記されているように、将門の身体は不死身の「鉄身」で、唯一の弱点は米噛みだけでそこに矢が当たったとされており、それが一方の基調をなしている。

そうしたなかで将門の超人ぶりを示すもう一つの話は、その首をめぐる怪異譚である。俵藤太(藤原秀郷)に討たれ、切り取られた首は都に送られて曝された。その首はいつまでも目を閉じず、みる者を怖れさせたといわれ、また獄門を抜け、骸《むくろ》を求めて東国に飛び帰り、それを葬った所が千代田区大手町の首塚とされている。ここは神田明神の旧地でもあり、今日でも隔年に神田明神の神輿がここまで渡御することになっている。

この首塚は関東大震災後、昭和一五年(一九四〇)の落雷時、戦後のモータープールの建設時と、将門塚崩壊の各機に際して、必ずといってよいほど天変地異、あるいは災禍が発生し、しかもその災禍が将門の怨霊の祟りと認識され、盛大な供養祭を執行することにより祟りの解消がはかられてきた。そうして戦後間もなくして、将門塚の土地は大蔵省から東京都に払い下げられ、さらに各企業に売却された。そうして塚の周りに巨大なビルが建設される都度、将門の祟り伝説が生まれていった。以下、いくつか紹介してみよう。

昭和三〇年(一九五五)頃、三井物産ビルの設計に当たって、都に将門塚買収の申請書を提出した。しかし社内から「祟りがあるといけない」との反対意見が出、半年後に取り下げられた。またビル建設工事は二年半で完了する予定であったが、法規に抵触するなどで一時工事が中断され、大幅に遅れた。それについても「将門塚を買い取ろうとしたせいだ」と噂になり、法的不手際に起因するにもかかわらず、将門の祟りと結びつけて解釈しようとする傾向が強かった。さらに一九八〇年代には、将門塚周辺ビルの会社員が次々と発熱して倒れるという事態もおこっている。この時も、将門塚にお尻を向けて座っているからだということになり、窓際の人間の机の向きを変えるという処置を先ず旧日本長期信用銀行がとり、旧三和銀行、次いで三井物産もそれに倣って同様の処置をとった。こうしてみると、将門の霊が祟るという認識こそが、高層ビル街のど真中に摩訶不思議な空間を残した原動力といえる。今日でもサラリーマンやOLの参拝が多く、お供えの花束も絶えることがない。

一方、石切剣箭《つるぎや》神社(祭神:饒速日尊《にぎはやひのみこと》・可美真手命《うましまでのみこと》)は、大阪府と奈良県境を南北に走る生駒山系の西麓にあって、石切さんと呼ばれ親しまれている。「病気治しの神様」として知られ、さほど大きくない神社に、熱心な信徒が年間三五〇万人余り訪れるという。石切神社は一〇世紀前半にまとめられた『延喜式神名帳』にも記載されている由緒ある神社であるが、近世においては近郷の住民が支える地域神社にほかならなかった。元禄年間(一六八八〜一七〇四)に近郷に疫病が蔓延した時、五か村の氏子が協力して祈願祭を執行し、以来今日でも八月三日から四日にかけての夏祭りとして引き継がれている。しかし、大正三年(一九一四)の大軌鉄道(現近鉄奈良線)の敷設により、大阪市周辺からの参詣者を大幅に増加させ、「病気治しの神様」のご利益のもと、地域を超えた信徒をもつ崇敬社としての色彩を強くしつつ発展を遂げた。

石切駅を降りると、いきなり、占いや祈禱関連の看板が目に飛び込んでくる。一人で店を構える占い師・祈禱師もいれば、共同で占いの館を構えているケースもある。日本中を探しても、これだけの店が集中している所はおそらくないだろう。また狭い参道には、みやげ物屋・食堂が軒を連ね、漢方薬店も目立ち、「耳ナリの神様」その他の小祠も点在する。そうして最後に目を見張るのは、境内におけるお百度参りの光景である。社殿と鳥居との間にお百度石なるものが設置され、社殿とこの間を百度往復して願をかけるというのがお百度参りで、中高年の女性を中心に競い合うように走り回っている。日曜や神社の祭日には二〇〇人近い人たちが押し合い圧《へ》し合い、異常な熱気である（写真1-3）[8]。石切さんは大都市大阪の周辺にあって、立地のうえでは巣鴨のとげ抜き地蔵と近似するが、おどろおどろしさは比べものにならないほどである。ことに占い師・祈禱師の店は、神社を挟んで参道二方の外延へ外延へと広がり、平成一五年（二〇〇三）頃に来た時より倍近く増え、一〇〇店舗に及ぶほどである。それだけ需要が高いということを示している。

写真1-3　お百度参り（大阪府東大阪市・石切さん）

結びにかえて

都市部のデパートやスーパー内を歩いていると、必ずといってよいほど占い師・祈禱師のコーナーが目にとまる。近年ではそういうものがあっても違和感を覚えない。いわば現代の風景として定着しているといっても過言でない。また、石切さんや巣鴨のとげ抜き地蔵界隈のみならず、若者の街として知られる渋谷区原宿の竹下通りにも「占いの館」なるものがある。二〇人ほどの占い師・祈禱師の経歴を記した顔写真入りのプレートが館内に掲げられており、依頼者はそのなかから好みの人を選んで占ってもらうシステムになっている。他人に占ってもらうのみならず、ファンシーグッズを用いた創作おまじないが少女を中心とする若年層の間で盛んに行われており、コックリさんブームも繰り返しおこっている。

こうした昨今の占いブームには、雑誌やメディアが大きな役割を果たしていることはいうまでもない。占いの方法は種々存在するが、過去の出来事を解釈して病いや不幸の原因を探ってその解決策を見出したり、他方では進学・就職・結婚・転居等、不確実な未来を予想する手だてとして活用されている。その占いが、現代人が抱える原因不明の漠然とした不安・不満解決法として、大きな位置を占めているのである(9)。

一方、書店の民俗学関連コーナーを覗くと、修験道や陰陽道、妖怪や憑霊信仰関連の書物が山積みにされている。老若男女を問わず、非合理的なものへの関心、摩訶不思議なものへの好奇心がいかに強いかを知らされる。だからこそ霊感商法まがいのものが次々と現われ、その餌食となる人も少なくないのである。御霊光・神書・お守り様など、宗教じみた怪しげな商品を販売したとして、平成一九年(二〇〇七)末頃から翌年にかけて話題となった企業グループ「神世界」の一件は記憶に新しい。その活動は、カリスマ性をもった教祖がいて、一つの世界観に基づく教理と信徒組織を整えた宗教教団のそれとは、明らかに異質なものだった。

ともあれ、現代人はめまぐるしく変転する社会のなかで、さまざまな問題や悩みを抱えて生活している。人間関係が疎遠な今日だけに相談相手も少なく、解決の糸口、癒しの場を人々は求めている。そうした宗教的欲求に応える形で、多様な民俗信仰が各地に息づいているのである。

註

（1）倉石忠彦「民俗学の現状」『日本民俗学』二一三号　日本民俗学会　一九九八年　一〜三頁。
（2）島薗進「新宗教」『日本民俗宗教辞典』東京堂出版　一九九八年　二九一頁。
（3）岩田重則「天狗と戦争」『近代庶民生活の展開』三一書房　一九九八年　二二四〜二二五頁。
（4）松崎憲三『ポックリ信仰』慶友社　二〇〇七年　一〜七六頁。
（5）松崎憲三『現代供養論考』慶友社　二〇〇四年　三九五〜三九六頁。
（6）森栗茂一『不思議谷の子供たち』新人物往来社　一九九五年　二〇七〜二一二頁。
（7）岩井宏實「都市の風景」『月刊文化財』二五八号　第一法規出版　一九八五年　二二一〜二二五頁。
（8）森下伸也「デンボの神様―石切神社―」『生駒の神々』創元社　一九八五年　一一四〜一二二頁。
（9）鈴木正崇「占いの世相史」『都市の暮らしの民俗学３・都市の生活リズム』吉川弘文館　二〇〇六年　九一〜九三頁。

第二章　夢占いおよび初夢をめぐって
—逆夢、夢違えに着目して—

はじめに

今日占いは、きわめて身近な存在となっている。書店にはさまざまな占いに関する本が積まれ、雑誌には毎週・毎月、占いの記事が掲載されている。またパソコンや携帯サイトでの占いも流行し、メディアを介した手軽なものが普及している。その一方、街中はいうまでもなく、デパートの内などでも占いコーナーをよく目にするようになり、専門の占い師による判断を求める人も多い。そのなかには「よく当たる」と評判になると、自分も診てもらおうと多くの人が訪れ、長蛇の列をなすに至る。有名な占い師のなかには、「新宿の母」「原宿の母」「銀座の母」などと称する人もいる。占い師も相談する方も、どちらも女性の方が多く、母とか父とかの命名に関しては、「占い師を擬似親とし、その場限りの擬似家族を作り出して、ともに悩みを分かち合うことで、実母、実父では満たされない相談事の解決の場を託す場になっている」といった指摘もなされている(1)。

擬似的親子関係を軸としたカウンセリングの場、それが占い(コーナー)ということもできる。確かに占いには、一つの指針を得て安心感を得る心理療法の働きがあり、自分を見つめ直す機会ともなる。しかし、深刻に悩み、占いを頼りとする一方で、遊び心で占いに興じる人も少なくない。いずれにしても多くの場合、占いは現世利益にからむ未来の指針の探求、この一点に集約されるといって過言でない。人は誰しもが幸福を願い、また不幸な状況に置かれた人はその不幸から逃れようと、未来を覗き込もうとする。こうした人々の気持は今も昔も同じであり、だからこそ占いが廃れないのである。

占いの方法は種々存在するが、古くから重要視されてきたものに夢占いなるものがある。夢は誰しもが見ることができ、身近な存在でありながらコントロールすることが難しく、全くの自然現象であり、その現象を単なる自然現象、生理現象とみるに留まらず、何らかの暗示(神の啓示)と考えられてきた。本章では、「逆夢」「夢違え」という発想に着目しながら、古典的な占い方法としての夢占い、そして初夢に分析を加えることにしたい。

一　夢占いをめぐって

夢占いの歴史は古く、夢は古代人が神々と出会う回路にほかならず、王朝文学には夢を見るための参籠のことがしばしば登場する。ご承知のように、法隆寺の夢殿も、聖徳太子の忌み籠りの聖所にほかならなかった。また『日本書紀』には、王位を継ぐべき者を夢見で決めた記事がみえ、[2]夢合せ(夢解き)は古代にあっては多大な影響力をもっていた。夢の売買も、古代のみならず中世に至るまで行われていた模様で、西郷信綱の『古代人と夢』は、これらを扱いつつ、夢を通して人間の思惟と文化の源泉に迫った力作である。[3]一方、花部英雄の「夢とまじない」は、民俗としての夢の一般的傾向を明らかにするとともに、夢を見る前後の呪い(呪い歌)に検討を加え、庶民が夢をどう受けとめ、対応したのかを明らかにした論考である。[4]

また宮家準は、『生活の中の宗教』の第五章「卜占と巫術」において、寺社や民間で行われている種々の占いを整理したうえで、(1)自然的占いか手段的(人為的)占いか、(2)客観的(非霊感的)占いか主観的(霊感的)占いか、この二つを指摘して、表のように四つに類型化できるとしている(表2-1)(5)。

先ず自然的で客観的占いである「予兆」は、夕焼けだから明日は天気になるというように、一つの現象が続いておこる他の現象を予知させるものをいい、前兆あるいは単に兆とも呼ぶ。そうして、それに引き続いておこる現象を応と称している。なお、予兆とされるものには天体現象、気象、動植物・人間の状態や動作、出来事などがあり、神聖性をもつと信じられているものの異様な状態や行動が予兆の対象とされ、一方、予兆によって判断される事象(応)には天変地異や気象、人間の運命、豊凶に関するものが多いという。

次いで手段的で客観的占い「卜占」であるが、これには多種多様なものがある。神事として行われている卜占には亀卜・鹿卜のほか、粥占や弓占・馬占(流鏑馬《やぶさめ》)などがあり、御神籤も神意をうかがう占いの一種にほかならない。一方、民俗信仰的な占いも豊富で、辻占・橋占・夕占、石占・水占・草占・花占、下駄占、綱引きによる占いなどがある。最後になるが、卜占者によって行われるものとしては、易学・気学・九星術・四柱推命のように宇宙の運行に照らして吉凶を卜するもののほか、人相・手相・骨相など人体の身体的特徴を基にするもの、印相・家相・墓相などその人の持物や方位によるもの、さらには占星術など多様なものがあげられる。

手段的で主観的占いである「巫術」は、巫者(呪術宗教的職能者)がトランス(通常意識の喪失)状態になり、超自然的存在と交流して災厄の要因を聞き出したり、将来の吉凶などを判じるもので、シャーマニズムとしてよく知られているものである。

さて、自然的で主観的占いである肝心の「夢占い」であるが、これも巫術と密接なかかわ

表2-1　占いの種類(宮家註(5) 1980年より)

	自然的占い	手段的占い
客観的占い (非霊感的占い)	予　兆	卜　占
主観的占い (霊感的占い)	夢占い	巫　術

りをもつとされている。たとえば夢のなかで現在いる所から遠く隔れた所へ赴くのは、睡眠中にその人の霊魂が身体から抜けて、そこに行ったことによると信じられている節《ふし》があった。また睡眠中にその人の霊魂が、火霊《ひとだま》や、虫などになって身体から出るのを目撃したなどといった話も伝えられている。昔話のなかに「夢の蜂」「夢買い長者」と称する一群の話型がある。(6) 昼寝をしている男の鼻から蜂などの昆虫が飛び出し、再びその男の鼻に入ると目がさめる。その男は傍らの友人に、夢で財産の隠し場所を知ったと話す。友人はその話をいくらかの金で買い、問題の場所(木の下、岩屋の中、糞の下など)を掘ると、沢山の財宝がみつかり、長者になるというものである。夢を買う話には、昔話のほか『宇治拾遺物語』や『曽我物語』などの古典にも見出すことができ、しかも全国的な分布を示している。日本のみならず、中国やシベリア、ヨーロッパなどにも認められる。人間の霊魂が昆虫の姿を借りて睡眠中に身体から出ていくとする信仰を背景に成立し、広く流布したものとみることができる。

霊魂が身体から出ていくというこれらの話とは逆に、遠く離れた人、死期の近い人や神仏が夢枕に立つという話もあり、伝承レベルで多くの事例を確認することができる。そしてこれに関しては、死期の近い人の霊魂や神仏が夢を見ている人の所を訪れ、場合によっては憑依したことを示すと説明されている。このように夢占いは主観的(霊感的)色合いが濃く、巫術ともかかわるのである。一方、夢は見たくても見られないし、見たくなくとも見てしまい、時には金縛りにあうこともありうるというように、自然的占いの性格を帯びている。

ところで夢占いは、古くは次のような順序でなされた。(7) 先ず夢を見るためには世俗を離れた堂舎に籠り、斎戒沐浴しなければならない。断ち物をしたり、物忌みに服するよう求められることも少なくなかった。こうした準備のうえで睡眠し、夢を見た場合には、その夢を占い師に話し、その意味や吉凶を判断してもらわなければならない。これを夢合せ(夢解き)と称しているのである。その結果、吉夢であれば、先に触れたように、これを売買することもあったようである。逆に凶夢の場合には、その夢を忌んで祈願したり呪《まじな》いをするなど「夢違え」が行われた。現代では、いうまでもなく夢合せ（夢解き）をする占い師などいないといってよい。しかし、夢占いの基準を示した書物はいくつか出版されているようであり、宮家はそのなかでもよく知られている『高島易断・夢判断全書』（神宮館刊）の「夢判断例集」を取り上げて分析を加えているが、これについては改めて言及することにしたい。

二　『岩手の俗信』第三集「心霊と占いに関する俗信」から

岩手県教育委員会編刊の『岩手の俗信』第三集「心霊と占いに関する俗信」は、昭和五六年（一九八一）に刊行されたものであるが、調査自体は岩手県統計調査課が昭和二二年に全県下で実施したもので、一万の俗信を収集したという(8)。ただし、具体的な調査方法に関しては記載されておらず、郡単位の報告がなされている。その整理に当たったのは石川栄助（岩手大学教授。刊行時点では名誉教授）であり、昭和二七年に第一集「時制に関する俗信」、同二九年に第二集「天文・時制に関する俗信」が刊行されているものの、今となっては入手は困難である。なぜか調査から大分時間が経過してしまったが、ようやく刊行の運びとなったのが第三集である。第一編「心霊に関するもの」がおよそ三一頁を割いているのに対して、第二編「占いに関するもの」は六七頁に及び、幸いにしてこちらの方が圧倒的に多い。ちなみに同書では、以下の分類に沿って事例が羅列されている。

A自然・超自然に関する夢の俗信
(a)神仏・神秘に関する夢
(b)天文・気象に関する夢

(c)初夢・吉夢・悪夢

B人生に関する夢の俗信

(a)人体

(b)人事と生活

(c)火事と水害に関する夢

C動物・植物に関する夢の俗信

以下この分類に沿ってみていくが、あまりにも煩雑なため主だったものだけを取り上げ、大まかな傾向性を読み取ることにしたい。

先ず、A自然・超自然に関する夢の俗信のうち、(a)神仏・神秘に関する夢について、冒頭の(おそらく石川の)解説では「神様、仏様、お寺、葬式、仙人、老人等およびこれらに関する夢は大体吉としていますが、夢占いは当たらないことが多いので、いわゆる逆さ夢とする俗信もあります」と記されている。(9) しかしながら逆夢は、夢占いが当たらないからという理由で設定されたものではなく、もっと深い意味が隠されているものと思われる。この点については追い追い検討していきたい。ともあれ、具体的な俗信の内容をみることにしよう。

神様の夢は幸福になる(九戸)、お寺の夢は良い(九戸)、お寺の夢を見続けると身内に死人が出る(二戸)とあり、このように同じ夢でありながら判断が吉と凶に分かれている。また、葬式の夢は吉(九戸・江差・肝沢・二戸・東磐井・和賀・稗貫)という所があるのに対して、葬式の夢は変事であり(気仙)、悪い(紫波)という所もあって、地域が異なれば相反する判断がなされているケースもあり、この点に注意しておきたい。つまり同じ夢でも逆に判断されるということであり、案外この種のものが多い。

(b)天文・気象に関するものでは、日・月・星の夢はおおむね吉とされるが、やはり逆のものも少なからず存在する。日・月・星の夢を見ると貴い子を産む（気仙）、妊婦がお日様の夢を見れば貴い子が生まれる（地名記載なし）とあるが、日蓮上人や太閤秀吉の母親が日輪の夢を見て懐妊したという伝説もあり、広く流布している俗信である。ただし例によって、日・月・星の夢を見ると大切な人と別れる（東磐井）といった伝承もなくはない。

なお、落日・落月は凶とされるが、日・月同様に天に昇ること、空を飛ぶこと、高山に登ることは一般に吉とみなされている。天に昇った夢は出世の前兆、空中を飛んだ夢は出世の前兆（気仙）、飛んだ夢を見ると金儲けする（岩手）等々がその好例である。その一方、空中を飛んだ夢は災害に遭う（気仙）とあり、同じ気仙郡管内でも、異なる判断が併存していることになる。落下の夢は落日・落月同様、不吉とされるものが多い。天から落ちた夢は不時の災難がある（和賀）、空に昇って落ちた夢は川に落ちる危険がある、空から落ちた夢を見ると試験に落ちる（ともに岩手）等々である。ただし崖から落ちるに関しては、逆に試験に合格するといった伝承も例によって存在する。

同じく天文・気象に関して、虹の夢を見ると金持になる（岩手）、稲妻の夢は金持になる、あるいは豊作をもたらす等々のことが伝えられているものの、風・雨などは凶とみなされている（紫波・気仙）。

なお(c)初夢・吉夢・悪夢については次節で言及することにしたい。

B人生に関する夢の俗信のうち、(a)人体に関するものでは、出産の夢が一般的に吉とされ、日・月・星の夢を見ると貴い子を産む、という事例は先に触れた通りである。赤ん坊の夢を見ると妊娠する（九戸）、妊婦が鯨の夢を見ればその子は大きくなる（気仙・下閉伊・肝沢）といった伝承もあり、これは夢のイメージに合わせて判断されたものである。ちなみに(a)人体の夢では特に歯が注目されており、食物を口にして生きていかなければならないだけに、大切な歯とかかわる俗信が多い。特に歯が欠けたり抜けたりする夢に関しては、ほとんどが凶夢とされ、死人が出る、病人が出る、凶事がおこる、と多くの地域で伝えられている。また、歯の欠けた夢は不吉だから、下駄を歯の身代わりとして川に流すとよい(九戸)といった対処方法(夢違え)まで存在する。

さらに死に関する夢では、死んだ夢を見る、殺された夢を見ると長生きする(下閉伊・肝沢・盛岡・気仙)等々、多くは吉夢とされている。日本は今日では長寿社会になったとはいえ、たえず死が意識されており、気にせずにはいられない事柄である。死んだ人の夢を見ると不幸がある(稗貫)というように、死という忌わしい夢を不吉の兆しと解釈する事例もなくはないが、人々は生命にかかわる深刻な夢ほどそれを逆夢とし、吉夢にしようと工夫を凝らしてきたように思われる。

(b)人事と生活の夢にも種々のものがある。先ず祝い事に関するものをみてみると、そのほとんどが凶と判断される逆夢となっている。たとえば婚礼の夢を見ると悪いことがある(肝沢)、ご祝儀の夢を見ると凶とか葬式がある(紫波・下閉伊)等、めでたいとされる夢はかえって悪夢とされているのである。さらには、家を新築した夢を見れば災難がある(岩手)、家を建てる夢を見ると人が死ぬ(九戸・紫波)のように、新築の夢もたいてい凶と判断されている。報告書には「一般に新築は金の工面と家の設計の構想とで苦労することが多く、新しい家を完成すると間もなく心労のため他界した人もありました云々」との解説が施されている。(10) 新築を凶とみる背景にはそうした事態があったのかもしれないが、祝儀全般を視野に入れて考えると、喜び浮かれがちな心境にブレーキをかける、心を引き締め直す、といった意味合いがあったものと理解することができる。

(c)火事と水害に関する夢も残されており、まだまだ事例には事欠かないが、煩雑になるだけと思われることから、今までの事例からおよそみえてきたものについて整理しておきたい。一つは同じ夢の解釈でも相反する判断が存在するという点、もう一つは恐ろしい夢ほど吉夢となっており、一方、目出度い夢も同様に逆夢の凶夢とされている点である。

高島易断の「夢判断例集」一一三五の夢に分析を加えた宮家によれば、このうち一〇五七例(八七・七%)は正夢であるが、逆夢に関しては、葬式災害など良くない夢を判断するものと、逆に非常に良い夢を不吉の兆しと判断するものとの二つに分けることができるという。その数は逆夢全体で一四五例(一二・三%)、そのうち悪夢を吉と判断するもの一〇六例(七二・四%)、逆に吉夢を凶と判じるもの三九例(一七・六%)としており、吉夢を凶とみなす事例の方が少ない。またその内容について宮家は「悪夢を吉と判ずるものには、死・怪我・災害などの夢を吉と解する例が多くなっている。これに対して逆に善夢を凶と判じる例には、特に著しい特徴はみとめられない」とまとめている。[11]しかし後者に関していえば、先に岩手の俗信でみたように、祝儀や新築の夢、さらには新しい着物、あるいはきれいな着物を着た夢を見ると不幸がおこる(九戸)とされているように、祝儀や新築、さらには新しいものを身につける場合に際して喜び浮かれた心を引き締める、戒めるべく逆夢が設定されていることがわかる。

いずれにしても、逆夢のうち悪夢に類するものが七二・四%と圧倒的に多く、しかも死に象徴されるような恐ろしい夢ほど逆夢となるよう工夫が施されており、宮家が主張するように「夢を見たことから生じる恐ろしい恐怖から少しでもやわらげようとする夢たがい的な心理が働いている」[12]ことは確かだろう。

一方、同じ夢でありながら吉凶が逆に判断される例が多いことに関しては、個々人の心的状況、取り巻く環境に応じて夢合せ(夢解き)がなされてきた結果、相反するものが伝承されてきたものと考えられる。たとえば今日の占い師の場合も、相手の話を聞きながら最終的な判断を下すのであり(カウンセラーのカウンセラーたる所以)、相手の心的状況に応じて対応策を指示する。その結果、同じ占いが出ても、その判断は相手によって異なることもありうる。占いの結果、慎重な行動をとらせるか、逆に前向きな姿勢をとらせるかは、当人と当人を取り巻く状況如何ということであり、判断が分かれることはありうる。そのため相反する判断が生まれ、その伝承の累積が今日の状況ならしめているのである。

三　初夢と宝船

初夢に限らず、「どうせ見るなら吉夢を」とは誰しもが思うことであるが、初夢を見るための呪具、紙刷りの「宝船」の問題に入るに先立ち、『岩手の俗信』第三集から、どのようにすれば吉夢を見られるのか、どうして悪夢を見てしまうのか、こうしたことが示されている例をいくつかあげてみたい。(13)

手を握って眠れば神様の夢を見る（岩手）、寝巻きを裏返しにして寝る、着物を裏返しにして寝れば思う人の夢を見る（気仙・肝沢）等のほか、良い夢を見たい時は宝船を枕の下にするとよい（盛岡・岩手・江刺・肝沢・和賀・上閉伊・西磐井）というのもあり、これは多くの地域から報告されているように、広く流布していた俗信といえる。なお、夢の続きを見たい人は帯を枕にすればよい（和賀）というのもあり、帯の長さからの連想であろうが、他愛もないものが少なくない。

いずれにせよ、吉夢であれ凶夢であれ、寝る時の体勢が夢に影響すると考えられていたようで、胸に手を当てて寝ると恐ろしい夢を見る（九戸・気仙）、悪夢を見たくない時は胸に手を当てて寝るな（東磐井）と伝えられている。一方、悪夢にさいなまれている人は刃物を枕元に置けば良い（九戸）、親指を三回かんで寝ると悪夢を見ない（岩手）といった俗信もある。さらには南天は「難を転ずる」との語呂合わせから、悪夢の時は南天の実を拝めばよい（江刺）といった回避策まで設けられている。

吉夢を見るのに宝船を用いることについては、岩手県下で広く流布していたと先に確認したが、元日に富士・鷹・茄子の夢は吉（肝沢・江刺・盛岡・岩手）といった伝承も広く認められ、初夢に関するこの俗信はなぜか全国的に広がっているように思われる。ところで、初夢を見る夜をいつにするかであるが、『日本民俗大辞典』下巻では、「初夢の夜をいつにするかについては一様でなく、節分の夜、元日の夜、二日の夜、三日の夜など諸説がある。現在ではさまざまな事柄を始める日ということで、二日の夜に見る夢を初夢とするのが一般的となった」としている。[14] このように、初夢の夜については歴史的に変遷があったようであるが、鈴木棠三によれば、中世においては節分の夜から立春の明け方までに見る夢とされ、近世では元禄（一六八八〜）の頃から大晦日の夢となり、天明（一七八一〜）の頃から二日の夜とされるようになったという。[15] 変化した理由は不明であるが、いずれにせよ一年を振り返り、新たな気持で新しい年を迎える夜に見る吉夢こそ、初夢にふさわしいといえる。

初夢における吉夢の代表的なものが、「一富士、二鷹、三茄子」であることは先に触れた通りである。これは近世来のもので、なぜこのような言葉になったかには諸説がある。その一つ目は、富士は日本一の山、鷹は空高く飛び威厳のある鳥、茄子は「成す」つまり成り遂げる、成功を収めることにつながる、という説である。二つ目は、富士は「無事」、鷹は「高い」、茄子は「成す」と縁起の良いものに語呂合わせをした、とするものである。この二つのうちどちらであれ、これだけ全国的に広がった理由を知りたいものだが、今のところよくわからない。紙絵の宝船の流布についても同様である。

さて、初夢に吉夢を見る一種の呪具としての紙刷りの宝船であるが、『日本民俗大辞典』下巻には、「正月の縁起物の一つで、七福神や米俵、宝物を乗せた帆掛船の絵。これを枕の下に敷いて寝ると良い初夢を見ると信じられている」と説明されている。[16] 宝船といって現代の人々がイメージするのは、年賀ハガキのイラストや、スーパーのお節料理のチラシ、包みなどに印刷された、可愛らしく描かれた七福神が乗り合わせた賑やかな帆掛船であろう。しかしこの宝船も、時を溯れば、七福神などいない、帆掛も櫓櫂《ろかい》もない、船に稲穂だけを載せた図柄であった(京都五条天神発行のもの)。それが帆掛船となり、金、打出の小槌、松竹梅、鶴亀、酒壺など宝尽くしのものとなり、やがて七福神が乗り込むようになった。

そうしてなかには、帆に貘の字が書かれたものや、貘の絵が描かれたものがあった。これは貘枕という習俗が宝船と結びついたもののようである。貘枕とは、悪い夢を喰うとされる貘の絵を枕の下に敷いて寝ると悪夢を貘が食べてくれる、というものである。こうした悪夢、あるいは邪気を祓うための呪具を枕の下に敷くという習俗の始まりは古く、平安時代に溯るとされている[17]。宝船の紙絵も、もともと良い初夢を見るためのものではなく、前年の災いや悪い初夢を流し捨てる厄祓いとして用いられたものではないのか、と考える向きもある。宝を載せた船という性格が強くなるにつれて、吉夢をもたらすものとして認識されるようになったのだろう、というのが折口信夫の説である[18]。

ところで、「近世風俗志」との異名をもつ喜田川守貞『守貞謾稿』には、「正月二日、今夜宝船をしきて寝るなり。昔は節分の夜これを行う。今や禁裏に用ひたまふは、船に米俵を積む図也。民間にて売るものは、七福神或は宝尽等を描く」と記されている[19]。これによって、庶民のみならず宮中でもこうした風習がみられたこと、庶民にあっては江戸後期、七福神あるいは宝尽くしの図柄のものが好まれたこと、以上のことが知られる。ちなみに、江戸・東京を中心に宝船の調査・分析を行った長沢利明は、宝船の流行期を以下の三期に分けている[20]。

第一期は江戸期で、この時期の宝船は宝貨のみを積んだものが古いタイプで、京都に比べて江戸のものは七福神型のものもみられるが、武家が用いたものは前者のタイプという。そして流行期の第二期に当たる明治から昭和初期に至るものは、いずれも七福神型で、なかには回文つきのものもある(図2-1)。回文というのは、上から読んでも逆

図 2-1　回文入り七福神宝船（大島建彦「七福神の伝承」『淡交』47-1　1993 年による）

に読んでも同じ文言が並んだもので「長き世のとをのねふりの皆めざめ、波乗り舟の音のよきかな」と詠まれている。言葉遊びの極致をいくものといってよいが、これを三度読んで寝ると良い夢を見て、幸運が訪れるとされている。第三期は第二次大戦後から今日至る時期であり、各地の七福神詣でと結びついて多種多様な宝船が売り出されているという。

『守貞謾稿』に「民間にて売るものは云々」とあったように、江戸の場合は「お宝売り」と称する商売人が売り歩くもので、京都のように寺社が売る形と異なっていた。しかしながら江戸にも、上野の五条天神、深川の洲崎弁天、向島の百花園のように、寺社が売り出す場合もあり、さらには湯島の妻恋稲荷のように、大正期に途絶えていた宝船を、近年に至って「夢枕」と銘打って復活させた所もあるという。[21]

今日東京では、正月恒例の七福神めぐりが盛んに行われている。いずれも四㎞ほどのコースで、初詣でと健康のためとばかり、年寄りを中心に多くの人が歩き回っている。筆者も隅田川七福神めぐりをしてみたが、どの寺社も長蛇の列であった。隅田川七福神めぐりは、江戸後期に向島百花園に集う文人たちによって考案されたもので、元日から七日までに墨田区内の七寺社を回るというものである。宝船絵は今日では巡拝時の集印用色紙などに刷られたのが主流である。むしろ売れ筋は七福神のご分体（御神体の分身、高さ五㎝）を集めて宝船（長さ二〇㎝）に載せたもので（いずれも陶器製）、これを神棚や仏壇に飾ると「福が来る」という。寺社側が考案したものであることはいうまでもないが、吉夢を見て、その年の幸運を予祝する儀礼から、直接福や財貨の招来を期待する呪《まじな》いに変わりつつあるように思われる。

結びにかえて

占いは「当たるも八卦、当たらぬも八卦」といわれるが、当たり外れとかかわりなく未来の一端を垣間みせてくれることで、一つの指針が得られるとともに心のやすらぎを与えてくれるものとして伝承されてきた。本章では多様な占いのうち夢占いに焦点を当て、また、一年を占う初夢と宝船にも言及した。

夢占いに関しては、同じ夢でも相反する判断が併存していることが判明したが、それは本人が置かれている状況、取り巻く環境に応じて、どちらでも選択できるよう配慮されていたためで、その巧妙さには舌を巻かざるをえない。また、逆夢については祝儀の夢の多くは逆夢とされ、一方、死をはじめとする恐ろしい夢も逆夢とするものが多く認められた。前者は浮かれた気分を引き締め、後者は夢による恐怖心を和らげようとする夢違え的発想がうかがえ、人間の心理を細やかに汲み取った創意の跡を読み取ることができる。

一方、初夢は、一年を占うものとして重要視され、貘枕・宝船等さまざまな呪具まであみ出された。これらの呪具をみると、当初は悪夢を吸い取る、流し去るもので、そこにもやはり夢違え的発想がうかがえる。しかし、凶夢を流し去ることと吉夢を呼び込むことは、いわば裏腹の関係にあり、どうせ見るなら吉夢をという思いから、後者にウェイトを置くものとなり、それに伴って呪具も宝尽くし、七福神型の宝船へと変化を遂げていった。

人々は、未来を垣間みせてくれる夢占いに寄り添いながら、時代状況に応じてさまざまな創意を凝らし、その夢占いを多様な型に育んできたといえる。

註

(1) 鈴木正崇「占いの世相史」『都市の暮らしの民俗学(3)都市の生活リズム』吉川弘文館　二〇〇六年　九六〜九七頁。
(2) 小島憲之他校注・訳『日本書紀』巻五「崇神天皇四十八年正月」の項　小学館　一九九四年　二八八〜二八九頁。
(3) 西郷信綱『古代人と夢』平凡社　一九七二年　一〜二五八頁。
(4) 花部英雄「夢とまじない」『国立歴史民俗博物館研究報告』一七四集　二〇一二年　五七〜六七頁。
(5) 宮家準『生活の中の宗教』日本放送出版協会　一九八〇年　一六四〜一七〇頁。
(6) 井本英一「夢を買う話」『昔話伝説研究』一六号　一九九一年　二一〜一七頁。
高木昌人「橋伝説の東西」『民俗学研究所紀要』三三集　成城大学民俗学研究所　二〇〇八年　二九〜三三頁。
(7) 宮家準『生活の中の宗教』前掲書　一七五〜一七六頁。
(8) 岩手県教育委員会編刊『岩手の俗信』第三集「心霊と占いに関する俗信」一九八一年　一〜一一七頁。
(9) 岩手県教育委員会編刊『岩手の俗信』第三集「心霊と占いに関する俗信」前掲書　九七頁。
(10) 岩手県教育委員会編刊『岩手の俗信』第三集「心霊と占いに関する俗信」前掲書　一〇六頁。
(11) 宮家準『生活の中の宗教』前掲書　一九八〇年　一七七頁。

(12) 宮家準『生活の中の宗教』前掲書 一九八〇年 一七七頁。
(13) 岩手県教育委員会編刊『岩手の俗信』第三集「心霊と占いに関する俗信」前掲書 一〇一～一〇二頁。
(14) 菊池健策「はつゆめ」『日本民俗大辞典』下巻 吉川弘文館 二〇〇〇年 三七七頁。
(15) 鈴木棠三『年中行事辞典』角川書店 一九八七年 九四頁。
(16) 佐々木勝「たからぶね」『日本民俗大辞典』下巻 前掲書 三二一～三二三頁。
(17) 鈴木棠三『年中行事辞典』前掲書 九五頁。
(18) 折口信夫「古代生活の研究」『折口信夫全集』二巻 中央公論社 一九二五年 三〇～三四頁。
(19) 室松岩男編『近世風俗志』下巻（喜田川守貞『守貞謾稿』「第二十三編春時」）東京出版同志会 一九〇八年 二三六頁。
(20) 長沢利明「東京の宝船」『江戸東京の庶民信仰』三弥井書店 一九九六年 五一～五三頁。
(21) 長沢利明「神社の宝舟―東京都台東区五条天神社・文京区妻恋稲荷・港区麻布十番稲荷神社―」『東京の庶民信仰』三弥井書店 一九八九年 九六～九九頁。

第三章　縁切習俗の現在
―板橋 縁切榎、足利 門田稲荷、福岡 野芥縁切地蔵尊―

はじめに

島根県の出雲大社は縁結びの神としてよく知られており、松江市の八重垣神社、千葉県木更津市高蔵寺の縁結び観音等々、縁結びにご利益のある寺社・神仏は各地に存在する。また道祖神は男女の縁を結ぶ神とも信じられており、樹木のなかにはその形状によっては縁結びの対象として拝まれるものもある。二股となった樹木や、大小さまざまなコブのある樹木などが縁結びの木と呼ばれ、良縁を願う対象となっている。

平成二五年(二〇一三)の三月に島根県の境港や松江、出雲方面に出向いたが、その時、次のような話を耳にした。東京から夜行寝台列車で山陰方面に向かう若い女性の小グループが目立つようになった。個室寝台を借り、二、三人の仲の良い友達同士で軽くアルコール類を口にしながらおしゃべりを楽しみ、出雲大社に出向く。そこで文字通り祈願をした後、美肌効果で知られる玉造温泉に泊って帰るのだが、週末ともなれば満席状態だという。晩婚化が進む一方で、このように祈願は盛んになりこそすれ衰えず、関連周辺ではパワースポットめぐりも目立ち、縁結びにご利益のある神仏は女性で長蛇の列だという。

縁結びの祈願があれば、他方では男女や夫婦の縁を切りたい、数多のしがらみを断ちたいという縁切の祈願もあって、こちらも負けず劣らず盛んである。鎌倉市松ガ岡の東慶寺、群馬県太田市徳川の満徳寺、こちらはともに千姫ゆかりの寺院で、近世、縁切寺としてよく知られていた。このような格式のある寺院ならずとも、佐藤孝之によれば、地域社会には駆込寺的機能を果たした寺院が各地に少なからず存在したようである。(1) また、縁切の対象となる寺社や、小堂・小祠・石仏は各地に存在する。

たとえば京都市東山区にある安井金比羅宮は、交通安全のほか、各種断ち物、縁結びにご利益のある神社として知られていた。ところが近年は縁切もご利益に加わって盛況をきわめている。形代に願い事を書き記し、それを持って境内にある高さ一・五m、幅三mほどの絵馬の形をした巨石中央下の穴(トンネル)をくぐるのだが、表からくぐって形代を石に貼ると縁切に、裏からくぐると縁結びに効験があるという。「悪縁を断ち切って良縁を」というのが人々の思いだろうし、縁切と縁結びとは裏腹の関係にある。その意味では驚くにあたらない。むしろ、現代の風潮を嗅ぎ取った神社側の配慮(経営戦力)にこそ敬意を表したい。

ところで縁切とは、『日本民俗大辞典』によれば、「男女間の問題に関する神仏への、絶縁祈願の慣行や絶縁に関する禁忌、俗信、忌避行為」だという。(2) この項の執筆者は小泉凡であるが、東京都板橋区本町の縁切榎を取り上げた後、「そのほか各地に嫁取り橋、縁切橋、縁切地蔵、縁切薬師などの呼称が存在する。これら縁切の伝承のほとんどが、何らかの境界地点に結びついて語られていることは、古来外界から侵入する有害なものの防除を願ってそこに神を意識し、橋姫やサイノカミが境界にまつられた経緯があり、後世妬みという強い感情を持つ神こそ境界神にふさわしいという意識が生まれ、このような縁切の俗信が派生したものと考えられる」としている。(3) 古来榎が国境《くにざかい》や橋の袂などにあって境を榜示する木、との前提もあって、このように結論づけているのだが、一方で「榎は『エンノキ』という語呂にちなむゆえに各地で榎が縁切の対象としてひろまったことも推測できるが……」とも述べている。(4) 後で触れるように、語呂合わせこそがこの種の信仰の重要な要素とみる方が自然である。ただし、どちらか片方だけが要因と考える必要もないだろう。

いずれにせよ、縁結び・縁切は現在なお盛んな習俗といえるが、本章ではそのうち縁切に焦点を当てることとし、東京都板橋区本町の縁切榎、栃木県足利市八幡の門田《かどた》稲荷、福岡市早良区野芥《のけ》の縁切地蔵尊を取り上げ、歴史的変遷を簡単にトレースした後、信仰の現状を明らかにしたい。

一　先行研究小史

祈願方法を八つに、すなわち参拝、参籠、奉納、禊・祓、自虐、鎮送、対抗、強請に類型化したのは井ノ口章次である[5]。このうち奉納では、今日絵馬のそれがよく知られており、なかでも小絵馬奉納による祈願は、合格・病気平癒等を目的としたものが目立つ。また、男女が背中合せに描かれた小絵馬があって、男女の縁切にはこれがもっぱら使われてきた。絵馬研究の第一人者である岩井宏實は、さまざまな小絵馬を紹介するなかで次のように述べている[6]。

> 世の中にはまた、縁切を叶えてくれるというかわった神様もある。京都の菊野大明神は、昔三条東洞院あたりにあったが、三条東洞院は嫁入りとか縁事のとき通れば縁が切れるという言い伝えがある。深草少将が小野小町のもとに百夜通いつめたが、想いかなわず死んでしまったので、往復に腰かけて休んだ路傍の石にその怨念が憑き、男女の縁を呪ったという伝説をもとにした俗信であろう。菊野大明神にはこの石が祀られていて、たくさんの縁切絵馬がかかっている。祈願の多くは妻・姉妹・母らが夫・兄弟・息子と情婦の縁切を祈願するもので、絵馬をかけるとともに、小祠の裏に願文を書いて貼りつけている。このほか京都には縁切の神仏や祈願所が何カ所かあ

写真 3-1　板橋区・縁切榎絵馬（岩井註(5) 1974 年より）

るが、いずれも当事者二人が背中合せに坐っている図が普通である。

岩井の著書のなかでは、菊野大明神の小絵馬は紹介されていないが、足利市・門田稲荷の着物姿が背中合せで坐っている図柄のもの、榎の木を真中に着物姿の男女が背中合せにうつむきかげんに立ち尽くす板橋縁切榎の小絵馬は紹介されている（写真3-1参照）。そのうえで、「夫婦の縁切りのみならず、病気との絶縁、盗人、酒との縁切れから兵役逃れというように断絶を目的とするものなら何でも祈願する」としており、その図柄にこだわらず、すでに縁切りが多様化している点を指摘している[7]。なお、先の引用部分についていえば、「絵馬をかけるとともに、小祠の裏にその願文を書いて貼りつける」といった記述に留意しておきたい。祈願者はこの時点（一九七〇年代前半）で絵（図柄）に願いを託すだけでは物足りないと思いはじめ、併せて願文を奉納していたのかもしれない。この点については改めて検討することになる。

板橋の縁切榎については、十方庵の『遊歴雑記』や『新編武蔵風土記稿』等、文化・文政期（一八〇四～三〇）の紀行文・地誌の類にも記載があって古くからよく知られ、柳田國男も『神樹篇』のなかの「争いの樹と榎樹」の章で次のように述べている[8]。

又有名な板橋の縁切榎なども、実はいつの間にやら欅の大木であつた。今では火災に遭うて枯株のみ残り、愈々本体が不明に帰したが、嫁入の此樹の前を通ることを忌んだ風習は古かつた。寛延二年の二月に五十宮将軍家への降家の際にも、其由来を述べて御路筋変更を進言した者がある。最初この地には榎と槻と各々一本があつて

『榎木槻木岩の阪』と唱えたのが誤って『縁つきいやの阪』と為ったと言って居る。但しその榎が早く枯れて、槻ばかり残ったということには証拠も無く、欅を縁切榎と呼んでいた期間は久しかったのである。（傍線、引用者。以下同じ）

樹々の争いについてはともかく、ここでは榎と槻が双生しており、語呂合せから「縁尽き」「縁切」となったという説に柳田が言及している点を確認しておきたい。また傍線を付した部分については、次節で改めて触れることにしたい。

このほか富士講の伊藤身禄は、入定に際して縁切榎で妻子や弟子たちと別れ、富士山に向かったとされており、それについては小花波平六が報告している。(9) こうした先行研究を踏まえて縁切榎の歴史的展開をトレースした長沢利明は、「このように『縁切何々』とよばれる神仏や樹木・岩石・橋などはいろいろな所にありそれらは概して特別な意味を帯びた地点であり」、「その神聖性に対する畏怖、あるいは不浄性から回避のためのタブーがしかれていた」、「樹齢を重ねた老木・巨木などはすでにそのような存在であり」、「板橋の縁切榎も『縁つきいやの坂』という語呂あわせから」、「特別な地位を与えられてきた」と結論づけている。(10) 長沢の論に特に異論があるわけではないが、筆者の関心は縁切習俗そのものの実態、すなわち、その歴史的変遷と現状を把握することにある。

なお、近年常光徹も縁切榎に言及し、榎と欅という隣接する二本の木が合着して生長する形を縁結びの姿とみなし、一方の榎が枯れたため「縁が切れた」「縁を切った」と考え、「縁切榎」の名称で呼ばれるようになったのではないか、との論を展開している。(11) ちなみに縁切榎の場合、「縁結び」といった信仰の痕跡をうかがい知ることができるのだろうか、気になるところである。また、仮に常光の見解通りだとしても、「縁つきいやの坂」といった語呂合せの軽妙さがこの信仰の流布に与っていたことは、言葉遊びが好きな日本人の性癖からして確かだろう。

一方、足利八幡宮境内社の門田稲荷については、大正期の『郷土趣味』『郷土研究』といった雑誌に簡単な報告例があるにすぎないが、近年、女性雑誌や新聞に時々取り上げられており、そのためその名はあまねく知れわたっている。

最後に福岡市の野芥縁切地蔵についてであるが、近世の地誌に記載があり、こちらも早くから知られていた模様で、佐々木哲哉が昭和四八年(一九七三)年刊『九州の民間信仰』のなかの分担部分福岡県の「呪いの神・祟り神」の項で簡単に触れている。(12) 幸い堂内に小絵馬がビッシリと掲げられた場面の写真もあって、それはやはり男女が背中合せでうつむいている図柄である。今日ではこの種の絵馬は稀で、願文を封筒に入れて画鋲で貼りつけたものが圧倒的に多く、この間の習俗の変化がうかがえる。

二　板橋区・縁切榎

平成元年(一九八九)に刊行された『いたばし郷土史辞典』の「縁切榎」の項には、次のように記されている。(13)

江戸時代から知られていた縁切榎は現在三代目か四代目といわれ、旧中山道の西側(本町一三番)にあったが、昭和四四年現在地に移され地元が守られている。(a)一説によると榎と欅(ツキ)が双生していたのでエンツキと呼ばれ、縁が尽きるという俗信が生まれたという。江戸時代には夫が妻を離縁するのは容易だったが、妻から離縁を申し出るのは認められなかった。(b)離別を望む妻は縁の切れるのを願い、密かに榎の樹皮をお茶などに混ぜて飲ませたという。また、(c)富士講の行者伊藤身禄はここで妻子と別れ、富士に向かったという。(d)宮家の息女五十宮や楽宮が将軍家に降嫁の際には縁切榎を避けて村道を通り、皇女和宮が降嫁の折りには榎を根本から梢まで菰で包んで隠したといわれる。

以上であるが、辞典であることから、それなりの根拠を基にまとめたものであることはいうまでもない。そこで傍線を付した(a)～(d)について改めて確認することにしたい。先ず(a)と(d)である。

中山道は、徳川将軍の嫡子が皇族・摂家の姫君を迎える時の下向路としてたびたび利用されている。享保一六年(一七三一)の比宮(家重の室)、寛延二年(一七四九)の五十宮(家治の室)、文化元年(一八〇四)の楽宮《さざのみや》(家慶の室)、天保二年(一八三一)の有君(家定の室)、嘉永二年(一八四九)の寿明君(家定の継室)などがあげられる。なかでも文久元年(一八六一)に行われた孝明天皇の妹、和宮親子内親王の家茂への輿入れは、中山道史に類をみない最大規模の行列になったという。[14]このうち寛延二年三月の閑院宮直仁親王の息女五十宮の降嫁についてであるが、柳田も触れているように下向直前に巣鴨原町一丁目角左衛門店《だな》源右衛門他一名より、「縁切榎の前を通らないように」と次のような注進があったという。旧版『板橋区史』から引用してみよう。[15]

今度五十宮様御入府被為遊候御街道筋、中山道下板橋通りと奉承知候。乍恐此街道筋に付御注進申上候右下板橋はづれ近藤登殿下屋敷の垣際に榎木槻木一処に生立数年を経、殊之外大木に御座候処、何の頃より誰申共なく榎木槻木いわの坂をゑんつきいわの坂と申習わし、此処を縁女聟入等の者通り候へば、必縁短く御座候由申来り、近在の者は不及申、承及候程の者、縁辺之者一切通り不申候。木の前に七五三など張置申候。委細の儀、彼処之者能存知可申候。下々の俗に申候儀何共申上候も、恐多奉存候へども偏に只幾千代も御長久、御繁栄を奉仰願候故、乍恐右之段御注進申上候、云々

ここには、(a)「縁つきいやの坂」のいわれが述べられており、これによって(d)五十宮の一行は中山道の本街道を避けて根付道を通過のうえ、江戸に入ったという。源右衛門らはその功により、銀一枚を褒美として与えられた。ちな

みに「乍恐書付を以て御注進申上候」なる史料は、寛延二年（一七四九）の『享保撰要類集』に記載されている。その後の楽宮の場合も同道の経路を辿ったようであるが、皇女和宮の場合は、『いたばし郷土史辞典』に記されているように、「榎の根元から枝葉の果てまですっかり見えぬよう、厳重に全体を菰に包んで」通過したと伝えられている。(16)

さて、(c)との関連で小花波の「板橋の生活と民俗」を取り上げる。この論文は板橋宿（含縁切榎）を別れのトポスとして論じたもので、そのなかで身禄入定に伴う別れの場面に言及しているのである。身禄が富士講中興の祖として神格化されつつあった明和八年（一七七一）に、中雁丸豊宗によってまとめられた『食行身禄御由緒伝記』によりながら論を進めている。それによれば、享保一八年（一七三三）の六月一日から身禄は入定の準備にとりかかり、同年六月一〇日がいよいよ富士へ出発する別れの日となるが、妻子、同行衆との別れの宴の後いよいよ板橋宿で別れとなる。その様子について伝記には次のように記されている。

程なく平尾町に御着被成、食行尊、仰せには我も此所にて、ゆるゆる支度をいたし出立致候間、みなみなも、わらじを取上げて支度致し候へ、暇乞をも可致と仰せられし故、何れも長四郎宅へあがりける。兼て仰合なり長四郎御馬も出来申候、ちょっと鞍の味を召て御覧候得、若しあしくば今の内直させ可申候へば、食行尊御心得被成候、馬に召され候はば何の御言葉もなく、御馬をはやめて、御出立被成候得ば、御送りの人々あきれ果て、からだちにて、追かけ申候よし、御妻子方のあまりいたわしさに同行の内にて御末子のおはなを抱きて追かけ申候へど御急ぎ被成候はば追いつけ奉らず、道の程二里余りも追掛申候、さすが御親子及御困之同行、誠に天も感応なし玉ひけるにや、道はたの榎の枝に御笠をかけられ、はずし玉わんと色々に被成候て、手間取り、うしろ御ふり返り御覧被成候て、食行尊、後には必寄り付き申すまじくと、御見返りもなく、御急ぎ被成、云々。

こうして上吉田に到着し、六月一四日に入山、烏帽子岩で三一日に入定した。小花波は、伝記では縁切榎が平尾から二里も離れたことになってしまっていると指摘し、さらにこれが改作され「不二山烏帽子岩　吾妻立和讃」が作られたとしている。(17)伝記や和讃には多少の誇張はあれ、身禄は板橋宿と縁が深く、また寛延二年（一七四九）の五十宮降嫁以降、縁切榎は広く知られており、身禄入定に際しての永遠の別れの演出としては恰好の舞台であり、明和八年（一七七一）の伝記はその点を踏まえて記述されたものと推測される。

ところで旧版の『板橋区史』には、近世歌われた縁切榎関連の川柳まで掲載されている。大変興味深いので、ついでながら紹介することにしたい。(18)

(ア)板橋へ三下り半の礼詣り
(イ)板橋の榎と女房心づき
(ウ)板橋の木皮の能は医書に洩れ
(エ)榎で取れぬ去り状を松で取り
(オ)榎でもいけぬと嫁は松で切り
(カ)板橋で別れ鎌倉まで行かず

以上の六句であるが、(エ)～(カ)の「松」とか「鎌倉」とあるのは、鎌倉市松ガ岡にある東慶寺をさし、縁切榎が江戸近郊の街道筋にあっただけに、東慶寺と並び称されるほど知られていたことがわかる。また(ウ)は『いたばし郷土史辞典』引用部分の(b)とかかわるものである。これについては、十方庵の『遊歴雑記』に詳しい。(19)

何者かはじめけん、此処へ来り、茶店の嬶《カカ》又は児童等をたのみ、此榎の皮を扮取《ソギトリ》もらひて、家に持ち帰り水より煎じ、その者にしらさず飲しなれば、男女の縁を切、夫婦の中自然に飽捲《あきうみ》て、離別に及ぶ事神の如しといひはやし、心願かなふて後は、絵馬を持ち来たり榎へかくるもあれば、又幟《のぼり》たてる徒もありけり。いか様《さま》絵馬懸しを見れば、男女もの思える風情して、双方へたち分る姿を画きしは、不仁の志願も叶ふと見えたり。又、大酒を好み癖ある上戸に、此榎の皮を水より別煎にし、酒へ和して飲しむれば、忽然と酒を嫌ひ、性質下戸になるといひ伝ふ。

榎の木の皮は、男女の縁切のみならず酒断ちにも効験があるようである。いずれにしてもこれを相手に飲ませ、願いが叶ったら御礼に絵馬を奉納した模様である。それゆえにこそ川柳に、「板橋へ三下り半の礼詣り」と歌われたのである。幟を立てるというのも御礼詣りの一環にほかならず、そこまでおおっぴらにしてよいものかとの思いもあるが、ようやく念願叶った人の正直な気持、喜びがそこに端的に示されているものといえる。

なお、ここに記されている絵馬は、たぶん岩井が示したようなものだろう。しかし、板橋区立郷土資料館には、七五三縄を張りめぐらした切株に向かって主婦が着物姿で坐って一心に拝んでいる図柄のものも所蔵されている（写真3-2）。たぶんこちらの方が新しいものだろう。そして現存のそれは、朱で切株をプリントしたもので、「善縁をむすび悪縁をたつ」と赤字で記されたものであり（写真3-3）、男女の縁切のみならず多様な悪縁との縁切を願う、現代人に対応した絵馬となっている。しかしながら今日では、絵馬の図柄に願いを託すというよりも、もっぱら文字でメッセージを送る点に主眼が置かれ、絵馬の裏面には奉納の思いがビッシリ書かれたものが目立つ。また現在では、榎の皮を煎じて相手に飲ますことは省略されており、そのことと連動して御礼詣りに絵馬を奉納するのではなく、祈願に際してあらかじめ奉納するというものである。

ちなみに、長沢によれば榎の樹皮は近代に入ってからも用いられていたようである。そうして明治二一年（一八八八）に平山省斎が率いる神道大成教がここに祈禱所を設けて大成教榎教会を名乗り、同教教師の金井豊儀が第六天と榎とを管理するようになった。そうして参拝者には神符と奉納用の小絵馬を頒布した。その神符のなかには「縁切の御符」というものがあり、その中に榎の樹皮を粉にしたものが入っていたとのことである。昭和一一年（一九三六）に同教会の金井師が亡くなると、未亡人や留守居役が教会を維持したものの昭和四四年に後継者が途絶えて教会は閉鎖された（関連資料は板橋区郷土資料館に寄贈）とのことである。昭和五六年以降は地元の人々で組織する「榎第六天神奉賛会」の手によって管理されている。[20]

最後に、平成二五年（二〇一三）一月二日に訪れた際に目にとまった願文から、主だったものを紹介することにしたい。先ずは古典的な男女の縁切関連のものをあげる。

写真 3-2　板橋区・縁切榎絵馬（板橋区郷土資料館蔵）

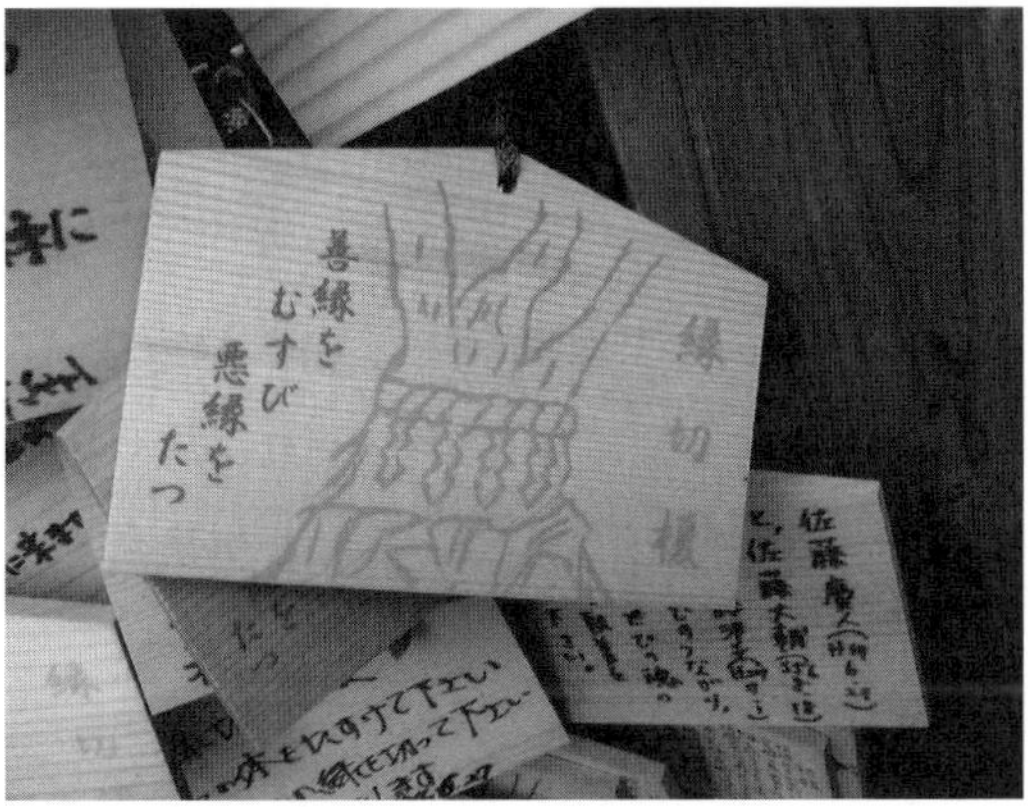

写真 3-3　板橋区・縁切榎絵馬（2012 年　松崎撮影）

①悪婦・悪妻T子と縁切が出来る様お願いします。平成二十四年九月十九日。白子・A（男性）。

②どうか大好きなSOさんが離婚して、自分と幸せな縁で結ばれます様に。H24・12・21。HM（女性）。

③TR（男性）が浮気相手のOS（女性）とできる

だけ早急に完全に縁が切れるように完ペキに縁を切ってください。Rが一日も早く私のもとに戻りますようお願いします。Rが戻る際、女グセ、浮気グセ、借金グセの縁を切って下さい。「縁切榎」様どうか宜しくお願いします。RとOとの縁を完全に切って下さい。

である。

①のような離縁での性の奉納者というのも、少ないながら存在する。②と③はどちらとも不倫とかかわるものであるが、③の繰り返しの表現から切々とした思いが伝わってくる。さて、次にあげるのはさまざまな人間関係の縁切祈願である。

④ここに名前を書くのははばかられますが、大嫌いな夫婦がいます。早くこの夫婦が私の記憶から消えますように。縁も切れることなら切れますように。

⑤父の掃除機、鉄道グッズ等がなくなりますように……。悪縁が切れて良縁が訪れますように。K(男性)の籍が取れ(切れ)ますように。N子。

⑥今の職場と上司の皆様と縁が切れますように。東京に上京して幸せになれますように。二〇一二・四・二〇。

⑤は夫と舅の遺品から解放されたいというのだろうか。また⑥は、現職場の面々と縁を断ち、上京して良い職につき、望ましい人と出会いたいということだろうか。病気に関するものは相変わらず目立つが、二例だけ紹介するに留める。

⑦早く病気と縁が切れます様に願います。かならず。M子　二〇一二・四・二一。

⑧借金と自堕落な生活との決別をお願いします。また全ての病いから無縁になりますように。K(男性)。

⑦はきわめてシンプルな願文である。また⑧のように金銭にからむもの、さらには現代の世相を投影したものもなかには散見される。

⑨I・K(男性)。昭和四四年生・子年と、前世から関係のある今現在、沖縄の土地開発のトラブルのある方と縁を

お切り下さい。よろしくお願いします。

⑩縁切榎様、低所得の縁が完全に切れます様に。高所得になる様お願い致します。何卒宜しくお願い申し上げます。二〇一二・一一・二四。H・T（男性）。

⑪不登校よさようなら。H24、3・25。R（女性）。

数多ある願文のうち、アトランダムに目にとまったものを例示したにすぎないが、『遊歴雑記』が著わされた近世の文化年間（一八〇四～一八）においては、男女と酒との縁切だけだったことを思うと隔世の感がある。

三　足利市 門田稲荷

丸山太一郎は、大正三年（一九一四）に『郷土研究』二巻一号に寄せた「八幡村の縁切稲荷」なる小報告のなかで次のように述べている。(21)

足利市西南十五六町を距つる山辺村大字八幡に鎮座する県社八幡宮の境内に、近年境外より移した九尺に二間程の小祠がある。本名は正一位門田稲荷大明神と称する由成れど、門田稲荷と聞いて村民も知らぬものが多い位で、何年頃からか如何なる理由《わけ》で縁切稲荷などと言い伝えたか、更に不明であるけれども、誰言ふとなく夫婦別れの御願ひを初め、足繁く妾宅通いをする旦《だん》つくと妾との間に秋風を立たせたり、又内を外に遊び巡る宿六に情婦と手を切らせる位はお安い事で、難病の根切り其他総《すべ》てのものと縁を切りたいと云つて願ひさへすれば、霊験あるとの話である。論より証拠、お礼に納めた男女背中合せの図（写真3-4）や、左右反対に歩む絵馬が社の回りに隙間なく打ちつけてある外、社内に累々積重ねてあるのと、其一年間の賽銭が県社より多いと聞いては実に其御

写真3-4　足利市・門田稲荷絵馬（岩井註(5) 1974年より）

繁昌に驚かざるを得ない。然し願事が願事で殊に人足繁き村道の傍故、昼間の参詣人は余り見受けぬが、夕景から足利方面から来る供をも連れぬ丸髷《まるまげ》の後影《うしろかげ》や、泣児《なきご》を背負ふた櫛巻姿の一人二人見ぬ日はないと云ふ話である。

字宮前にあった稲荷社が、明治四五年（一九一二）に神社合祀によって県社足利八幡宮に移祠されたようだが、本名の門田稲荷より縁切稲荷の名で知られ、しかも本社より実入りが大きかったようである。末社の方が本社より名を馳せたといえば広田神社の西宮戎を髣髴させるが、大正期にはそれなりに知られ、男女の縁切に限らず当時から広い範囲の縁切に効験があった模様である。

平成六年（一九九四）九月二九日付『夕刊フジ』の「嫁姑、離婚、商売敵、不倫、親戚……縁切ります」なる記事は、「姑との縁が絶対切れますように。××（夫）、××（妻）」、「交際している××子からのいやがらせ、長男に対してのいやがらせいろいろあり。無言電話、嫁の実家にまでいやがらせの落書きや、オブツの投げ入れがあったり、会社への投書があったり、誰がしているかわからず早く縁が切りたく、お願いします」等々のほか、「○○商会倒産しろ、この世からなくなれ、つぶれろ、自滅しろ、二度と立ち上がれなくなれ、今からやることなすことうまくゆかなければいい」といった願文をいくつか紹介している。また絵馬にまじって、クギで無数の穴が開けられた柄杓や、五寸クギで貫かれた藁人形も吊され、「写真つきの藁人形も二体あった」と、生々しい様相を記している。

先代宮司によれば、元々は近隣の人が人知れず訪れていたにすぎなかったものが、平成の初期頃に女性雑誌に取り上げられて知れわたるようになり、その後、再三マスコミに登場して全国から問い合わせや相談が殺到し、本来の勤めにも支障が出るほどだったそうである。「それだけ、簡単に言い表せないほど深刻な悩み。本来私の仕事ではなく、カウンセラーなどの分野だと思うのですが、女の人から泣き声の電話がかかれば、むげに断るわけにもいかないのです」というのが宮司の弁である。

この記事を目にして、いち早く駆けつけねばと思い、早速足利へと出向いた。朱の鳥居をいくつもくぐって小さな社殿の前に辿り着くと、絵馬懸が一棟あって、前面には木製の底抜け柄杓が数多く吊されていた。願いが通ずるようにと底が抜かれたもので、縁切に限らず稲荷らしく商売繁昌・家内安全等を祈願したものもあり、『夕刊フジ』の記事・写真との落差に啞然とした。しかし絵馬懸の裏に回ってみると、藁人形に写真まで添えて釘を刺したものが数多くみかけられた。相手の実名を書いて「死ね」と書き記しているものまで目に入ってきた。不安や葛藤、憤りが昂じてくると怨念となって発露するのかと空恐ろしくなってしまった。『夕刊フジ』でみたように、願文だけのものでもその内容のおぞましさは、今さらいうまでもない。

写真3-5　足利市・門田稲荷絵馬
（2010年　及川祥平氏撮影）

平成六年（一九九四）一二月一八日付『東京新聞』「いじめ地獄……僕を助けて〝縁切の神様〟足利門田稲荷　師走の境内　増える子供たち」は、文字通り「いじめ」にからめて報じたもので、最近のいじめの風潮に対応して、それに関連する絵馬の奉納、参拝者も確実に増えているという。ちなみに今日用いられている絵馬は、鳥居を真中に狐が向かい合っている図柄のものである(写真3-5)。丸山が報告した当時のものとは異なる。さて、先の記事は次のような内容である。絵馬の研究家で、地元の「足利絵馬の会」会長の小倉喜兵衛さん(六二)が今月上旬、門田稲荷の境内でぼんやり立っている高校生らしい少年をみかけた。声をかけると、ポッツリポッツリと同級生からのいじめ話をしはじめた。親や先生にも相談できずに、「何とかいじめっ子との縁を切りたい」とすがるような気持で埼玉県上尾市から訪ねてきたのだという。小倉さんは思わず少年と一緒に手を合わせ、「真先にこの子の縁切」を祈ったという。

この記事を目にしたのは、足利へ前回赴いてからだいぶ時が経過していた。改めて門田稲荷の実情を成城の大学院生にみせたいと思い、平成二二年(二〇一〇)三月に総勢十数名で押しかけた。ところが絵馬懸の様相が一変しており、写真や藁人形の類は消え、底抜け柄杓も古いものが散見される程度であった。おどろおどろしいもの、いかがわしいものが一切姿を消し、スマートな絵馬懸に変わっていたのである。ただし、絵馬の願文の内容はエスカレートこそすれ、つつましやかになる兆しもない。それはともかく、見事なほどの変身ぶりは、おそらく宮司さんの代替わりが一つの要因だろう。それ以上に足利市の町おこし、観光資源化の一環に組み込まれたことが最大の要因と考えている。現に今日では、織姫神社の祭神をイメージした「はたがみ・おりひめ」と、門田稲荷の祭神をイメージした「かど た・みたま」が、足利応援のマスコット人形として活躍中である。

四　福岡市 野芥縁切地蔵尊

天明五年（一七八五）から寛政一一年（一七九九）にかけて、加藤一純他によって編纂された『筑前国続風土記附録』（中巻）の野芥村の項に「御子殿地蔵ミヤノウエ里民縁きり地蔵といふ」とある。[22] また文化年間（一八〇四〜一八一八）から文久年間（一八六一〜六四）にかけて編纂された『筑前国続風土記拾遺』（下）にも同様の記載があり、[23] 一八世紀後半にはそれなりに知られた存在であった。廃藩置県の翌年、明治五年（一八七二）から八年にかけて編纂された『福岡県町村地誌』「野芥村」の項には、由来を含めてより詳しく記されている。[24]

小堂三所

観音堂〔宮ノ下〕。地蔵堂〔村ノ南一町宮ノ上ニアリ。里民縁切地蔵ト称ス。夫婦睽離ヲ欲スル者。此ニ祈レハ験アリト云。俗説ニ糟屋郡長者原ニ住メル長者ノ女。重留村ノ長者ニ嫁入シケル途中此所ニテ其壻頓死セシトテ入輿ヲ止メ来ルヲ聞キ。終ニ自殺スト云。今モ傍近諸村ニ嫁スル女此所ヲ避テ通ラス〕。

地蔵堂〔川窪〕。

長者の息子と娘の婚儀がまとまったものの、故あって叶わず娘が悲運の死を遂げた、その娘の死を悼み、遺族や周囲の者が仏を造像して祀るに至る、というこの種の話は、縁起としてすこぶる類型的である。この縁起の内容は、昭和一一年（一九三六）刊行の『筑前の伝説』に詳しく取り上げられている。[25]

和銅のころ、同郡（早良郡＝筆者註）重留の里にゐた舞星（土生《はぶ》）長者の富永修理大夫照兼の子兼縄は、糟屋郡長者原の大城長者曽根出羽守国貞の娘と婚約が成立して聟入の日も決定した。かねて主家の横領を企てゝゐた修理大夫の重臣土生重富は、この吉事を破毀しやうと思つて姫の行列が野芥にさしかかるや、使を派遣して「花聟は急死した」と偽つて告げさせたので、貞節な姫は早や行くべき家もないので、夫に殉じてこの里で自刃し、七つ車に積ませた嫁入り道具はその西方一里許の所に埋めたので、其処を七車(七隈)と呼ぶやうになつた。悲しい最期を遂げた姫を弔ふために野芥に一体の石地蔵が建立されたが、縁切地蔵として男女の仲を呪ふ人達にその石像は何時の間にか削り取られてしまつて、今では三尺位のものが、路傍の小さい堂の中に安置されてゐる。この近くの村に嫁入りする女はこゝを避けて通る習慣があつた。この近くの七隈原の路傍には土生《はぶ》長者の屋敷跡といふのがあつて、里の人は俗に「土生藪」と称してゐる。

尚一説には姫の嫁入りに先達つて、或事情のために兼縄は自家を出奔したので、両親は之を頓死の態に装ひ、使を以て野芥に之を急報したので、姫は自害したとも伝へられてゐる。

ちなみに姫は自害に際して遺言を残し、そこには「私のような不運に泣く人達をあの世からお守りするため、婿になる人がなくなった野芥に地蔵を祀って下さい。祀られた地蔵を削って飲ませると、縁談で悩む人の苦しみは消えてしまうでしょう」と書かれていたという(26)。臨終に際して遺言を残し、その後、現世利益をもたらす神仏として祀られるに至った例は、近世の霊神によくみられるパターンであり(27)、縁起(伝説)では「和銅のころ」とあるものの、目下のところ近世までしか溯れない。また、縁起に「縁切地蔵として男女の仲を呪ふ人達にその石像は何時の間にか削り取られてしまつて云々」とある部分についてだが、今日でも、削り取った地蔵の石を飲み、相手にも飲ませると、その縁を切ることができると伝えられている。板橋の縁切榎の樹皮の効用と共通するが、こちらも近年はほとんど実行されていないようである。

地蔵を削り取ってそれを飲み飲ませ、願いが叶ったらお礼詣りに出向き、洋服姿の男女が背中合せでうつむきかげんに立つ絵馬（写真3-6）に、名前と年齢を記して奉納するというのが元来の形だったようである。しかしながら、現在ではお礼詣りではなく、祈願に際して奉納されるのが実態のようで、しかもその数はわずかでしかない。絵馬はお堂のある近くで販売しており、上辺両端が横に伸び、両辺も脚状になった鳥居型のもので、博多区千代の崇福寺門前の絵馬師作成のものを仕入れているという。お堂の中央入口付近には削り傷でみるも無残な石像（らしきもの）が据えられ（写真3-7）、内壁の三方には三段に横木が渡され、絵馬やら願文入りの封筒、一紙物に願文を書き綴ったも

写真 3-6　福岡市・野芥縁切地蔵尊奉納絵馬
（佐々木註⑿ 1973 年より）

写真 3-7　福岡市・野芥縁切地蔵尊奉納
絵馬・願文（2013 年　松崎撮影）

の、「唸々如律令」と記された紙人形等が所狭しと打ちつけられている。

筆者が出向いた平成二五年(二〇一三)三月二七日の時点で、ざっと数えてみたところ絵馬一五点、封書三八三通、紙人形二体のほか、むき出しの一紙物も何葉かあって、「縁切、縁切、縁切……」と紙一面にビッシリ書かれたものもみられた。封書の中身までみるわけにはいかず、一紙物や絵馬、あるいは封書の上に書かれたものをざっと見渡すと、夫や妻との縁切り、不倫がからむものに自ら奉納するほか、親が息子や娘を気遣って、望ましからざる相手との縁切を願うものも認められた。金遣いの荒い父親や、いやなクラスメイト、意地悪でおこりんぼのサークル仲間との縁切を願うケースも少なくない。不景気だけに、貧乏からの脱出や不治の病との絶縁を願う文面も確認できた。毎年地蔵盆の折に、野芥縁切地蔵尊管理委員会なる地元の組織の面々が、お焚き上げによってこれらを処理するということであり、先にあげた数字は、前年の地蔵盆以降に奉納されたものとみてよい。

結びにかえて

本章では、板橋の縁切榎、足利市の門田稲荷、福岡市の野芥縁切地蔵尊を対象に、その歴史的変遷を辿りつつ現状を確認した。祀られる対象は三者それぞれであり、縁起もさまざまである。ちなみに、この習俗の歴史をみると、目下のところ近世中期を溯ることはできないが、祈願方法は随分と変化を遂げたように思われる。

縁切に効験があるだけに、嫁入りに際して行列はこの前を避けて通るという点では共通性があり、皇族や貴族の姫たちの将軍家降嫁のルートにある板橋の縁切榎はそのために一層有名になり、多くの記録・伝承が残されている。

祈願方法についてみると、縁切榎・野芥地蔵尊の場合は、榎の樹皮や石像を削って何らかの形で相手に飲ませると効果があるとされ、絵馬は満願の折に御礼として奉納するものであった。しかし今日では、祈願のために前もって奉納するケースがほとんどで、樹皮や石像を削り取ることはない。門田稲荷の場合は、丑刻詣りの形と習合し、藁人形に写真をつけて釘で刺して祈願する、というおぞましいものもみられたが、ベースとなるものはやはり絵馬を祈願に際して奉納するというものであった。その絵馬は、男女が背中合せにして立っていたり座っている姿のものが古い型であるが、男女の縁切にとどまらず、諸々の人間関係の絶縁、難病やいじめ、リストラや貧乏との絶縁等縁切の内容の多様化に対応し、汎用性のある図柄へと変化した。

しかしながら、図柄の変化以上に際立つのは願文の方である。従来は絵そのものに願いを託し、男女の名前と年齢だけを書き、つつましやかに奉納するというものだった。今日のそれは、文字、文章表現を通して単刀直入に願いを神仏に送り届けるというもので、「縁切」と紙一面に書き連ねたり、「お願いします」と何度も繰り返す懇願、強請姿勢である。また、絵馬奉納を省略し、願文を封書に入れて祈願する、という方法が主流になった野芥地蔵尊のような例もある。「図柄を通してではなく、文字に願いを託す」というのが何事もスピーディでせっかちな人間が多くなった昨今の、この種の習俗の姿である。

なお、昭和三一年（一九五六）に『もの言わぬ農民』（岩波新書）という書物が刊行された。当時の農村は、この題名の通りであった。それから六〇年近く経って、都市はもちろん農村でも会話が弾むようになり、みな早口、冗談好き、饒舌になるとともに文章力も上達した。一方で、お互いシリアスな話、やりとりはしないという。(28) 稀薄な人間関係が社会を覆っているのである。それ故、悩みや思いをこと細かに書き記しても、家族や知人ではなく神仏に渡し、聞き留めて欲しいと願う方向に走るのである。自分の気持を共有してくれる存在にメッセージを伝えたい、という点ではツイッターへの書き込みと共通する部分も無くはないが、現状脱出願望が強いだけに、神仏を頼りとするものと思われる。

註

（1）佐藤孝之『駆込寺と村社会』吉川弘文館　二〇〇六年　一五八～一七五。
（2）小泉凡「縁切」『日本民俗大辞典』上巻　吉川弘文館　一九九九年　二一九頁。
（3）小泉凡「縁切」前掲書。
（4）小泉凡「縁切」前掲書。
（5）井ノ口章次『日本の俗信』弘文堂　一九七五年　六～一二頁。
（6）岩井宏實『絵馬』法政大学出版局　一九七四年　一八一頁。
（7）岩井宏實『絵馬』前掲書。
（8）柳田國男『神樹篇』実業の友社　一九五三年『定本柳田國男集』一一巻所収　筑摩書房　一九六四年　一一五頁。
（9）小花波平六「板橋の生活と民俗」『板橋区郷土資料館紀要』七号　一九八八年　四～八頁。
（10）長沢利明『江戸東京の庶民信仰』三弥井書店　一九九六年　一三一～一五一頁。
（11）常光徹「縁切榎の俗信」『妖怪の通り道―俗信の想像力―』吉川弘文館　二〇一三年　五一～五三頁。
（12）佐々木哲哉「福岡県の民間信仰」『九州の民間信仰』明玄書房　一九七三年　六〇～六一頁。
（13）泉貞代「縁切榎」『いたばし郷土史辞典』板橋史談会　一九八九年　一八五頁。
（14）板橋区郷土資料館他編『街道開設四百年記念 中山道』二〇〇二年　二六頁。
（15）板橋区役所編刊『板橋区史』一九五四年　三六八頁。

(16)　板橋区役所編刊『板橋区史』前掲書　三六九頁。
(17)　小花波平六「板橋の生活と民俗」前掲論文　五頁。
(18)　板橋区役所編刊『板橋区史』前掲書　三六九〜三七〇頁。
(19)　十方庵敬順（朝倉治彦校訂）『遊歴雑記』平凡社東洋文庫　一九八九年　二七三〜二七四頁。
(20)　長沢利明『江戸東京の庶民信仰』前掲書　一四一〜一四六頁。
(21)　丸山太一郎「八幡村の縁切稲荷」『郷土研究』二巻一号　一九一四年　五三頁。
(22)　加藤一純他編（福岡古文書を読む会校訂）『筑前国続風土記附録』（中巻）文献出版　一九七七年　四一九頁。
(23)　青柳種信編（福岡古文書を読む会校訂）『筑前国続風土記拾遺』（下）文献出版　一九九三年　二五五頁。
(24)　「福岡県町村地誌」『福岡県史近代史料編　福岡県地理全誌』福岡県　一九九五年　三九〜四七頁。
(25)　佐々木滋覚『筑前の伝説』九州土俗刊行会　一九三六年　六九〜七〇頁。
(26)　福岡県広報室編『郷土物語』三集　一九七一年　二〜三頁。
(27)　宮田登『生き神信仰』塙書房　一九七〇年　二九〜三三頁。
(28)　稲垣吉彦「饒舌と軽口の時代」『現代日本における伝統と変容』Ⅰ「暮らしの美意識」ドメス出版　一九八七年　一〇一〜一一三頁。

第四章　野神信仰

—奈良盆地における地域的展開—

はじめに

ノガミとは、奈良県や滋賀県といった近畿地方および四国地方に多くみられるもので、集落から少し離れた水路や池の脇、山麓などに祀られている神にほかならない。塚やヨノミ(榎)の木などを信仰対象とし、五穀豊穣を祈願したり、雨乞いを行ったりしている。また、牛馬の守護神として信仰する地域もある一方、四国の一部では妖怪化した例もみられる。ノガミの漢字表記は、近世や近代の奈良盆地各集落の絵図や文献に「農神」と記されたものも多少見受けられるが、一般には「野神」と認識されている。福田アジオによる村落領域、ムラ—ノラ—ハラ(ヤマ)のうち、(1)「ノラ」および「ハラ」を司る神といえるが、今日ではほとんどが「ノラ」とかかわるものといってよく、いわゆる農業神にほかならない。

日本各地の農業神を概観してみると、近畿・四国地方のこのノガミ(野神)のほか、東北地方には農神《のうがみ》が広く分布し、山梨県・長野県から近畿地方にかけては作神、瀬戸内海周辺地域には地神が、兵庫県から山陰地方にかけては亥の神が、そして四国・九州地方にはサンバイ・ソートクその他が分布している。このうち農神や亥の神には、田の神と山の神との去来伝承に類似したものも認められるが、ノガミ(野神)に関してはそのような去来伝承はほとんどないといってよい。

奈良盆地では五〇余りのノガミ(野神)の存在が確認されており、(2)祭礼日は多くは五月五日(もしくは月遅れの六月五日)であり、六月一日とする地域も見受けられる。宮座行事、近隣組織を中心とする行事として大人が担う場合があるものの、多くは子ども中心の行事といえる。なかには一四、五歳(数えで一五〜一七歳)の男子が中心メンバーとなり、少年から青年へのイニシエーションといった意味をもつ事例もみられる。行事内容は、麦藁で作った蛇をノガミ(野神)さんの神木や塚まで持ち運ぶというものが奈良盆地中南部に多い。途中行き交う人やその年に祝儀をあげた家に対しては、この蛇で祝うこともある(すなわち、人を巻き込んだり、家のなかまで入り込んだりするのである)。

またノガミ(野神)に、鋤・鍬・馬鍬・唐犂など木製の農具模型や、牛馬を描いた絵馬(あるいは刷物)を奉納したり、粽を供えることが多い。さらには、子供組を主体とする地域では、宿となった家で必ず和布汁を食べるといった風もみられる。奈良盆地北部では、牛馬を連れてノガミ(野神)のまわりを三周するといった習俗が広く存在し、大阪泉南地方の牛神信仰や近江のノガミ(野神)と連なる信仰がみられる。

本章では先行研究を整理したうえで、奈良盆地のノガミ(野神)信仰の地域的特徴について分析を試みることにしたい。なお、その際、奈良盆地周辺のモリとダケの信仰を視野に入れて考察を加える必要があることから、モリとダケの用語の整理をかいつまんでしておきたい。

後者の「ダケ」に関して『日本国語大辞典』では「高く大きな山」としたうえで、鏡味完二の「嶽という語尾をもつ山峰は、頽岩や崩土を大規模にもつ雄大な山に用いられ、小丘ではこの部類に属するのに御嶽神社が祀られたものが少くなく、後の場合には矢張り低山であるが傾斜が大きく、且つ露岩の多い山である場合が多い」という説を引用している。(3)しかしながらここでは、地域の人々がダケと呼ぶ山々の印象から、「比較的低い山ながら、里から見て目

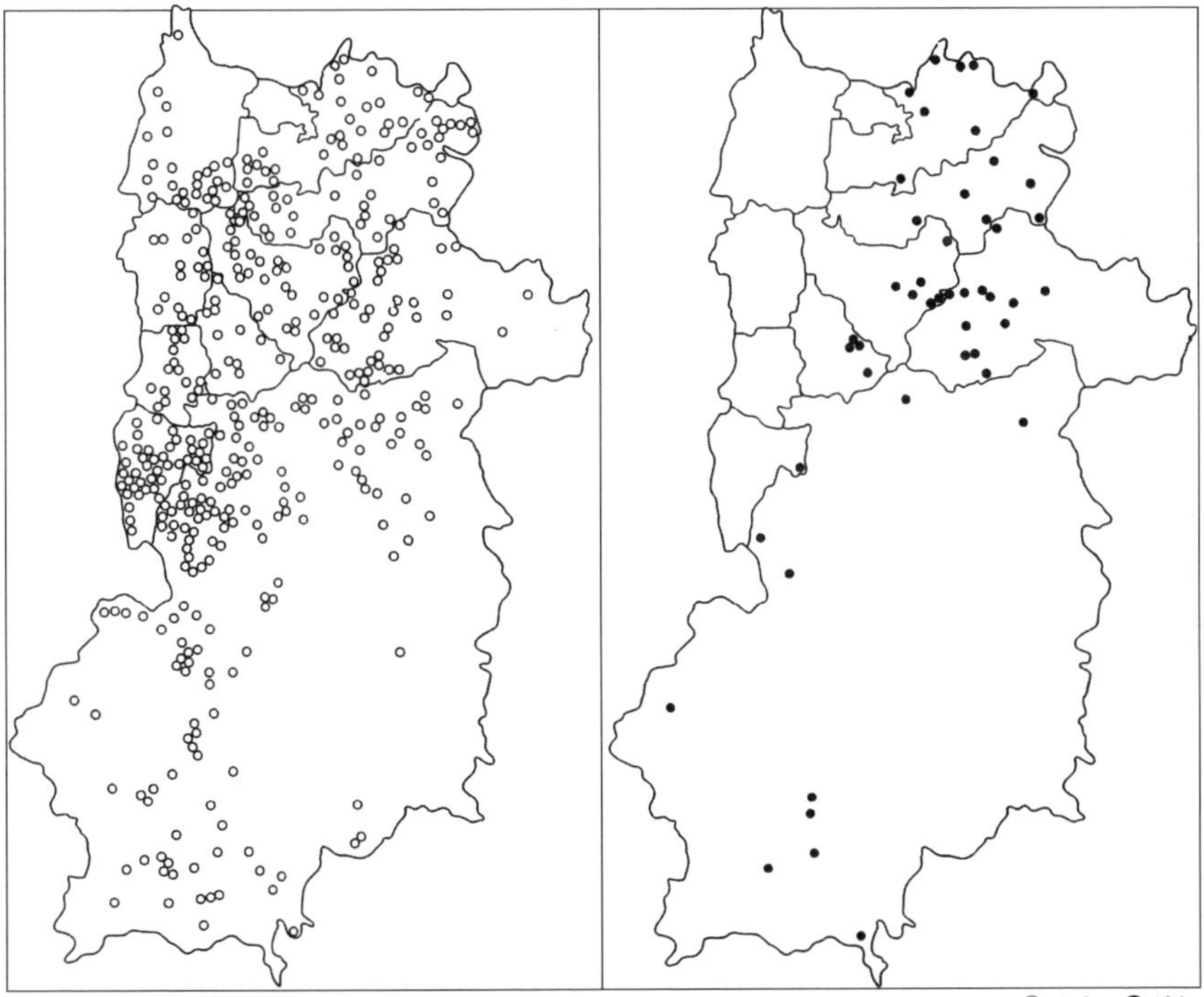

図4-1　モリとダケの地名分布(池田註⒆1977年より)

立つ、鬱蒼とした、しかも秀麗な山」と仮にしておきたい。奈良盆地とその周辺では、春の遊山行事であるダケ登りが戦前まで盛んに行われ、雨乞いにダケ登りをするケースもまたみられた。さらには、「奈良県下のダケ山は、中・近世の郷村制にもとづく水田農耕の発展に伴う野山(採草地)に設定されている場合が、地域によっては多い」といった指摘もなされている[4]。

一方、「モリ」については原田敏明が、祭壇としての意味と、神霊が降臨する禁忌の聖地としての意味があり、樹木やその枝葉を用いた神籬が神霊奉祭の古態であるとする説を唱えている[5]。しかしながらここでは民俗信仰の有様に即して、徳丸亜木の定義に沿って広く[6]「神霊の祭場とされる聖地としての樹叢を総称してモリ」とすることにしたい。図4-1に示したように、奈良県内の地名に限っていえば、ノガミやダケよりもモリの分布は広範に及び、全県的といえるほどである。実際、奈良盆地周辺では、モリガミ呼び出しなる行事もあって、若狭のニソの杜との関連も指摘されている。

一　先行研究小史

昭和一九年(一九四四)に辻本好孝が著わした『和州祭礼記』には、田原本町今里・鍵の昇り龍・降り龍、および橿原市上品寺のシャカシャカ祭り、桜井市箸中のノグッタン等々の報告が記載されている。(7) しかし、奈良盆地におけるノガミ(野神)信仰研究に先鞭をつけたのは、保仙純剛にほかならない。保仙には「大和ノガミ(野神)資料」「奈良盆地の「ノ神」」「野神の信仰」等々の論稿があるが、(8)「ノガミ」の呼称表記の相違が気になるところである。それはともかく、奈良盆地北部では牛の守護神的性格が強く、南部に行くに従い蛇によって象徴される水神的性格が強いことは先にも触れたが、これについて保仙は以下のような見解を示している。すなわち、牛を中心とした行事は奈良県下全域に分布し、蛇を中心にした行事の分布は中南部に顕著であるから、牛を中心とした行事の方が先行する姿だと判断できる、というのである。これに対して櫻井徳太郎は、「ノッゴ伝承成立考—民間伝承の歴史民俗学的研究—」なる論稿のなかで、農耕の展開というレベルで考えればそれは逆だろう、と反論している。(9)

櫻井の論稿は『西讃府志』『南路志』等々近世の地誌類を援用しながら、四国におけるノガミ(野神)信仰の地域的特徴を明らかにしつつ、ノガミ(野神)の妖怪化のプロセスをトレースしたものである。櫻井によれば、四国地方のノガミ(ノッゴ・ノミヤ)信仰は、徳島県から香川県にかけての四国東北部、つまり紀伊水道や東瀬戸内海を隔てて本州の畿内・中国地方に接している地域のそれは、牛神ないしは農耕神・作神としての性格が強く顕われているという。

一方、愛媛県の宇和地帯から高知県幡多郡にかけての四国西南部のそれは、妖怪化してしまったノッゴが顕著であるとし、二タイプのうち後者に焦点を当てて分析を試みている。

「元来田野を守護する土地神である「野の神」から転化して、よく祟る牛馬の死霊や人間の亡霊となり、さらに通行人にとり憑く妖怪化したもの」というのが櫻井の見解であり、牛馬の埋葬地、間引きや夭逝者の葬地との関連からこのような説を打ち出している。一方、四国東北部における牛馬の守護神的性格の強いノガミ（野神）信仰との関連で、先の保仙説を批判しているのである。「蛇体を中心に展開する諸行事が水神信仰の段階を示すものであり、これに対して牛神としてのノ神は、農耕社会が成立し、牛馬のごとき役畜がその中でかなり重要なウェートをもってきた段階において出現するものと判断されるので、むしろ水神の出現が早く、牛神はその後に現われてくるものだと断定したい。むしろ保仙氏の説くところとは逆の進み方をとってきたのではないかと考えるのである」というのが櫻井の結論である。具体的年代は示されていないものの、歴史的展開を想定している分、保仙説より櫻井説の方が蓋然性は高いといえる。

以上の論とは別に、米田実は「野神についての一試論」なる論稿のなかで独自の発展論を展開している。[10]米田は奈良県下三二事例を三つに類型化し、祭日・行事名・祭場・行事内容（特に予祝的要素、イニシエーション的要素に着目）・祭祀集団といった項目に沿って分析を試みている。ノガミ（野神）信仰の歴史的展開に限っていえば、米田は記紀神話の「鹿屋野比売神（野椎神）」や「野槌」、『延喜式』および『類聚名物考』の「野神」を引き合いに出した後、『沙石集』（弘安六年〔一二八三〕刊）ではノヅチに「野槌獣」の字を当てているのに対して、『和漢三才図会』（正徳～享保期〔一七一一～三六〕刊）では、蛇体を描いて「野槌蛇」としていることから、「神話に見られるような「草の祖」ではなく」、ノガミ（野神）は「後世蛇形として受けとられるようになった」とみなし、(1)カンジョウカケ→(2)ノ神（藁蛇)→(3)ノ神(藁牛)→(4)ノ神(飼牛)へ、といった変遷を描き出した。

文献によるトレースが必ずしも充分といえず、また保仙説や櫻井説との整合性をどうはかるか気になるところであるが、両説にはほとんど言及していない。何よりも、すべてを一元的・進化論的にみなくともよいのではないかと考えられるが、当時は周圏論や重出立証が全盛期だったことを思い合わせると、やむをえないのかもしれない。ちなみに(1)のカンジョウカケとはツナカケともいい(関東では道切と称するケースが多い)、一、二月にシメ縄をムラ境に張り渡すことにより災厄を送り出すとともに、その侵入を防ぐというもので、奈良県から滋賀県にかけて広く分布する。

米田は、ノガミ(野神)行事のなかには一、二月に行われるものがあること、およびその行事の類似性や祭場の小字名(ノガミの祭地をツナカケと称する、あるいはツナカケをする場をノガミと称する)からツナカケをその原初型とみなした。また、ノガミ(野神)行事に移行したものにもツナカケ的要素が認められるとも主張している。ただし、ツナカケ(カンジョウカケ)からノガミへと変化する必然性がどこにあるのか説明されておらず、「より開放性の強い地方に移動することによって、その祭祀内容の多様化を示すことになったのだろう」と説くのみである。「より開放性の強い地方に移動云々」の部分が理解しかねるが、別の箇所で「行事が開放構造に触れることによって(山の生活の封鎖性から開放性へ)云々」と記していることからおよそは推測できる。

いずれにしても、米田の発展論は説得力に欠けているといわざるをえない。ここでは、カンジョウカケとノガミ双方の行事を行っている地域もあること、麦藁蛇を用いた春先の行事であれば予祝的要素が認められたり、一見似たような行事になりうる可能性があること、さらには、牛を連れてノガミ(野神)に行きながら、牛馬の絵馬を奉納している地域も存在すること、等々の点を指摘するにとどめたい。

以上の論稿が公表されて一〇年ばかり経った昭和六〇年(一九八五)、六一年に、奈良県教育委員会から『大和の野神行事』上・下巻が刊行された。これは昭和五七年に文化庁から「記録作成等の措置を講ずべき無形の民俗文化財」に選択された、その成果報告書である。[11]興味深い記載が多々あり、刊行直後に稿をおこすべきであったが、諸般の事情で今頃になってしまったことを悔いている。

いずれにせよ、本章では多面的視点からアプローチを試みるとともに、限界があるにせよ文献史料も有効に活用しつつ地域的展開把握に努め、さらには近年の行事の変化にも留意したい。なお近年、樽井由紀が精力的に奈良盆地のノガミ(野神)信仰と取り組んでおり、興味深い論稿を公表しているが、[12]これについては以下の論を展開するなかで言及したいと考えている。

二　ダケとモリの信仰

先に触れたように、奈良県下にはダケとモリの信仰が広くみられ、すでに参照した保仙の論稿のほか、岩井宏實の「ダケ・モリの信仰」なる先行研究もある。[13]そこで先ずは岩井論文を参照しつつ、奈良県下のダケとモリの信仰を概観することから始めたい。

図4-1に示したように、奈良県下にはダケ、またはダケヤマと呼ばれる特別の信仰をもつ山が数多く存在する。その規模は大小さまざまであるが、いずれもこんもりとして、他の山に比べると秀麗である。このダケのうち最も代表的なものが北葛城郡の二上山であり、また一般に東山中と呼ばれる山辺郡・宇陀郡等々の集落や、吉野郡の竜門地方に多く分布し、ところによっては各大字ごとにダケをもつ所も少なくない。ダケに対する具体的な行事としては、春のダケノボリ(いわゆる山遊び)と夏の雨乞いとがあった。二上山は最も大きいダケノボリの対象で、その日は月遅

れの四月二三日である。このダケノボリをする範囲は、北葛城郡の旧二上村・当麻村等今日でいう当麻町（現葛城市）・大和高田市・香芝市ほかに含まれる諸大字で、その数六〇余に及び、この範囲を「岳の郷」と呼んでいる。これはまた「当麻レンゾ」の範囲とも一致している。(14)

このダケノボリも残念ながら今日では簡略化され、ダケに登らず近くの山や池の堤で弁当を開く程度の地域が多くなっているし、二上山の反対側の登り口、大阪の河内地方でも、麓の地域にはダケノボリ・ダケマイリといった言葉があって同じように登っていたようであるが、やはりもう簡略化されてしまった。しかしながらかつては盛大に行われていたようであり、嘉永六年（一八五三）刊の『西国三十三所名所図会』にも、「此の日山上に酒の上温、肴の煮売、或は覗からくり、放下師など出て賑はし、隣村の老若男女、険阻をこととせず登りて群集す」と、賑やかなダケノボリの情景が記されている。(15)

一方、雨乞いに関しては、「ダケの権現さん幟がお好き、幟持ってこい雨降らす」といった俗謡もあり、「祈雨」と書いた紙の幟を持って登ったようである。「ダケの山に雲がかからねば雨は降らん」といい、ひどい旱魃には一週間も続けて登ったこともあったという。山頂には現在、二上神社を祀るが、この社を一般に「ダケの権現さん」と呼んでいる。

ここでは一例を紹介したにすぎないが、このようにダケはほとんどが登拝の対象となっているものの、例外的に登ってはならないとされているものも存在する。

旧都祁村（現奈良市）大字白石の東方に聳える雄雅山《おがやま》（雄ヶ岳）もその一つであり、このダケは禁足地になっている。この麓には雄雅山を祭祀礼拝する雄雅神社があるものの、社殿はなく背後の山そのものを神体としており、山頂には磐座《いわくら》があるという。桜井市の三輪山と全く同じ形態で、三輪山の奥の院ともいわれている。このほか同村南之庄の国津神社、小山戸の山口神社等々、同様の形態、禁足伝承をもつダケがいくつかある。

他方では、同村吐山に伝わる正月唄に「正月どんござった。どこまでござった。カネヒラまでござった」と歌われているし、吉野地方竜門の峯寺の子どもの正月唄にも「正月どんどこまで。クーロク山の裾まで。なになにみやげ、ミーカン、コージ、ターチンボ」とある。こうした伝承について岩井は、「カネヒラ山は吐山のダケであり、クーロク山は峯寺のダケで、正月様をはじめ神々の霊は各ムラのダケに降臨すると意識されていることがうかがわれるし、神野山(旧都祁村・旧豊原村のダケ＝筆者注)をはじめとし、レンゾにダケノボリをし、ツツジの花を折ってきて、それを苗代の水口に立てて水口祭をするのも、神霊がダケに降臨するものとの意識が根底になっている」と指摘している。

一方、奈良県下にはまた、モリ・モリサン・モリガミと呼ばれる小さな杜・塚・叢林が随所にあって、それぞれに信仰されている。たとえば奈良市大保には、二一ヵ所ものモリガミがあって、アオイバのモリ、ジンデのモリ、ゴイのモリ等々、各々に名称がつけられている。これらは大保領内の各所に散在しており、多くは叢林を成しているが、大木が数本ある程度である。なかには個人の持山になっているものも見受けられる。マツゲのモリなどがその例で、風呂屋氏の持山のなかにあって、同氏が正月には注連縄を張り、お神酒を供えて祀るという。

それとは別に、大保の氏神である八坂神社の祭りには、二一のモリガミを八坂神社に勧請して祀り、祭りが終わると再びモリに送り返すという行事が存在する。これを「モリガミ呼び出し」という。神主は、たとえばアオイバのモリであれば、「アオイバのモリでは花のヨウトメ、チワヤワ、チワヤワ」と唱える。以下ジンデのモリ、ゴイのモリ……というように、順次同じ文言を唱えて二一のモリガミを呼び出すのである。

もう一例だけ紹介したい。吉野郡西吉野村(現五條市)黒淵には四八モリがあったという。この地域には旧家四八軒があって、それぞれに一つずつモリをもっていたが、大正期の初め頃に神社合祀がやかましくいわれ、それに伴ってモリガミも皆氏神である春日神社に合祀され、モリは伐採されてしまったので、今日ほとんどわからなくなってしまったという。奈良市大保のモリガミと重ね合わせてみると、さまざまな想像がふくらんでくる。それはともかく、黒淵の最も旧家とされる南朝ゆかりの堀氏のモリは、家の西北方の山裾にあって、昔はこんもりした良いモリだったという。堀氏の大先祖を祀ったもので、正月と盆には灯明をあげ、洗米を供えてお祭りをしたそうである。こうしたモリは、中山間部だけでなく平坦部にも分布している。奈良市西部、旧生駒郡(現奈良市)富雄あたりにもモリが随所にあり、この地域ではたいてい叢林になった所がそれで、御札や神具を捨てる場所になっていて、ここに足を踏み入れたりさわると祟りがあるといわれている。

また奈良市秋篠町では、三月一日のショウゴンの神事に、当屋が領内の諸祠や塚・杜に三五膳を用意して供えるという行事がある。ここでいう諸祠類とは、八所御霊・石神・牛之宮・亥の神・地神宮等々にほかならない。この行事について岩井は、

今日いろいろの神にかかわり、祠が祀られたりしているが、本来他の地でいうモリサン、モリガミと同じ性格のものであり、ショウゴンのときの奉膳も、大保の八坂神社の祭りのモリガミヨビに通じ、この時モリガミを迎え祀る行事である。このさいそれぞれの塚、杜の奉膳が家筋に固定していることも注目に値する。いまではそれぞれの塚、杜がその家の所有地内にあったとか、昔からその家が世話することになっているのだとか伝えるだけで、その根本の理由は明らかではないが、もとはそれぞれの家筋の塚や杜ではなかったかと推測される

との見解を述べている。(16)また、祭日がニジュウソの日となっている兵庫県小野市の例を引き合いに出しながら、若狭のニソの杜との関連を想定している。そうして、先に紹介したダケとこのモリとの関係については、

モリは祖霊の送られる場所であり、また神祭りや祈願のさい降臨する場所とも考えられる。またモリサンの分布がだいたいにおいて、ムラや郷内にダケとみなす山を持たないところや平坦部に多く、ダケとモリの伝承が地域的に重複しないことからみても、ダケとモリは同じ性格をもつものであろう。と結論づけている。(17)さらにモリ(ガミ)とノガミとの関連についても言及しており、ノガミ(野神)の祭地がやはりムラうちや領内に仰ぎみる平地にあってモリ(ガミ)と競合しないこと、大字・小字や組・講で祀るものがある一方、特定の家筋によって構成される宮座の祭祀として行われていたり、特定の家筋が司祭・管理者となっている点に注目し、大阪府和泉地方の牛神やハチオウジも含め、モリガミと同類のもの、との考え方を示している。さらにノガミ(野神)の祖霊神的側面については、野神塚・野神古墳に言及しながら、昔の葬地であったと意識した現われ、といった説明を行っている(実際、野神塚や八王子塚を昔の人の墓と伝承している地域も確かにある)。こうした指摘にも留意しておきたい。

三　ノガミ(野神)信仰の地域的展開

以上の先行研究と、モリとダケの信仰の実態を前提に、奈良盆地を中心とする地域における、ノガミ(野神)信仰の特徴について分析を試みたい。それに先立って、地名としてのノガミの分布を確認しておきたい。

地理学者の堀井甚一郎は、主として耕地の立地を基準に奈良県における農業地域を次の四つに分類している。(18)

①平坦農地域――奈良盆地の沖積平野の地域で、稲作を中心とした集約的土地利用地域に当たる。耕地の区画は古代の条里制に支配されて整然とした形態であり、また灌漑用溜池が著しく発達しているが用水源の絶対的水量が

不足しているため、旱魃にもしばしば見舞われる。

②階段農地域――盆地周辺の傾斜地や吉野川沿岸にみられる、階段状耕地が発達した地域。棚田に交ざって果樹園・茶畑といった傾斜畑（あるいは段々畠）が展開している。

③山間農地域――大和高原（所謂東山中）から宇陀山地を経て吉野山地の北部にわたる地域で、高度五〇〇～六〇〇m内外の地域である。山間盆地や河谷に樹枝状に水田が発達し、傾斜地は畑地か階段状の水田として利用されており、前二者より畑地が卓越している。また山頂付近一帯は植林が進んでおり、農主・林副の形態をとっている。

④山岳農地域――吉野山地の峻嶺深谷地域。谷底平野の生産も悪く、従って遅くまで焼畑耕作が継続されていた地域であり、林業を主体に傾斜地を利用した畑作が営まれている。

こうした農業地域区分図に、池田末則の『地名伝承論』をもとに「ノガミ」の地名をプロットしたのが図4-2である。比較のために「ヤマノカミ」のそれも併せて地図化した。[19]「ダケ」や「モリ」もそうであろうが、「ノガミ」、「ヤマノカミ」の場合、祭地にそのまま信仰対象としての神の名を冠したものがままみられることから、この種の信仰の分布がおよそ読み取れる。

「ヤマノカミ」の地名は、①平坦農地域に稀薄なものの、ほぼ全県的に分布する。ただし、④山岳農地域のうち北山川流域には少ない。しかし、この地域に山の神信仰が存在しないというわけではない。[20]一方、「ノガミ」の場合、①平坦農地域の北部と、一部②階段農地域、③山間農地域にも分布する。ノを司る神としてのノガミ（野神）の性格から、当然①平坦農地域の南部にも分布がみられてよいはずであり、実際、奈良盆地南部にもノガミ（野神）行事は広く認められる。しかし、南部地域の場合、ノガミ（野神）が祀られている叢林、あるいは塚は「ハッツオンサン」「ダイショウゴン」「カンジョウ」等々の名で呼ばれていることが多く、この分布図には示されていない。ちなみに、①平

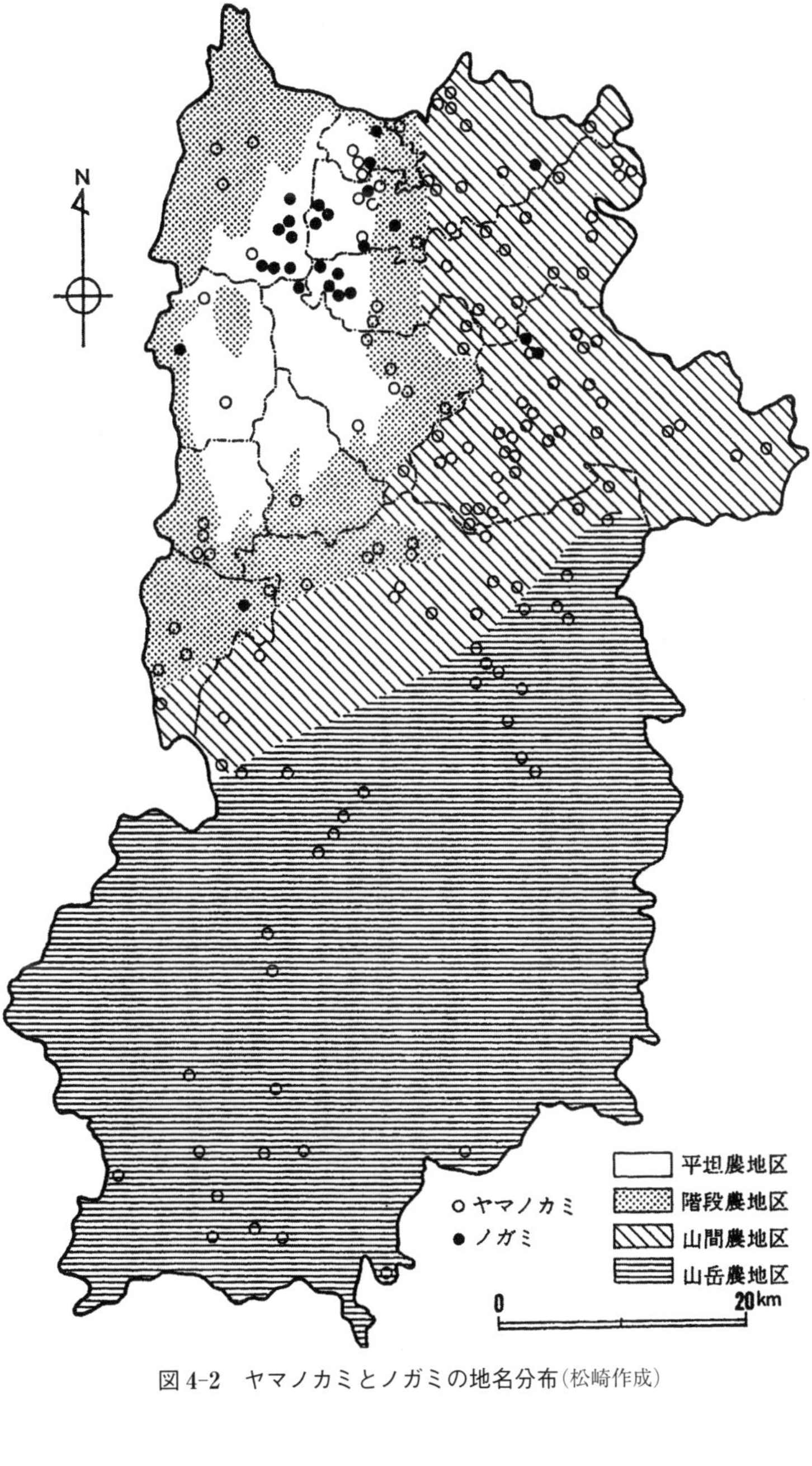

図 4-2　ヤマノカミとノガミの地名分布（松崎作成）

坦農地域では田の神の名はほとんど聞かれず、ノガミ（野神）についても山の神との去来伝承も存在しない。ただし、ノガミ（野神）が一方で山の神と呼ばれ、同体とみなされているような事例は一例だけ、②階段農地域の奈良市北椿尾に存在する。併せて図1のダケとモリの地名分布について確認しておきたい。前者のダケは、④山岳農地域に若干分布するものの、ほとんどが②階段農地域と③山間農地域に集中している。一方、後者の「モリ」は、①平坦農地域（奈良盆地）北部および、④山岳農地域のうち北山川流域にはほとんどみられないものの、予想に反してほぼ全県的分布を示している。

地名の分布は以上の通りであり、筆者自身、ノガミ・モリ・ダケの信仰三者を視野に入れて調査した経験は正直いって今までなく、何ともいえないが、岩井の指摘通り三者の分布にズレがあるのか確かめる必要がある。地名のダケとノガミの分布は明らかに異なるものの、モリとダケ、モリとノガミは重なる可能性がある。しかしインテンシップな調査はしておらず、ここでは地名の分布上の様相を概観したにすぎない。

それでは次に、奈良盆地のノガミ（野神）行事の分析に入ることにしたい。奈良県教育委員会編『大和の野神行事』上・下（前掲）の報告例のうち、北部・中部・南部の多少なりとも文献史料が残っている事例を中心に各一例ずつ紹介するにとどめるが、当然のことながら他地域の行事を視野に入れつつ分析を試みたい。北部地域と南部地域の相違については再三指摘した通りであるが、中間の地域の行事内容をみながら、それぞれの特徴を明らかにできうればと考えている。

1　北部地域のノガミ（野神）行事―奈良市三条(21)

行事名称はノガミサンマイリ、祭日は六月一日である。塚等の形状は、市街地の中心三条通りから南へわずかに入った所、大安寺の集落に通ずる道沿いにユノミの木が一本繁っているのみである(写真4-1)。特に塚状は呈していないが、かつては道沿いの細長い塚状であったらしく、人々は北側や西側に腰をおろして休息をとっていたという。元は付近に住宅などなく、現在駐車場や民家となっている西側も水田であった。石碑・小祠の類はない。祭祀組織については、元は旧三条村の行事であったが、現在は三条農家組合によって実施されている。この組合は二八軒で構成されているものの、現実には二六軒が二軒ずつ東から西へ家並び順にトウヤを務めてゆく。六月一日までにトウヤを務める者の家で不幸事があると、次期の人と交替することになっている。

さまざまな用具や明和六年(一七六九)銘の絵馬の版木を納めた唐櫃の裏蓋には、昭和四一年(一九六六)五月二二日付の「野神参り改証」なる記載があり、しめなわ・えんま(絵馬=筆者注)・酒一本はトウヤ持で、おこのみあられ・酒・紅白万頭は村持と書かれている。しかし現在ではトウヤは酒一本を出すのみであり、他は農家組合が負担している。

写真 4-1　野神(奈良市三条)

最後に行事内容になるが、六月一日を地獄休み(他地域では農休み)といい、アキ(五月アキ・麦アキ)で多忙なため、オトコシ・オナゴシを含めてこの日は休みであった。この祭日に先立ってトウヤは分担となっている絵馬刷りと注連縄づくりをしておく。そうして当日は、夜明け前の五時頃から各人がノガミサンの前に集まる。ノガミの木の南側に組立式の小型鳥居を立て、御幣二本・神酒・洗米・塩などを供え、灯明をあげる。準備ができると一人ずつ参拝するが、三〇分とかからない。終わる頃には夜が明けてくる。

この後、共同作業場に移り、その一隅にムシロを敷いて車座となる。えんま・万頭・つまみの菓子が配られ、神酒をいただき、農家組合長を中心にその年の農事に関する協議が行われる。共同作業場で協議がもたれるようになったのは昭和初年にこの作業場ができてからであり、それまでは祭りの場で行っていた。協議の内容は、翌年のトウヤを決めることのほか随時必要事項であるが、かつては水の当番、池水を出す日、田植始めの日、苗代じまいの日をはじめ、麦を栽培していた頃は日雇の賃金なども協定していた。『大和野神行事』下巻には、大正一五年（一九二六）から昭和一六年（一九四一）までの「日誌」あるいは「日記帳」のうち、六月一日の項が数年分掲載されている。このうち昭和二年のそれをみると、

昭和二年　六月一日　野神参リ　決

田植二十三日　苗代終二十七日

田植賃苗取賃ハ雇主相談ノ上仕（支）払フ事

日雇麦扱ハ勝手　家賃ハ五円上ゲ

燈籠ノ件　森内井手

保線ノ件　菩提川　暗渠　周囲

芝居中宝　一ヶ月壱円　八尾谷杉森ノ井手

とあり[22]、農事以外の取り決めに及んでいたことがわかる。地域全体の行事といった趣もうかがえる。

ちなみに、かつて農家で牛を飼っていた頃は牛を連れてノガミに参り、木の周りを三回右に回らせ、その後、米の粉を水で練ったものを少しずつ牛の口に押し込んで食べさせたとも伝えている。また樽井によれば、文政四年（一八

二一）にノガミを対象に雨乞いが行われた模様で、その史料もあるという。[23]

以上が奈良盆地北部地域の代表的行事の内容である。この地域では祭日を六月一日の農休みとする所が多く、かつては牛を連れてお参りし、絵馬の刷物を奉納し、また守護符として各家へ配っていた。そうして農事の打合せを行う機会ともなっていた、等々がその特徴である。都市化や産業構造の変化に伴って行事内容にも変化を来したが、地域社会（ムラ）の行事から、農家組合加入者だけの行事へ、というのが変化の大きな流れといえる。

このほか北部地域のノガミ（野神）信仰では、古墳の上に塚のある例がみられるほか（奈良市京終など）、ノガンドウ（野神堂）と称し、かつては牛を屠殺し処理した場所と伝える（奈良市池田町）など、四国西南部と類似した例もある。また、五世紀の若草山の頂にある墓は近世「うしがはか」と呼ばれ、そこに野上社があって、若草山の山焼きはこの野上社を祀った後、麓から点火させる（奈良市春日野町）といった伝承も残っており、ノガミ（野神）と牛との関係の深さ、古さがうかがえる。一方、ヒヤケの時は雨が降るようにノガミサンへ参った（奈良市油坂）。ここには白い蛇が棲んでいると子どもの頃老人から聞いた、との話も伝えられ、水神・竜蛇神を髣髴させるものが、奈良市三条のそれも含めて北部地域にも少なからずあることを確認しておきたい。

2　中部地域のノガミ（野神）行事―磯城郡田原本町今里[24]

行事名を蛇巻きという。頭持ち（数え一五〜一七歳の男子）が村中を巡行中、突然蛇綱で人を巻き込んでしまうことに由来する。祭日は旧暦五月五日から月遅れの六月五日へと変わり、昭和五五年（一九八〇）の村総会で六月の第一日曜日に変更された。ご神体である麦藁蛇は今里の氏神である杵築神社境内のヨノミの木に納めるが、根元にはブロック製の小祠がある。第二次世界大戦後間もなくこうした形になったが、それ以前は中街道が今里の集落を北へ通り抜

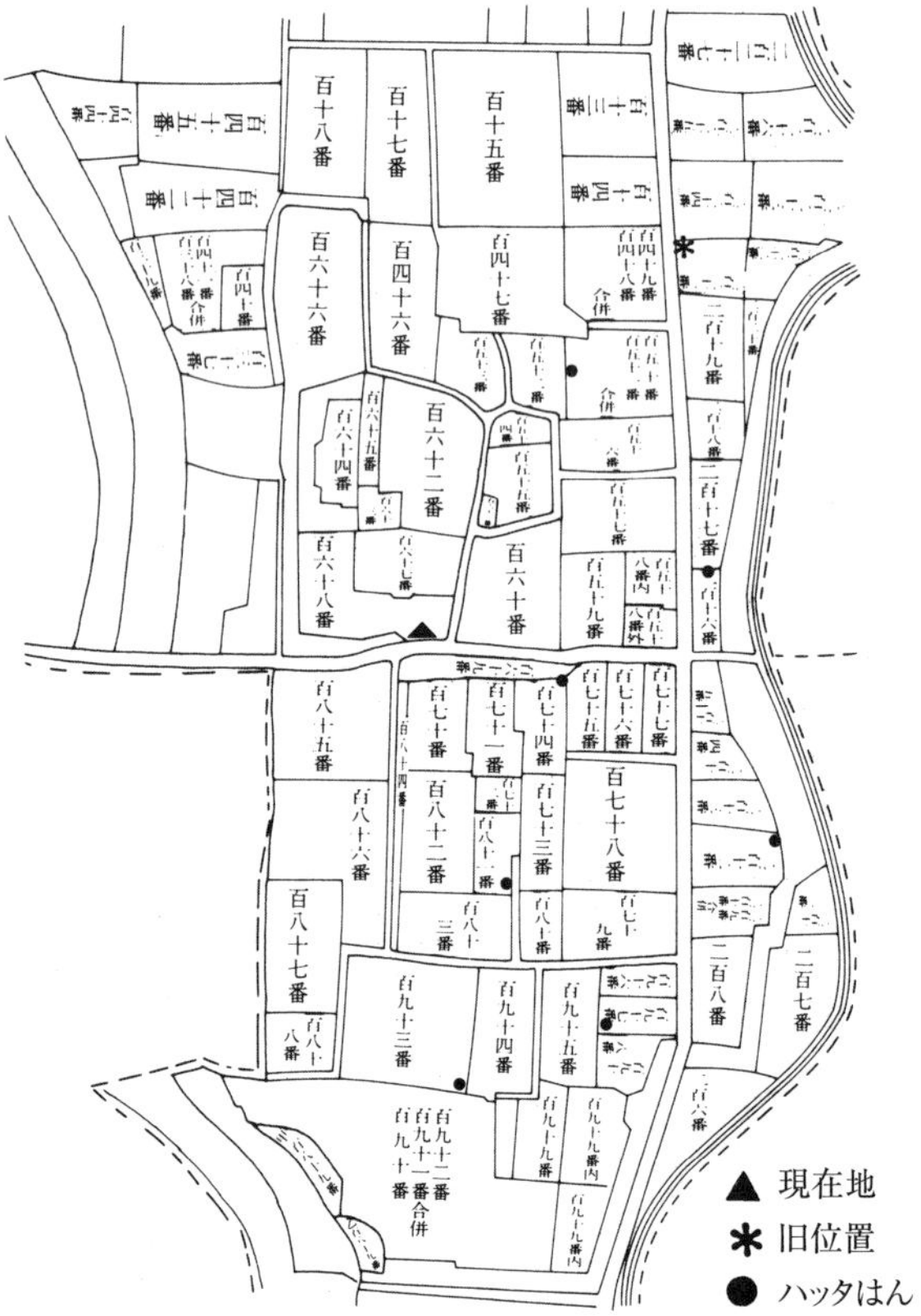

図 4-3　今里の杵築神社位置図（奈良県教育委員会註(2)より）

ける位置に空地があり、その空地にあるヨノミの木に納めていた（図4-3）。根元には瓦製の小祠があったと伝えている。この空地をハッタはん・ハツオはん・ノガミサンなどと呼んでいた。麦藁の蛇は竜神を表わし、稲作に関係あるものと土地の人は認識している。

　祭祀組織は数え年一五～一七歳の男子が主体で、トウヤが世話役を務める。トウヤは家並み順に本トウヤ三軒とその前後の迎えトウヤ、送りトウヤが手伝って九軒で当たる。昭和五〇年代の蛇巻き行事の再編にからみ、村中参加といった色彩が濃くなった。トウヤの準備する膳の費用は、各戸二〇〇円宛の米・菜料から出る。酒・肴その他の費用は祝儀から支払い、決算の後、余ったお金は頭持ちの最年長者が慣例により頭持ち全員に分け与える。祝儀は、男子が誕生したり、新築や嫁・婿取りをした家よりもらい受ける。

　行事内容は表4-1に示した通りであるが、蛇巻きについてのみ補足すると、トウヤの面々が加勢しながらも頭持

表 4-1　今里の蛇巻き行事日程（奈良県教育委員会註(2)より）

		頭持ち		当屋（オヤ）	
	日時	内容	場所	内容	場所
準備	当屋を受けた頃			麦、ちしゃ、依頼	農家
	日曜日	祝儀、米・菜料集め 蛇を納める所の清掃	村中の家 杵築神社	女竹、かけねの脚、 太縄の調達	
六月第一日曜日（蛇巻きの日）	9 時開始 12 時終了	蛇頭（綱）巡行の道、点検 供物（農具・絵馬）作り	村の道 拝殿	煮炊き開始	当屋
	1 時開始 3 時半終了			蛇組み 蛇頭整頓、一同酒 肴の座につく	杵築神社 拝殿
	4 時開始 6 時終了	蛇頭巡行、蛇巻き 巡行終り、蛇頭を納める	村の道 杵築神社	当屋、馳走を配る	当屋
	7 時開始	夕食 経費計算	当屋		

ちのメンバーを中心に村中の家々に蛇頭を持ち込み、「おめでとう」と祝って回る。巡行の途中、突然誰彼の区別なく蛇綱で巻き込んで歓声をあげる。これがいわゆる蛇巻きで、道すがら繰り返す。巡行が終わると杵築神社境内のヨノミの木に、蛇頭を上方に掛けて納める。そうして木製農具・絵馬・神酒を供えて礼拝し、車座で神酒をいただく。その後、頭持ちはトウヤで膳につく、といった内容である。

　中部以南の地域では、祭日を旧暦五月五日→月遅れの六月五日→六月の第一日曜日というように変更を重ねてきた所が多い。あるいは旧暦から新暦の五月五日とした地域もある。麦藁蛇をつくるという形で水神的色彩が濃いものの、麦藁製の牛をつくったり、牛馬の絵馬を奉納する例もみられ、北部地域との共通性もうかがえる。しかし祭祀組織についていえば、トウヤ制度・講組織のもとで子どもが主体となるものが多く、今里の事例のように少年から大人へのイニシエーションといった性格をもつものもあって、南部地域のそれに連なるものが認められる。

3　南部地域のノガミ（野神）行事—御所市蛇穴《さらぎ》(25)

この蛇穴と大和高田市今里のノガミ（野神）行事については、文化・文政期（一八〇四〜三〇）に成ったと思われる『諸国風俗問状答』のうち、高取藩のそれに記載がある。(26) 先ず大和高田市今里のものをみると、

> 大和葛下郡今里村の野中に、古木の榎一本有之。野神《のかみ》と称し来り、五月五日神事執行す。講中有之。当年の当屋より来年の当屋え渡し候に、双方茶紙とて、茎交りに漉候紙を頭にもかぶり、身にもまとひ、出たる処の手足のさきを真黒にてぬり、幣の受取渡しいたし候由、由縁未詳。

とある。ここでは手足を真黒に塗る理由を未詳としているが、「農事之由来」なる由緒書（年代不詳）にその説明がなされている。すなわち、農神の行事には祝いに餅と和布を食べることを習わしとしていたが、この和布を焼く鍋を当《トウ》屋《ヤ》渡しとしていたところ、ある年誤って、顔に鍋墨が付いたのを笑ったことから喧嘩となり、墨の付け合いを演じたが、翌年は豊作であったので以来墨を塗ることが今日に伝わる、としている。「農事之由来」の内容は以下の通りである。(27)

> 伝聞当所農神祭礼之由来は、昔時天文年中に名主何某といふ人、金剛山は立毛守護之霊地に而、毎年十弐度宛月参之積りヲ以廿五之年より五十五迄三十年の間三百六十度之登山せられけるに、或夜の夢に老翁来り給ひ、汝信心をもく登山せし事数年、壱ヶ年の日参にたり、併老年に及び登山をいたわり是より汝が領願（ママ）に一樹の榎有り、我は樹に分身を移すへしと宣ひ夢覚、奇異の思ひをなし其樹を尋るに坤之領角に榎有り、是夢中之樹□らんと祭礼之営を記し榎は夏木とて五月五日を神事を定、農守護之神なれはとて農具雛形に椀を添、綱を巻て樹にかけ白幣を捧給ひ、村中ニは餅をいわひ和布を煮而是を食し、立毛株の栄ん事を楽しミ毎年家渡に餅押和布焼鍋を贈る、然ルニ或年和布を焼鍋を受る人あやまりて顔に炭の付けるを笑ひしを立服し、又炭を付け戻し喧咜となり人々其

亀相成事を云訳し事済、其引五穀豊穣にし而実のり先年倍せり、是吉事ならんと今に炭ぬる事を伝ふ、又杵に縄を付けて弓と形り矢を添鍋を替て□ヲかづくとかや

農神行事（農事）の起源についても言及されており、それによれば天文年間（一五三二〜五五）名主某が立毛守護の霊地金剛山へ毎月参りを欠かさず三六〇回に及んだところ、霊夢に老翁が現われて領内の一本の榎を分身として祀るようにというお告げを下し、以来五月五日を祭日と定め、農業の守護神として「農具雛形」を捧げ、祝いに餅と和布を食べ、立毛の豊穣を祈るようになった、という。和布を不可欠の要素とするのは蛇穴でも同様で、「大和国高取藩風俗問状答」には次のように記されている(28)。

大和葛上郡蛇穴村野口明神の祭礼、五月五日汁かけ祭と唱来候。村民の申伝に、往古隣村玉手村に尾崎長者と申ものの娘、蛇体になり、右野口の森え欠込《ママ》候より野口明神と称し、神事執行ひ候。講仲間三十軒、銘々子ともを連、五日未明より会合し、儀式を相営、未明より日の出までに、蛇の形を藁にて綱組いたし、講の当屋を引出し、講中の子とも暫引あひ候うえ、野口明神の社内之納申候。明六（つ）時にめいまきと申、講中の子とも膳に並ひ食事済候上、五つ時翌年の当屋渡しいたし候て、明神え御供を備え、夫より村内を廻り、何れへなりとも神慮と申て当屋を渡し（申）候。四つ時に講中人別に来壱升宛の飯を盛り、此膳に講中子ともならひ、汁をつき給させ候。其（の）頃当屋の内え講外其外見物人来り候と、汁を無性にかけ候ことなり。右汁にたて候味噌は、年々三月十八日、白大豆三斗三升つつ仕込置候よし。

ここでは行事名を「汁かけ祭」としているが、このほか「蛇綱ひき」「野口さん」「野口の節供」などとも称している。

祭日は今日五月四日が準備、五月五日が「野口さん」であるが、すでに明治二八年（一八九五）の史料「野口神社祭

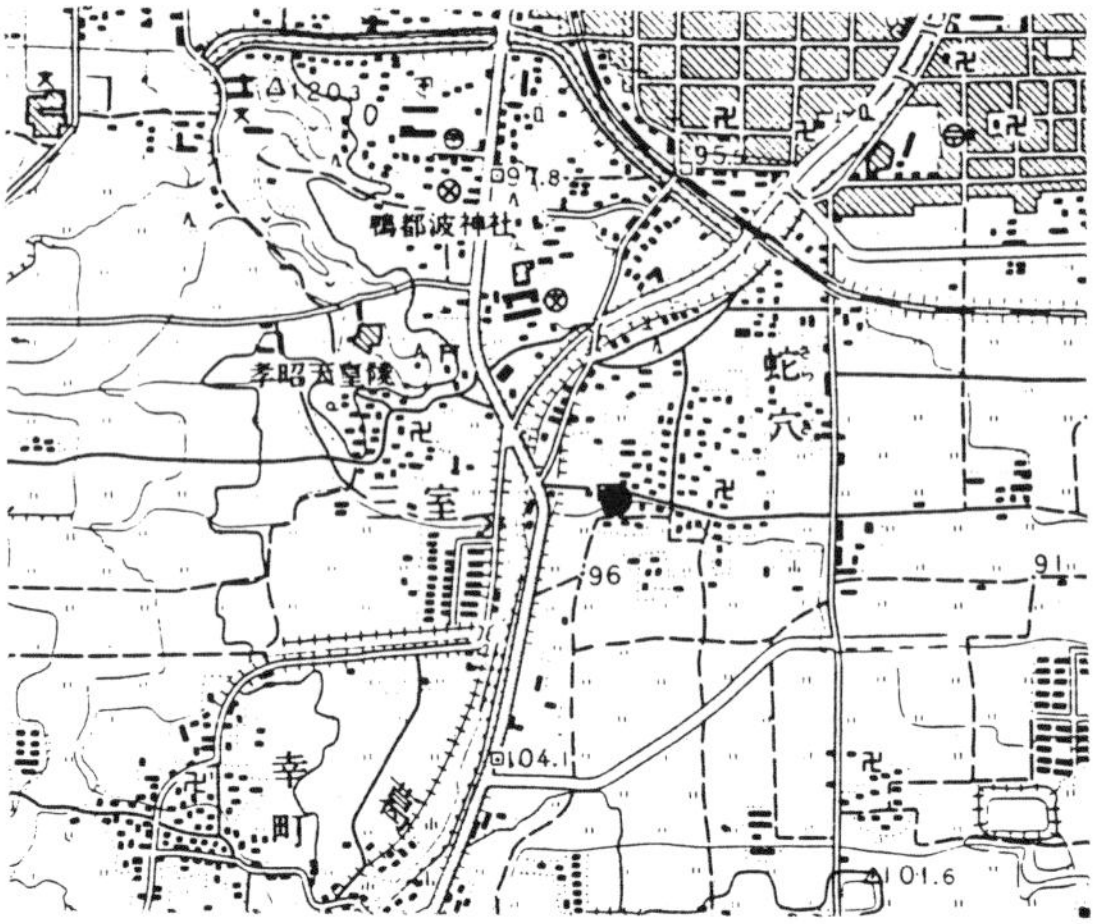

図 4-4　蛇穴の野口神社位置図（奈良県教育委員会註(2)より）

典幷ニ什宝器」には「毎年陽暦五月五日」と記されている。塚等の形状や信仰対象に関していえば、野口神社は集落の西端に位置し（図4-4）、行事に用いた蛇綱（水神とみなされている）は境内のヨノミの老木に巻きつけていた。ただし、戦後に枯れてしまったためカシの木を代用にしていたが、今では新しく蛇塚が設けられている。ちなみに野口神社は、大正初期に地元民が社格申請を奈良県に対して行い、無格社野口神社として公認されたものである。他方では氏神を郷社鴨都波神社としており、蛇穴は二重氏子となっている。

ところで「大和国高取藩風俗問状答」に「尾崎長者と申ものの娘、蛇体になり云々」と記されていたことに関連して、『大和の伝説』には次のような記載がある(29)。

　同家の祖で神倭伊波礼毘古命の御子、日子八井命の後裔茨田長者が河内の国から蛇穴に移り住んでいた。その長者のひとり娘が、毎日茅原郷から葛城山へ修業に通う役行者に恋をした。しかし行者は応じなかったので、女の一念から蛇身に化した。時あたかも旧五月五日の田植の時で、村人が野良への弁当を持って通りかかると大きな蛇が火を吹いている。びっくりして持っていた味噌汁を蛇にぶっかけて逃げ帰った。その後、その娘の供養にと野口神社の祭典に汁掛け祭、蛇綱引きをするようになった。

ここには蛇体の正体や和布（汁）が不可欠な要素となっているいわれが説かれている。なお、蛇穴の野口家には、嘉永七年（一八五四）成立の、「野口大明神社記」なるものが存在するし、写真4-2のような図も掲げられていて、この伝説と野口明神の祭神は一致していることがわかる。また大和高田市今里「農事之由来」と併せてみると、この行事と特定の長者や名主家との関連が示唆されており、また修験の霊地葛城・金剛山東麓の集落特有の内容になっていることがわかる。

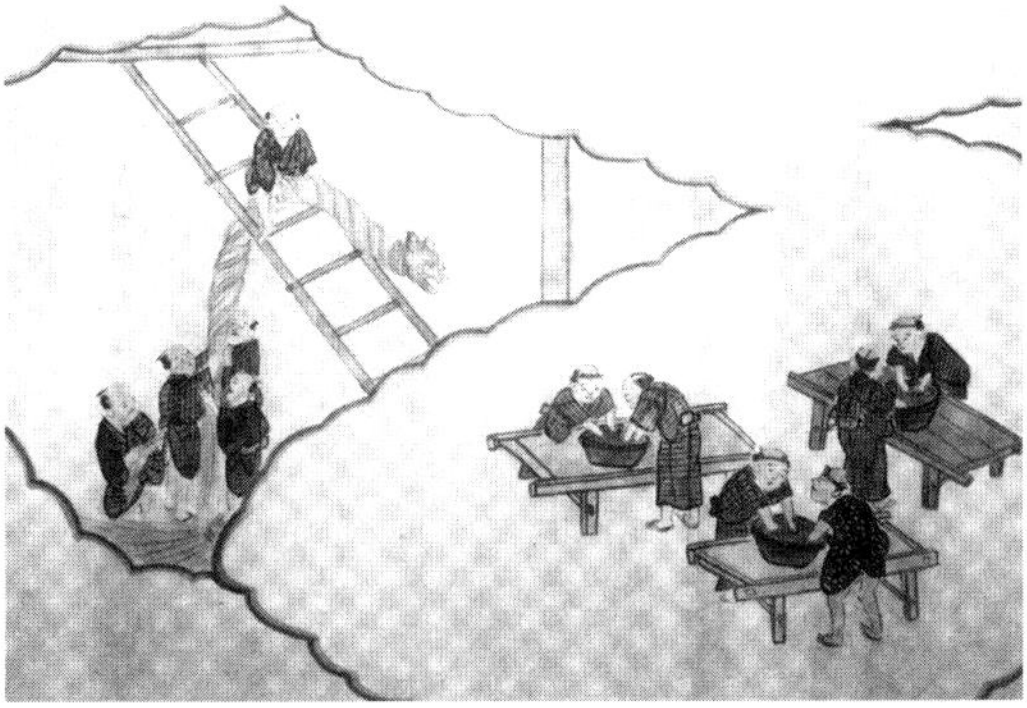

写真 4-2　「野口大明神社記」（嘉永 7 年）の一場面
（御所市・野口家蔵）

　以上のような由来を持つ行事の祭礼組織は、第二次世界大戦前まで、野口講中によって実施されてきた。戦前の講中数はおよそ二七、八名で、戸主とその子息が加入していることもあり、実際の加入戸数はそれより少なかった。ちなみに蛇穴全体の戸数は九〇戸余りであった。講中加入の手順は、五月五日の講中の席で、「当屋《トウヤ》受け」を申し出ている者のなかから決めた。トウヤを受けた者は、一年間、野口神社と家で小祠を祀り、翌年の五月五日の講中の接待と行事の全費用を負担していた。これを「講を持つ」といい、五月五日の講の座順も、講を持った者の順であった。「当屋受け」に条件はなかったといわれるが、多くは長男が誕生したその父親、次三男も分家して長男を儲けた場合であった。移住してきた家も、ムラ付き合いをしているうちに、「当屋受け」を勧められたようである。すなわち野口講加入メンバーは「講を持った人」であり、その人は蛇穴に住む限り一生講中であるが、その人一代限りであった。

　戦後の昭和二二年（一九四七）、ムラの集会でムラの行事と位置づけ、戦時中に組織された隣組（一二組存在）単位で一組から一年交替で「当屋受

表4-2　蛇穴のノグチサン行事日程（奈良県教育委員会註(2)より）

日　　時	区（大字）	垣　内（当　屋）	青　年　団
昭和59年1月		南垣内初集会で打ち合せ	
昭和60年4月	区の打合せ		寄付集め、花火・福引きの準備
5月3日 終日		道具出し、米洗い（当屋）	
5月4日 9：00－12：00 終日		蛇頭組み（於　神社） ご供搗き（於　当屋）	福引券配り
5月5日 （午前）4：00 8：00－11：00 （午後）12：00－ 4：00 4：00 4：30 夜		 触太鼓（ムラ中） 蛇綱組み（於　神社） 祭典、蛇綱引き （於　神社、ムラ中） 当屋渡し （於　神社と新当屋） ご供まき（於　神社） ラクサク（於　当屋）	 花火打上げ開始 福引（10：00－12：00） ご供配り 決算（於　青年会館）
日　不　定		決算報告（於　垣内町内）	

け」をすることに決まった。ところが一二年に一度では待ち遠しすぎるとの声があがり、その後、旧垣内（六垣内）単位で行うように変わった。経費も当然のことながら垣内ごとに負担する。肝心の行事内容（表4－2）は、青年団（昭和六〇年、一一名）のメンバーが太鼓を打って、一一二戸のムラ中の家々を回り、祝儀を受ける。その後、子どもたち（戦後に女子も参加）の蛇綱ひきが巡行し、各家の前で蛇綱を揺さぶる。その後、トウヤ渡しがあり、蛇を神社に納め、ご供撒きをして行事を終える。子どもの日の、ムラをあげての行事としてすこぶる盛況といえる。

　以上、奈良盆地北部・中部・南部地域を代表する事例を一つずつ取り上げたが、これらと表4－3を参照しながら、再度、奈良盆地におけるノガミ（野神）行事の地域的特徴についてみることにしたい。三地域の区分のおよその目安として、奈良市・大和郡山市を北部、生駒郡安堵町・磯城郡川西町・同田原本町・天理市あ

表4-3　奈良盆地における野神行事一覧（註(2)をもとに松崎作成。地名は一九八五年当時のもの）

	地域名	行事名	祭日	塚・樹叢等の形状	祭祀組織	行事の内容
1	奈良市三条	ノガミサン	6月1日	ユノミの木（かつて塚あり）	農家組合	絵馬（刷物）奉納。かつて牛を連れてきた。農事の取り決め。
2	奈良市法蓮	ノーガミ	5月31日（元6月1日）	塚	全戸	かつて牛を連れてきた。ショウブを屋根に
3	奈良市法蓮不退寺	ノーガミ	5月1日（旧暦6月1日）	塚　檜	農家9軒	かつて牛を連れてきた。絵馬奉納。
4	奈良市法蓮佐保田	ノーガミ	5月1日（元6月1日）	芝草　周囲はイブキ	農家7軒	同上。
5	奈良市芝辻	ノガミサン	6月1日前後の日曜日（元6月1日）	楠の大木（元桜の木）	ムラの行事↓農家26軒	チマキを奉納。農事の取り決め。
6	奈良市油坂	ノガミサンマイリ	5月末から溯って2番目の日曜（元6月1日）	土盛り　楠	農家組合	かつて牛を連れてきた。その後ツユサライをした。雨乞いもした。
7	奈良市紀寺	ノーガミサン	6月1日	コンクリートで区画された土地　ヨノミの木	農家	各自参拝。この日は農休み。
8	奈良市京終	ノガミサン（2ヶ所）	6月5日	小丘　松　楠のモリ　野神古墳	農家	チマキを供える。全員で参拝。
9	奈良市池田	ノガンドウ	6月5日	草地	牛を飼っている家	牛を連れてきた。チマキを供える。
10	奈良市西大寺野神町	—	12月25日（元12月17日）	野神神社	旧村23軒	祭典。
11	奈良市秋篠町	ノガミ	5月1日→6月1日	土壇・小祠	宮座9人衆	参拝。

12	奈良市春日町若草山	—	1月15日	牛塚　野上社	—	野上社を祀り山焼きをする。
13	奈良市東九條町	—	—	一本松	—	かつて牛を連れてきた。
14	大和郡山市西椎木	ノガミサン	旧暦5月5日→6月5日→6月第1土曜	土盛り　ヨノミの木　草野比売命（木製小祠）	小学生　村中	ショウブデンボを打ち回る。チマキを供える。
15	大和郡山市上三橋	ノガミサン	6月5日	こんもりした藪　かつてカシの木が	各家ごと	チマキを供える。
16	大和郡山市下三橋	ノガミサン	6月5日	かつてはこんもりとしたモリ　小祠　今ガランダの木が（蛇がすむ）	有志	かつて牛を連れてきた。チマキを供える。
17	大和郡山市石川	ノガミorハツオ（2ヶ所）	10月14日	雑木の繁ったモリ	2軒の当屋	御幣をモリに投げ入れる。
18	大和郡山市美濃庄町	ハツオ塚の一つをノガミと呼ぶ	—	昔の人の墓という	男子のいる家	かつてチマキを供えた。
19	大和郡山市横田町	—	—	—	17歳になった子のいる家	かつてチマキを供えた。
20	大和郡山市池之内町	牛宮サン	5月4・5日	こんもりした塚　石碑あり	16歳以下の男子	かつて牛を連れてきた。シンコ・ワカメを供える。
21	大和郡山市若槻町	ノガミ	—	堤上にネノミの木	—	—
22	生駒郡安堵村岡崎	ウシマワリ	—	田の中の塚　数本の樹木稲荷もあった	—	牛を連れてきた。

23	磯城郡川西町下永	キョウ（ノーガミサン）	旧暦5月5日→6月5日→6月第2日曜	塚上にヨノミほか	17歳の子をオヤとする子どもたち	ジャジャ馬、蛇、農具の小型模型を供える。
24	磯城郡三宅町石見	ノガミサン	5月5日	塚とモリ　小祠（御神体を巳さんという）	オヤ（15歳）とコ（14歳）とその関係者　牛を飼っている家は麦5升を出す	蛇を担ぐ。
25	磯城郡田原本町今里	ジャマキ	旧暦5月5日→新暦6月5日	空地のヨノミの木　瓦の小祠→氏神社のヨノミの木　小祠	15～17歳男子トウヤ	蛇綱をひき回す。
26	磯城郡田原本町鍵	ジャマキ	旧暦5月5日→新暦6月5日→6月第1日曜	平坦地（ハッタハン）にヨノミの木が	頭（14～17歳男子）とオヤ（当屋）	蛇巻の巡行。
27	磯城郡田原本町矢部	ツナカケ	5月5日	ムラ境にナツメの木	隣組単位	藁綱を担ぎ回る。模型の鍬・鋤、牛の刷物を供える。
28	天理市新泉	一本木サン	5月5日→5月3日	スサノオ神社内檜が一本	子どもとトウヤ	麦ワラのムカデ、牛馬を供える。
29	天理市平等坊町	ノガミサン	6月5日→5月5日	字ノガミに土盛りがあってヨノミの木（八王子・墓とも）	子どもとトウヤ	蛇の巡行（用水につけたりする）。かつてショウブデンボあり。
30	天理市岩室	ノガミサンの田植	6月5日	松の木ほかと小祠	十人衆ほか	稲束ほかを供える。雨乞いもした。
31	天理市森本	ノガミサン	5月1日	共同の埋め墓近くの松の木	15～17歳男子	麦のチマキ・餅等を供える。ワカメ汁を飲む。

32	天理市荒蒔	ノガミサン	5月28日	八個のお墓の一つとされる塚上にヨノミの木	小5までの男女	チマキを供える。
33	天理市南六条町北方	ノガミサン（一本木サン）	6月24日	ムクノ木 二頭の牛が祀られている	17歳男子中心	シメを張る。チマキもつくる。トウヤに牛肉の食物禁忌あり。
34	天理市蔵之庄町	ノガミ（17歳ノウムギ）	不明（昭和初期まで）	カシほか 石祠あり	17歳男子中心	酒樽を担いで行った。
35	天理市櫟本	―	元日、春秋の彼岸・盆	アラカシが繁っている小祠	所有者ほか	シメ縄を張り、鏡餅を供える。
36	天理市九条町筑紫	―	正月	土盛と女竹	―	正月にお供えを。
37	天理市東井戸堂町八軒屋	八王子祭り	4月15日	八王子の一つにハンノキ	15~21歳長男	餅等を供える。
38	大和高田市今里	ノゴト（ノモト）	5月5日→5月4日	エノキの一本木	トウヤを中心に農家組合、地区	シメを張り、チマキ・農具模型を供え、雨乞いをした。
39	橿原市上品寺町	シャカシャカ祭り	旧暦5月5日→6月5日	新池の傍らにヨノミの木	子どもと当屋	蛇を新池につけて木に巻きつける。ワカメ汁を飲む。
40	橿原市地黄町	スミつけ祭り	5月4~5日	盛土上にヨノミの木	15歳までの子どもとトウヤ	ジャマキとスミツケ。牛馬の絵馬を供える。
41	橿原市小綱町	ノグッツァン	6月4日	古墳上にヨノミの木	トウヤ中心	藁蛇・絵に画いた農具・牛馬を供える。
42	橿原市北妙法寺町	ノガミサン	1月7日	川のほとりのヨノミの木	子どもと当屋	蛇を担ぎ回り、木に巻く。牛や農具の絵を蛇に挟む。
43	橿原市五井町	ノガミサン	1月11日→1月15日	同上 小祠あり	農家の戸主	ノガミを木に巻く。

44	橿原市四条町	ツナクミ*	1月15日	春日社	各戸一人と子ども	蛇が巻いた形にして神前に供える。
45	橿原市忌部町	ノガミサン	―(昭和32年まで)	一本木の塚→氏神社(スサノオ命)	―	―
46	橿原市慈明寺町	ノガミ	5月5日	ムラ境にビシャコ(ヒサカキ)の古木	15歳以下の男子	シメを張り渡し、農道具模型を供える。
47	橿原市見瀬町	ツナカケ*	2月11日	八幡神社	氏子	藁蛇をカシの木にかける。
48	橿原市五条野町	ツナカケハン*	2月11日	春日神社東方のモリ子墓近くにある。	垣内の当番制	藁蛇・農具模型を吊る。
49	橿原市東坊城町	ノガミ	6月5日→5月5日	藪と大石(白蛇が棲む)	井司・水番を中心に地区	農具模型を供える。
50	橿原市東古川町	ノガミサン	5月5日	方形の塚に椿 ヨノミの木 塚は墓だったと伝える	農家	ショウブ・ヨゴミを供える。
51	桜井市箸中	ノグチサン	夏土用丑の日	元原野のカンジョと呼ばれる地のアオキ	農家の17歳男子	藁蛇を担ぎ回り、木に巻く。牛・農具の絵を納める。
52	御所市蛇穴	ノグチサン(汁かけ祭り、蛇綱引き)	5月4日~5日	野口神社の塚	垣内の当番制 子ども中心	蛇綱ひき。ワカメ汁を飲む。

*印のついた行事に関しては、『大和の野神行事』には掲載されているものの、ノガミ行事とは区別して考えたい。

たりを中部、大和高田市・橿原市・桜井市・御所市といった地域を南部とした。

先ず行事名をみると、「ノガミサン」が全域にわたっており、北部の大和郡山市池之内町に「牛宮サン」なるものがあるほか、中部の生駒郡安堵村岡崎にも「ウシマワリ」なる呼称がみられ、牛馬の守護神といったノガミ(野神)の信仰が、そのまま行事名に投影されている。一方、中・南部地域には、「ジャマキ」「蛇綱引き」等の呼称も散見され、これも水神的性格が色濃く出ている。このほか、神木との関係で「一本木サン」と称したり、野の神とのかかわりから「ノグチサン」なる呼称も少なからず存在する。八王子信仰と習合した例も数例ある。

祭日は、北部に旧暦六月一日(新暦五月一日もしくは六月一日)を中心にしたものがみられるほかは、圧倒的に旧暦五月五日(新暦六月五日)とするものが多い。この時期は、麦の収穫(麦秋)を終え、田植に切り替える忙しいさ中の農休みに当たっていた。従って麦の収穫祭的要素をもつ事例が認められるとともに、改めて予祝的儀礼を行うという形になりうるのである。近年は先のような期日に近い土・日曜日と変更した地域が目立つ。新暦の五月一日あるいは五日にした所では、麦藁の入手に困難をきわめているようである。一部南部地域の橿原市内に、一月一一日・一五日、二月一一日を祭日とする例がみられ、しかも行事名を「ツナカケ」としている。同様の行事を「ノガミサン」と称している例も近隣に存在する。実際五、六月の実施地域でも、ノガミの祭場をツナカケと称しているケースもある(逆の場合もみられる)。

そのために米田説も生まれるのであるが、行事内容が類似しているからといって、片方から他方へ一方的に変遷したとは必ずしもいえない。たとえば表4-3№23の磯城郡川西町下永では、六月五日に「キョウ」と称するノガミ(野神)行事を行い、一月一五日にはツナカケもしているのであり、これをどう考えたらよいのだろうか。両者は共通する部分も認められるが、祭日が異なれば行事の目的・内容にもそれなりの相違があり、樽井が指摘するように、双方の影響関係も当然認められよう。ここでは例外があるものの、ツナカケ(カンジョウカケ)とノガミ(野神)行事は一応別物としておきたい(30)。そうでなければ、他地域に広がるツナカケ(カンジョウカケ)をすべて網羅しなければならなくなるからである。

次いで祭地の形状については、塚状を呈しヨノミ・カシ・ツバキの大木が一、二本立っていたり、林叢を成すものが多い。南部地域では水神的要素が強い関係上、川の傍、池の傍に立地するケースもある。塚といっても古墳を利用したもの、墓地に近接した例も存在する。開発が進み祭場を移したが、祟るので元へ戻したとか、ちゃんとお祓いをしたうえで移設したとの伝承も、まま残っている。

祭祀組織をみると、農家だけ、牛を飼っている家だけで実施している例は北部に目立つ。一方、数え年一五〜一七歳の男子を中心にトウヤがかかわって地域の行事として行われている例が中・南部を中心に広がっている。宮座行事として執行されている事例は地域を問わず散見され、表4-3No.49橿原市東坊城町のように、井司《いつかさ》・水番を中心に行うという報告も興味深い。いずれにしても農家を中心とした行事は、産業構造の変化も追い打ちをかけ、衰退傾向にある。それに対して南部の特定の家々の行事を地域社会の行事に再編した地域では、それなりの活況を呈している。

最後の行事内容では、北部には牛を連れてお参りしたという例が多く、南部に行くほど、麦藁蛇を引き回したうえで塚や樹木に巻くといった行事で占められるようになる。しかしながら、北部でもノガミ(野神)に雨乞いをしたり、南部でも牛馬の刷物を奉納する事例が多いことに留意したい。和布汁を飲む習俗は中・南部地域に限られるものの、粽を供えたりショウブを使うことに関しては広く共通する。

結びにかえて

奈良盆地のノガミ(野神)信仰の実態に即して先行研究に言及し、結びとしたい。

先ず米田の唱えるカンジョウカケ→ノ神(藁蛇)→ノ神(藁牛)→ノ神(飼牛)への変遷説であるが、カンジョウカケとノガミ(野神)の麦藁蛇にかかわる行事には予祝的要素が共通してあること、文献によるノガミ(野神)表記が草の祖から蛇形に変化したことが確認できること、この二点が根拠であった。しかし、正月から五月頃までの行事には多かれ少なかれ予祝的要素が認められるのであり、しかもカンジョウカケからノガミ(野神)行事へと変化する必然性が充分説明されていないところに難がある。また米田が引用した文献と実際の行事との関連が明らかでないこと、さらには双方の行事を実施している地域も認められることから、共通した要素はあったとしても祭日が異なれば目的も異なり、祭祀のあり方にも相応の違いがあり、例外はあっても別箇の行事とみるのが妥当であろう。

ノガミ(野神)行事の地域的特徴、すなわち牛馬の守護神的性格と水神的性格に関しては櫻井が説くように、地域社会に発現する際の、地域の社会・経済的状況や受容のあり方によって、異なる性格を帯びるものと考えられるが、その受容・展開過程をトレースすることは史(資)料的に難しい。ただし、奈良盆地北部にあっても、雨乞いの対象とするなど水神的要素も皆無ではなく、南部にあっても牛馬の絵馬(刷物)を奉納するなど牛馬とのかかわりが無いわけではない。ただ、地域の状況に対応する形でそのウェイトの置き方が異なるということである。

ところで四国西南部の「元来田野を守護する土地神の「野神」から転化して、より祟る牛馬の死霊や人間の亡霊となり、さらには通行人にとり憑く妖怪化した」ノッゴ(31)との関連は奈良盆地にみられるのだろうか。確かに牛馬を埋葬したと思しき事例（表4-3No.8・31・40など）もあって、崇り的側面が強調されればノッゴに近いものへと発展した可能性はある。しかし、奈良盆地のノガミ（野神）に関していえば、樹木を伐採すると祟る、やたら祭地を移転すると祟るというような聖地に一般的な伝承や、牛を飼っている家では牛肉を食べてはならないといった禁忌は存在するものの、概して祟り神的性格は稀薄である。また、草原の若草山に祀られている、かつて原野だった場所が祭場になっている（表4-3No.2・51）など「ハラ」の神を想起させる伝承も無いわけではないが、ほとんどが「ノラ」を司る神としての性格を帯びている。

最後に残るは岩井説である。岩井は「ムラムラが拓かれるときには、もとからの自然神がそこにいた。次いで新しいムラが成立した場合も、また新しい神が祀られる。その神は土地を開いた祖先神である。祖先神は同時に地主神となりうる」と指摘し、さらにモリガミと関連づけてノガミ（野神）をとらえ、また古墳が祭地となっているケースもみられることから、祖霊祭祀との関連を想定した。[32]岩井が奈良県下のモリガミと類似のものとみなした若狭の「ニソの神」の神格について直江廣治は、「かなり古くから遠祖を祀る信仰と地神系統ないしは荒神を祀る信仰が併存してきた」と岩井に近い見解を示している。[33]それに対して南九州のモイドンに分析を加えた下野敏見は、

モイドンは古くは同族的村落、その後は同族的門（薩摩藩の門割制の門）による開拓地の諸霊供養の場所であった。これを第一の成立要素とし、次に開拓によって追われた樹霊の鎮まる依代であり、また供養の標識である樹木の存在する場所というのが第二の要素である。第三の要素は霜月の収穫祭の後の門の講中の新嘗儀礼の場所であるということ、モイドンはこれらの要素によって成立した聖地である。第一の要素には、その地域に限る有縁・無縁の人びとの霊も含まれよう。

と、独自の論を展開したうえで、「モイドンは今の門の講中の祖霊を祭る場所だという伝承はない」と断定している。[34]

ニソの杜にせよモイドンにせよ、広義のモリガミ研究の現状は、祖霊信仰一辺倒から脱皮し、多面的な視点からアプローチを試みるというのが今日の傾向である。(35) モリを冒頭で定義した通り、「神霊の祭場とされる聖地としての樹叢」とすれば、さまざまな神霊が祀られるのは当然であり、従って信仰内容も多様をきわめることはごく自然なことなのである。

さて、奈良盆地のノガミ(野神)に話を戻そう。「ハラ」や「ノラ」で何らかの祭地・祭場を見出そうとすれば、開発で取り残された樹叢や塚状のこんもりとした古墳は恰好の場所である。確かにムラ外れの墓地に近い場所にノガミ(野神)が祀られているケースもあるが、たまたまそうした場所になったにすぎず(ムラ境にはさまざまな宗教施設が集中している)、現状の祭祀や伝承の限りでは、祖霊信仰との関連をうかがわせるものは少ない。またノガミ(野神)祭祀と特定の家筋との関連を想起させるもの(表4-3№38・52)も確かに存在する。しかしモリガミ信仰のように、宗家の数に対応する形で、一地域内にノガミ(野神)が複数存在するというのは、八王子のそれを例外としてみかけられない。祖霊信仰や祟り神信仰は民俗信仰の根幹をなすものであり、少なからずそうした性格を帯びているものがあるにせよ、ノガミ(野神)はあくまでも「ノラ」(「ハラ」)を司る神であり、モリガミ(やダケ)とは区別して考えた方がよいだろう。岩井説は共通性の方にウェイトを置いた論と理解しているが、ツナカケ(カンジョウカケ)、モリガミ、さらにはダケの信仰に留意しつつもノガミ(野神)のインテンスィブな調査を進め、また新たな文献の発掘に努めることにより、次への展望が開けるのではないだろうか。

註

(1) 福田アジオ「ムラの領域」『日本村落の民俗的構造』弘文堂　一九八二年　三三～六二頁。

（2）奈良県教育委員会編刊『大和の野神行事』上・下巻　一九八五、八六年。
（3）日本大辞典刊行会編『日本国語大辞典』一三巻　小学館　一九七五年　三頁。
（4）保仙純剛「大和のダケ信仰」『山岳宗教史研究叢書11・近畿霊山と修験道』名著出版　一九七八年　四一一～四一四頁。
（5）原田敏明『村の祭と聖なるもの』中央公論出版　一九八〇年　一九七～二一〇頁。
（6）徳丸亜木『「森神」信仰の歴史民俗学的研究』東京堂出版　二〇〇二年　八頁。
（7）辻本好孝『和州祭礼記』天理時報社　一九四四年　一～四六〇頁。
（8）保仙純剛「大和ノガミ（野神）資料」『近畿民俗』一七号　一九五五年　九～一一頁。
同「奈良盆地の「ノ神」」『日本民俗学』三巻三号　一九五六年　六八～七四頁。
同「野神の信仰」『日本民俗学』九八号　一九七八年　一一～一五頁。
（9）櫻井徳太郎「ノッゴ伝承成立考―民間伝承の歴史民俗学的研究―」『民間信仰』塙書房　一九六六年　二三四～二八〇頁。
（10）米田実「野神についての一試論」『近畿民俗』七六号　一九七八年　二九～四五頁。
（11）奈良県教育委員会編刊『大和の野神行事』上・下巻　前掲書。
（12）櫓井由紀「大和のノガミ行事―その地域差と農事暦からみた成立過程に関する試論―」『人間文化研究科年報』二〇号　奈良女子大学人間文化研究科　二〇〇五年　一〇三～一一七頁。
同「奈良盆地の綱掛け行事と農耕儀礼―カンジョウナワとジャヅナをめぐって―」『日本の原風景・棚田』八号　棚田学会　二〇〇七年　四七～五六頁。

(13) 岩井宏實「ダケ・モリの信仰」『奈良県史』12巻「民俗」名著出版　一九八六年　五二九～五四一頁。ちなみに当論文は『日本民俗学』一〇八号に掲載された同名論文の再録である。
(14) レンゾとは農休みを意味し、この地域では五月の第二日曜日に当麻寺で繰り広げられる練供養に出向くことを習わしとしていることから、当麻レンゾと称している。
(15) 暁鐘成「西国三十三所名所図会」巻之六『日本名所風俗図会』18「諸国の巻」Ⅲ　角川書店　一九八〇年　一八八頁。
(16) 岩井宏實「ダケ・モリの信仰」前掲論文　五三六～五三七頁。
(17) 岩井宏實「ダケ・モリの信仰」前掲論文　五三八頁。
(18) 堀井甚一郎『奈良県地誌』大和史蹟研究会　一九六二年　七三～七六頁。
(19) 池田末則『地名伝承論』平凡社　一九七七年　四三九・五〇三・六一六・七〇四頁。
(20) 松崎憲三「山の神祭りにおける木製祭具の研究」『国立歴史民俗博物館研究報告』七集　一九八五年　四二八～四三七頁。
(21) 奈良県教育委員会編刊『大和の野神行事』下巻　前掲書　一～四頁。
(22) 同書　四八頁。
(23) 樽井由紀「奈良盆地のノガミ行事」『日本民俗学会第五九回年会発表要旨集』同年会実行委員会事務局　二〇〇七年　一三〇頁。
(24) 奈良県教育委員会編刊『大和の野神行事』上巻　前掲書　一二～一六頁。
(25) 奈良県教育委員会編刊『大和の野神行事』下巻　前掲書　一五～一八頁。
(26)「大和国高取藩風俗問状答」『日本庶民生活史料集成』九「風俗」三一書房　一九六九年　六三七頁。

(27)「農事之由来」『大和の野神行事』下巻　前掲書　四九頁。
(28)「大和国高取藩風俗問状答」前掲書　六三七頁。
(29)高田十郎『大和の伝説』大和史蹟研究会　一九五九年　一七五～一七六頁。
(30)樽井由紀「奈良盆地の綱掛け行事と農耕儀礼」前掲論文　五六頁。
(31)櫻井徳太郎「ノッゴ」『日本民俗事典』弘文堂　一九七一年　五五六頁。
(32)岩井宏實「ダケ・モリの信仰」前掲論文　五三八頁。
(33)直江廣治「「ニソの杜」信仰とその基盤」『若狭の民俗』吉川弘文館　一九六六年　一九八～二一一頁。
(34)下野敏見『田の神と森山の神』岩田書院　二〇〇四年　一五六頁。
(35)徳丸亜木の『「森神信仰」の歴史民俗学的研究』前掲書も、そうした視点によって編まれているし、祖霊信仰の視点からニソの杜信仰の研究を進めてきた金田久璋も、徳丸の書評のなかで多元的視点からのアプローチには賛意を示している(『日本民俗学』二四〇号　二〇〇四年　九七～一〇二頁)。

第五章　人神信仰

―京都市八瀬 秋元神社、および館林市 秋元宮―

はじめに

祖霊信仰と御霊信仰、および現世利益信仰が、民俗信仰のなかで重要な部分を占めている。前二者と後者とではカテゴリーが異なるために複雑にからみあい、そのために多様で豊かな信仰が育まれてきた。このうち前二者は祟り的存在か否かを別にすれば、いずれも人が死後(神として)祀られたものである。しかし、日本の民俗信仰には、生きながら神として祀られる例も少なくなく、呪術宗教的職能者(いわゆるシャーマン)や新宗教の教祖、王権などがその端的な例である。また善政を敷いた藩主や代官、あるいは地域社会に何らかの恩恵をもたらした人物や、神道の奥儀に徹した人物、等々を神に祀る例も少なくなく、これらについては、加藤玄智の古典的名著『本邦生祠の研究』以来よく知られている(1)。

『本邦生祠の研究』は、大正一二年(一九二三)に各方面に送った「あなたの郷里にどなたかえらい方で生きて居られる、中から社を立て丶神様に祀られた方がありますか(えらい人と申すのは昔の大名、代官、村長、先生、名主、庄屋の如き人で差支無いのであります)―斯社を生祠と申します。右生祠の実例があればご一報願います」なる質問状の解答を、加藤が整理・分析したものである。明治天皇の生祠以下六五例が掲げられており、その一例が館林市赤

図5-1　秋元家略系図（『江戸時代　全大名家事典』19より）

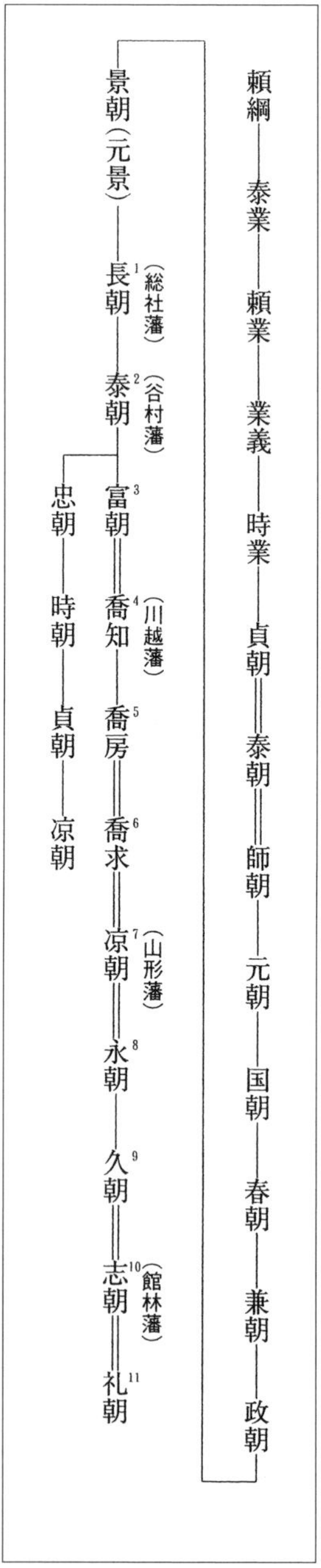

生田本町にある秋元宮にほかならない。同生祠は、館林藩主（秋元家一〇代）秋元志朝《ゆきとも》を祀るものである。旧赤生田村は渡瀬川流域にあって、灌漑・排水に不便な土地で毎年のように水害あるいは干害に見舞われ、不作に苦しめられる土地柄であった。ところが志朝の善政によって救済され、村人が神として祀るに至ったのである。宮田登のいう、近世霊神信仰四類型のうち、権威跪拝型に属するものである(2)。

なお、宮田の『生き神信仰』には、京都市八瀬の秋元神社（古くは綸旨の宮と称した）が取り上げられている。宝永四年（一七〇七）から同七年の延暦寺と八瀬の境争論に際して、「秋元（喬知《たかとも》、秋元家四代）が村側に有利な解決策をとったため、切腹を余儀なくされたのであり、その霊を慰撫する必要から、祀られるに至った」という(3)。この見解については改めて検討することになるが、ここでは後醍醐天皇の綸旨の存在が大きな役割を果たしたこと、この点のみをつけ加えておくにとどめる。ところで秋元喬知であるが、当時は川越藩主で、老中でもあった（図5-1）。本章では、喬知をはじめとする秋元氏関連の小祠・石碑を取り上げ、人を神に祀る風習の一端に分析を加えてみることにしたい。

一　先行研究小史

人を神に祀る風習にいち早く言及したのは、柳田國男であり、日本人の神観念とりわけ人神思想の根幹に御霊信仰があり、これが時代ごとに変遷したといった論を展開している。(4) 一方、宮田の『生き神信仰』は近世から近代の「生き神」にスポットを当てたもので、霊神信仰・天皇信仰・教派神道の教祖を取り上げたものである。(5) 柳田・加藤、そしてしばらく間を置いて宮田、この三人以降、墓制や葬送儀礼を分析対象とした祖霊信仰に関するもの以外は、しばらくこの種の研究は停滞していたが、戦死者をめぐる問題がにわかに脚光を浴び、多くの論著が刊行された。(6) そうしたなかで小松和彦が、『神になった人びと』なる書物を著わした。小松は、人を神に祀る風習の歴史的展開を、古層に位置するのが「祟り神系」の人神であり、そこから派生系として「顕彰型」の人神と、「慰霊型」の人神が生まれたと捉えている。すなわち、かつて中心であった祟り回避のためという部分が希薄化し、それに代わる別の機能が着目されるに至って「顕彰型」および「慰霊型」の人神が出現したというのである。加えて、こうしたときの「「人神信仰施設」は死者のための「記念・記憶装置」として機能することになった」、と指摘している。(7) 小松の論はすこぶる興味深いが、こうした変化を来したのはいつ頃で、なぜそうなるに至ったのか、といった点に言及していない点が惜しまれる。

さて次に京都市八瀬の秋元神社に関する先行研究をみると、意外に多くの論者が言及していることに驚かされる。最初に宗教学専攻の池田昭「村落における権威信仰」なる論考であるが、宝永期(一七〇四〜一一)の八瀬と延暦寺との争論と、綸旨祭(秋元神社の祭り＝筆者注)に触れた後、近代の動向にも言及しているというのがその特徴である。

すなわち、宝永の境争論以後、八瀬は赦免地となり経済的特権を得たが、明治の地租改正に伴ってそれが反故となりそうに至った時、岩倉具視の斡旋もあって、租税を納めるものの、再び同額の金額が宮内省から下賜されることが決定されたこと、明治二六年(一八九三)に後醍醐天皇の御神霊が祀られ、御所谷碑が建立されたこと等々に分析を加えている。そうして宝永期・明治期と生活の困窮に際して、有利な解決を試みた機縁は、いずれも後醍醐天皇に始まる歴代天皇の御綸旨であり、「明治政府の天皇神格化のイデオロギーが、村落における権威信仰と結びついてきたことが明確に理解される」と結論づけている。(8)

この池田の論のうち、近世の分析部分を引用する形で霊神信仰に関する自説を展開したのが宮田である。宮田は、「民衆意識はしばしば日常的要因によって大きな価値転換を遂げる」としたうえで、次のように指摘している。

秋元の判決で八瀬の生活が確保されて以来、かつて村人の精神的権威として存在した天皇の綸旨の存在は、村人にとって疎遠となり、代わって幕府権力の代弁者である秋元但馬守が神として出現し、精神的支柱と成ったのである。(9)

前者の傍線「秋元の判決云々」の部分は、どうやら池田の論に沿ったものらしいが、必ずしもそうとはいい切れないようである。また後者の後醍醐天皇以下の綸旨についても、宝永の境争論の途中からその存在が浮上した模様で、それ以前から地域の人々にとって権威的支柱であったかどうかは判然としない。その点は『八瀬記』その他の文献を丹念に分析した平山敏治郎の諸論考をみれば明らかであり、(10)本章でも以後しばしば平山論文を引用することになる。また近年、宇野日出生の『八瀬童子　歴史と文化』が著わされており、先行研究をコンパクトに整理したわかりやすい書物である。特に八瀬の年中行事に関する報告が参考となる。(11)

一方の館林市の秋元宮に関しては、加藤の報告以外では、文化財報告・民俗調査報告書等で簡単に触れられている程度である。いずれにしても本章では、先行研究によりながら二つの小祠の歴史的展開をトレースするとともに、信仰の現状を確認することにしたい。

二　京都八瀬の秋元神社をめぐって

1　八瀬の地理的・歴史的概要

八瀬は比叡山四明ヶ岳の西麓に位置し、谷間を高野川が流れる。川に沿って若狭街道（鯖街道）が南北に走り、この街道沿いに集落が散在する。地名の由来には、壬申の乱で大海人皇子が大友皇子軍の矢に背を射られたこと（矢背）に起こるとの伝承もあるが、高野川に急瀬が多いことによるという。平安期以来、延暦寺領の田畠が存在したものの、古くから杣夫として薪の商売も行っていた。やがて同寺三門跡の一つ、青蓮院を本所とする八瀬荘が成立したが、成立後も山門への奉仕をなす一方、八瀬童子と称して朝廷の賀輿丁を務め、課役免除の特権を得ていた。

建武三年（一三三六）、後醍醐天皇が足利尊氏勢を避け、八瀬経由で比叡山に上がっており、『太平記』巻一四には「その勢わづか二万余騎、鳳輦の跡を守禦して、東坂本へ参られける。物閙《ものさわ》がしかりし有様は、安禄山が潼関の軍に官軍たちまち打ち負けて、玄宗蜀へ落ちさせ玉ひしに、六軍翠花《すいくわ》に随ひ、剣閣の雲に迷ひしも、かくと覚えて哀れなり」と記されている。[12] これが正月一〇日のことである。なお『太平記』には「賀輿丁もなかりければ、四門を堅めたる武士ども、鎧着ながら徒立《かちだち》になりて、舁《か》き進《まゐ》らせけるとかや」とあるが、『八瀬記』には「建武年度比叡山へ恐多クモ御臨幸被為存候節、八瀬童子弓矢ヲ持御供仕御道スカラ固メ申云々」と記されている。[13] このことと関連して、八瀬には建武三年正月二四日付の後醍醐天皇綸旨（案）が残されている。[14] そこには「山城国八瀬荘住人等被免年貢也」、

「八瀬童子等年貢以下之事課役一向所被免除也」とある。

近世の村高はおよそ二七〇石、『元禄村別領主帳』では禁裏御料（六三石余り）、幕府領、林大学頭知行地、長岡帯刀知行地寂光院領とある。氏神社の八瀬天満宮社は村地域の東北にあり、境内社の秋元神社は宝永期（一七〇四〜一一）の比叡山との境争論勝訴に際して、村人が老中秋元但馬守喬知を祀った社であり、一〇月一〇日に八瀬赦免地踊りが奉納されている。明治四一年（一九〇八）の調査では、田二八町余畑二町余、山林三五二町余、戸数一三四、人数八一三、農業を主として林業は兼業者が多く、木材の伐出、薪生産を行い、京都市中に販売。昭和二四年（一九四九）愛宕郡八瀬村から京都市左京区八瀬花尻町・八瀬秋元町・八瀬近衛町・八瀬野瀬町となる。(15) 古くは八瀬は、長谷出《はせだし》町《ちょう》・稲小出《いなこで》町《ちょう》・久保町・南出町・上田町・宮ノ田町・甲賀小路町・妙見町の八町から成り立っていたが、京都市に編入されるに際して再編し町名を改めたのである。このうち八瀬秋元町・八瀬近衛町に留意されたい。ともに宝永期の境争論に際して恩恵を受けた人物の名であり、八瀬の人々の要望による命名であることはいうまでもない。

2　秋元神社とその祭り

寛永七年（一六三〇）、延宝四年（一六七六）と、山門（延暦寺）領と八瀬山との境争論は、宝永期（一七〇四〜一一）以前にもしばしば起きていたようである。ところで問題の宝永期の境争論の経緯を、平山論文を基にしながら整理したのが表5-1である。

宝永五年（一七〇八）一二月に山門の主張に沿って裁決が下された時も、新たに示された結界の場所絵図裏書の中定めに、老中秋元但馬守喬知の名が連署に確認できることに留意しておきたい。そうして八瀬村の提訴の後、秋元喬知が八瀬を巡検したこと、また、再三にわたって八瀬側の諸役人への愁訴の仲介の労をとったことも確かである。しかし、当初から不利であった八瀬側の訴えが急転したのは、将軍が交替し、禁裏御料の管理者である前関白近衛基凞《もとひろ》が登場したことによることがわかる。いずれにしても、宝永七年七月一二日、八瀬村民は辰ノ口評定所に召し出され、

表5-1　宝永の境争論一件略年表(平山註(10)を基に松崎作成)

年月	記事
宝永4年(一七〇七)	日光門跡輪王寺の公弁法親王より将軍綱吉に八瀬山を含む山門結界の改定を請願。
同年　11月	京都町奉行(月番西町奉行所)、八瀬村民に歴代の綸旨並びに代々の証文書類を提出させる。
宝永5年(一七〇八)2月	上記の書類返却される。
同年　3月	京都市内で失火、御所一部炎上。
同年　12月	山門の主張に沿った裁決が下され、新たな結界の場所絵図が下げ渡される。老中・土屋相模守政直、秋元但馬守喬知、大久保加賀守忠増、京都所司代・井上河内守正岑連署の裏書申定め付。
宝永6年(一七〇九)1月	5代将軍綱吉逝去。
同年　4月	京都町奉行所(月番東町奉行所)に提訴するとともに、江戸に入府し、関連役人衆に陳情活動を行う。
同年　5月	6代将軍に家宣(正室は近衛基凞息女照姫)就任。
同年　7月	老中秋元喬知御所復興の大任を請け、7月上洛。併せて京都・大坂地方巡見。八瀬村民の要請により八瀬山も巡見する。
同年　8月	八瀬村民再び江戸に入府し、老中・秋元喬知を頼って、諸役人に陳情活動を行う。
宝永7年(一七一〇)4月	前関白近衛基凞江戸に入府。御側用人間部越前守詮房と種々相談、八瀬の訴訟にも触れる。
同年　7月	八瀬村民、辰ノ口の評定所に召し出され、老中・秋元但馬守喬知、勘定奉行・荻原近江守重秀ら出座の前において、土屋相模守政直以下老中連署加判の奉書を下げ渡される。

老中秋元但馬守喬知ら出座の前において奉書を下げ渡された。それは以下のようなものであった。(16)

日光准后御申の旨に就て、去々年戌子、十二月、山門の結界を改定めて女人牛馬等其傍示の中に入る事を禁断あり、依之去年以来八瀬庄住人等訴申す。彼庄の中禁裏の御料綸旨を被下、往古より男女山に入り薪を採て商売のたすけとす。結界の後すでに其業を失ふと云々、然るに綸旨は課役免除の事にして、山門の境内に入る事をゆるさるる旨はのせられず、しかりといへとも禁裏の御料綸旨重畳の上は愁訴する所も其謂なきにあらす、故に別に恩裁の議を以て、彼庄散在の私領寺領等を他所に遷替られ、其他ハすなはち御代官に附せられ、年貢諸役一切に免除せられ、禁裏御料に至ては永々先規を守るべき者也。

宝永七年七月十二日

紀伊判(京都所司代松平信庸)
河内判(老中井上正岑)
加賀判(同大久保忠増)
伯耆判(同本多正永)
但馬判(同秋元喬知)
相模判(同土屋政直)

これによれば、村内にある私領・寺領は召し上げられて天領になったものの、代々の御綸旨・下知状などを賜わった由緒を重んじ、禁裏御料を除いては年貢・諸役の一切が免除されることになった。八瀬村民は思いのほかの恩恵に浴したのである。その後、村民は老中以下の諸役人衆の挨拶に回ったが、秋元喬知の屋敷に参上して土産の山椒皮を献じたところ、御祝儀として銀三枚を賜わったうえに一同御馳走にあずかったという。これより以降、八瀬と大名秋元家の縁故が深く結ばれ、それが近代まで続くことになる。他方、八瀬側は八瀬天満宮社境内に秋元神社を創建するに至るが、その年代は不明である。明治一九年（一八八六）に旧館林藩士が歴代藩主の言動を記した『聿修録《いっしゅうろく》』には、

八瀬村比叡山訴訟ノコトアリ、叡山威ヲ以ツテ誣ントス、故ニ年ヲ積ミテ沢セズ、所司代モ甚ダ倦マレシナリ、折柄公（喬知のこと＝筆者注）上京御座マシケレバ、幸イナリトテ訴出シニ、公忽チ理非ヲ裁判ナシ立ヒシカバ、八瀬村ノ勝ニナリテケリ、土人其徳ニ感ジ生祠ヲ建テ之ヲ祀ル、今八瀬村ニ秋元大明神ト尊崇アルハ即チ是ナリ、

とある。[17] 先ず後者の傍線に関してであるが、喬知は正徳四年（一七一四）八月に病いをもって卒去、齢六六歳であった。文字通り生祠と受け止めれば、宝永七年（一七一〇）七月以降、正徳四年八月に至る間に秋元神社（写真5-1）が創建されたことになる（ちなみに京都市教育委員会は、赦免地踊りの成立を正徳四年頃とみている）。しかし、八瀬側では、宮田の報告にあるように、喬知の死後に建てたと伝えているのである。

写真5-1　秋元神社（京都市左京区八瀬・天満宮社境内）

成城大学民俗学研究所が所蔵する柳田文庫の『諸国叢書』「諸国雑文」には、「八瀬記抜翠」なるものがあって、そのうち綸旨祭（綸旨の宮の祭りの意であるが、幕末の頃より秋元神社の号を用いる）の項に次のように記されている。[18]

綸旨祭

綸旨の宮として天神社の側に小社有。毎年九月十一日白きおし餅五つ、神酒を供す。まつりのまえ伊勢神宮

へまいり大麻をうけて、祭の日社におさむ。
当村ト山門ト葛藤ノ際ヲ実地検分被下タル御老中秋元但馬守ノ徳ヲ多トシ、其霊魂ヲ村民カ祭リタルモノナリ。其頃ハ当代ノ事ノ祭祀スル折ハ幕府ヲ憚リシ者ノ如ク。況ンヤ切腹サレタル秋元子爵ノ先祖ニ於テヲヤ。其子爵京都へ御越ノ際ハ常ニ参拝セラル。

以上の記載は、明治四四年(一九一一)七月二五日付で八瀬村役場がまとめたもので、後半部は注釈といった形で役場側が地元の伝承を代弁しているものとみることができる。しかし先に触れたように、喬知は切腹したわけではない。なお、喬知は老中としてあの有名な江島・生島事件の裁断にも参与し、その処罰の峻厳さから平常の寛厚にも似ぬと当時の人々に噂され、事件判決ののち久しからずして病を得て長逝した。平山によればそのためあらぬ風評を呼び、あるいは奥向きの不平怨恨を蒙って自裁したのではないかと受け取られたようだという。[19] たぶんこうした事情もあって「八瀬記抜翠」にあるような形で伝承されてきたのだろう。そうして八瀬村民のように考えれば、生祠ではなく死後祀ったということになって、加藤の『本邦生祠の研究』には、志朝のそれがあるものの喬知に関する記載がないのもそのためかもしれない。あるいは生祠であった可能性も否定できないが、地元がそう伝承している限りにおいては、「八瀬村が秋元社を建てたのも、(中略)ただ報恩の志のみならず、但馬守の死にざまに不審の風評を察して、慰めようとすることもあったとしなければならない」という平山の見解を支持せざるをえない。[20]

さて、先に引用した『聿修録』の傍線前半部分の問題に話を移そう。ここでは宝永の境争論で果たした秋元喬知の役割が大々的に謳われているが、老中とはいえ、さまざまな権力闘争や難しい朝幕関係がからみ、彼個人による政治工作が功を奏したわけではない、というのが大方の見方である。[21] ともあれ老中職でありながらわざわざ八瀬まで足を運び、たび重なる愁訴にもかかわらず、それをいとわず対応し、結果として思わぬ裁許が下されたことから、感謝の気持を表わすべく神として祀るに至ったのである。加えて当時の風評に思いを寄せながら、慰霊の意を込めて神として祀ったのだろう。

残る問題は、宮田が指摘した「村人の精神的権威として存在した天皇の綸旨」といった見解に関してである。平山は、宝永六年（一七〇九）六月に八瀬村から幕府に提出された願書きのうち、「八瀬庄之儀は後醍醐天皇様　至今「　」御代々御綸旨頂戴仕申候」の部分に注目し、「このような村方の事歴がかつて語れず、係争の中途において突如明文に掲げられたのは、それが古くからの伝承に基づいたにもせよ、近衛家を始めとする堂上諸家の庇蔭があり、有職者が加担したのちに粉飾拡大をおこなったものと解せられる」と指摘している。[22]平山の論に従うならば、八瀬村民が天皇に対する特別な心情とプライドをもち合わせていたにせよ、この時以前から綸旨が彼らの精神的支柱として存在していたかどうかは疑わしいといわなければならない。

最後に、八瀬で繰り広げられる祭り・行事のうち、人を神に祀る風習とかかわるものについて、宇野の「八瀬の年中行事」（平成九年〔一九九七〕の調査報告）に依りながら整理してみることにしたい。[23]

本論とかかわる八瀬の寺社には、天満宮社と妙伝寺（天台宗）とがある。八瀬（童子）の祭祀組織では、旧八町から年番制で選ばれる高殿《こうどの》一名、副高殿二～三名、須行《すぎょう》若干名、先禰宜《せんねぎ》一名が中心メンバーとなる。高殿は天満宮社の祭主を兼務し、任期中は毎日頭巾と白装束の正装で社参し、自宅では特別に設けた神棚をお参りしなければならない。この役を終えてももう一年は先禰宜として務め、晴れて終生にわたる老衆の身分が保障され、祭祀祭礼にかかわる合議衆の有力メンバーに加わることになる。

⑴御所谷参拝（九月一六日　早朝と夕方）

後醍醐天皇の命日（旧暦八月一六日）に御所谷に参拝して、注連縄を張り灯明を上げる儀式。御所谷の祭壇は、天満

写真5-2　**後醍醐天皇遥拝施設**（京都市左京区八瀬）

写真5-3　**御所谷碑**（京都市左京区八瀬）

宮社より南東二〇〇ｍの山中にあるが、午前五時五〇分、高殿宅より社参。参加者は高殿と副高殿のみ。先ず境内を巡拝した後、境内脇より御所谷へ参拝する。山中には御所を遥拝する祭壇（写真5-2）があり、灯明を上げ献饌の後、御幣を振り拝礼する。夕刻に徹饌。この間、八瀬の人たちは自由参拝する。

なお、明治二六年（一八九三）に建立された御所谷碑には「山城国愛宕郡八瀬村御所谷　有山王祠　与氏神社相距二町余　而為其摂社　後醍醐天皇延元元年正月　足利尊氏入犯　官軍防戦不克　将幸比叡山避其鋒　取途于八瀬　駐蹕此祠　待官軍之聚　村人防護駕　達延暦寺　勅復其祖以覚焉　後其地日御所谷云……」とある（写真5-3）。以下、明治一一年京都府令によって山王祠を氏神に近い場所に移祠され、元の地が荒れ果ててきたので、記録として残すために村人が相談のうえ、この碑を建立したと刻まれている。[24]

(2) **秋元祭**（一〇月一〇日　午前一〇時）

秋元祭では午前九時、高殿宅より先禰宜・高殿・副高殿・須行の順列に社参。なお、須行二名は先に境内においてお湯式（所謂湯立神楽＝筆者注）の準備に執りかかる。お湯式の祭壇設営や祭式次第は初湯式（一月一五日）の時と同様である。ただし神饌については、平餅五枚を重ねたもの、一寸角の大根、一寸角の昆布、御神酒、箸が添えられた一膳が、秋元神社本殿に献饌される。秋元神社に灯明が上げられた後、市《いち》殿によるお湯式が執り行われる。終わるとお湯をいただく。徹饌に続き灯明を下げると神事は終了となる。

夜の灯籠祭（赦免地踊りの奉納を受ける神社側の命名）では、午後七時三〇分、高殿・先禰宜・副高殿・須行は再度参拝して、一斉にお百灯に火を入れる。次に行列一同が境内に練り込み、赦免地踊り等の芸能が奉納される。高殿以下は仮屋にて待機。次に奉納行事が終了となれば、お百灯も消して神事は終了となる。諸片付は翌日行う。なおこの芸能には高殿以下の役職は一切かかわらない。

ところで、京都市無形民俗芸能文化財となっている赦免地踊りであるが、別名灯籠踊りと称されるように、中心となるのは切子灯籠である。この灯籠は動物などの図柄を透かし彫りに精巧につくったもので、現在四ヶ所の花宿から各二基、計八基が出される。そしてこの切子灯籠を頭に戴いた女装の男子（灯籠着《とろぎ》）八名と、その警固役、少女の踊り子約一〇名、新発意《しんぼち》二名、太鼓打一名、太鼓持二名、音頭取りの一団が、夜に各花宿から伊勢音頭を囃しながら集まり、行列を整えて秋元神社に向かう。到着すると境内を回り、次いで仮屋の舞台で踊り子が「潮汲踊り」から「狩場踊り」に至る数々の踊りを演じるというものである。切子灯籠や音頭に室町時代の風流踊りの面影を残しているとされているが[25]、盆行事を連想せしめ、喬知の慰霊のための奉納芸能といった趣をもっている。

最後に、妙伝寺で行われる八瀬童子会（社団法人として昭和三年（一九二八）認可、会員一三七名）の念仏講（講員は六〇歳以上の男子）について報告したい。

(3) 念仏講（一月二八日　以降原則として毎日二八日午後二時）

写真5-4　妙伝寺本堂の位牌（京都市左京区八瀬）

本来は念仏堂で行われていたものであるが、お堂の老朽化に伴って平成四年（一九九二）に取り崩され、以後妙伝寺で催されるようになったものである。毎回参加者数は一〇～一五名程度である。この行事のなかで注目されるのは、読経のなかで八瀬童子が歴史上恩恵を被った人々の名を読み上げることである。都合一六名に上り、順に①後醍醐天皇、②明治天皇、③昭憲皇太后、④大正天皇、⑤貞明皇太后、⑥昭和天皇、⑦近衛基凞、⑧秋元喬知（院号済川院、位牌背面に正徳四年〔一七一四〕の銘あり）、⑨近衛内前、⑩近衛家久、⑪近衛家凞、⑫小堀邦明、⑬板倉勝重、⑭徳川家宣、⑮岩倉具視、⑯香川敬三である。ちなみにこの一六名の位牌は、妙伝寺本堂の本尊前に安置されている（写真5-4）。また、これらの交名は「念仏講尊儀表（折本）」に記されており、加えて昭和八年（一九三三）一月銘の木札（縦二九・七cm、横八四・八cm、幅三・四cm）に書かれた念仏講尊儀表（一三名分、先の③⑤⑥が欠）も同寺に掲げられている。これについては、昭和四〇年あたりまで念仏堂に掲げられていたものという。

歴代の天皇を除けば、近衛家の人々が多く、八瀬の人々と近衛家との結びつきの深さが察せられる。そうして近衛基凞はもちろんのこと、秋元喬知・徳川家宣と宝永の境争論にかかわった人、明治の地租改正時の功労者岩倉具視ら、今まで紹介してきたお馴染みの面々である。ところで宇野は「念仏講は明治以降、八瀬童子と皇室との新たな関係が造られていく中で生まれた仏事だった」、「八瀬童子にとって念仏講とは、自分達の先祖を供養するのではなく、先祖が恩恵を賜った人々や天皇・皇后を供養する仏事なのである」との見解を示した。(26) 前者の一六名の尊儀表に近代の天皇・皇后の名が多いことからそうも考えられる。しかし、民俗学を専攻する立場からすれば、併せて自分たちの先祖供養をしないとは考えにくく、宇野自身その前の部分で、「(かつての)念仏堂には八瀬の老人たちが集まって御詠歌を奏でるなど、心のやすらぎの場であった」と報告しており、実際どうであったのか、気になるところであるが確認していない。

なお、正徳六年(一七一六)に成立した『八瀬記』は、建武三年(一三三六)から正徳五年までの史料を収録したもので、近衛家家臣が編纂にかかわったとされるものである。同書は、八瀬童子の苦難の歩みとその時々にお世話になった人々への御恩を忘却することなく伝承し、今に至る幸せに感謝することを目的として書かれたもので、文化年間(一八〇四〜一八一八)あたりまでは、これを毎年村民に読み聞かせていたという。(27) このことと先の念仏講尊儀表と重ね合わせて考えると、宮田が主張するような後醍醐天皇から秋元喬知へ、というように、その時々の状況で誰々から誰それへというように精神的支柱が変わるというものではなく、天皇家とのかかわりを中心とする歴史の累積こそが、八瀬の人々のアイデンティティの源にほかならないといえる。

三　館林市の秋元宮をめぐって

1　秋元氏を祀る小祠と記念碑

本節では、秋元志朝《ゆきとも》を祀る秋元宮を中心に報告することにしたい。なお秋元家は、喬知・志朝をはじめ、いわゆる名君を輩出する家柄だったようで、初代長朝にかかわる「力田《りょくでん》遺愛碑」なるものが前橋市総社町光厳寺(天台宗)の

写真 5-5　力田遺愛碑（前橋市総社町・光厳寺境内）

秋元家御廟所前に建立されている。先の『聿修録』に、

上州総社ノ地六千石ヲ賜ハラル、（慶長）七年公勝山ノ故城ヲ植野ニ曳セラル、之ヲ総社植野城ト曰フ、植野ノ地元来水ニ乏シキヲ以テ、公躬親ク卒先シ玉ヘ、吏民ト共ニ□ヲ決シ溝ヲ流シ利根川ノ水ヲ引カル、之ニヨリ凡ソ田利ヲ得、肥饒トナルモノ二万七千余石、後世旱魃ノ憂ヲ免カル、而シテ公ノ封邑新田四千石ヲ開墾セラル、前ニ合シ一万石トナラル、後公ノ御子孫封ヲ他ニ移シ玉ヒシカトモ、父老子弟相共ニ其功徳ヲ謳謡シテ忘レス、遂ニ安永五年ヲ以テ、土人力田、遺愛碑ヲ公ノ廟側ニ建テ、以テ永ク其遺徳ヲ追慕セリ、

とあるのがそれである。[28] 長朝は慶長五年（一六〇〇）関ヶ原の役には、陸奥国会津城主上杉景勝の出陣を抑えるため（家康より）正使として派遣され、その功により上野国群馬郡総社に一万石を領し、諸侯に列した。入封すると、『聿修録』に記されていたように、水利の悪い領内に引水して水田を開発する計画を立て、三年間の免租を実施したために領民はこぞって参加し、難事業を乗り越え、同九年に天狗岩用水を完成させた。その他、総社城を築城し、城下町を形成させた。元和八年（一六二二）に致仕し、寛永五年（一六二八）八月、八三歳で没した。[29]「力田遺愛碑」が建立されたのは安永五年（一七七六）であり、なんと長朝が没してから一四八年後のことである（写真5-5）。その間、長朝の功績が何らかの形で語り継がれてきた、あるいは記憶されていた、もしくは再確認されたのであり、庶民のケタ外

れの時間認識や、長朝に寄せる並々ならぬ思いに驚かされる。

本事例は必ずしも長朝を神として祀ったわけではないが、遺徳をしのび、あるいは感謝の意を込めて石碑を建立した、という点では、小祠か石碑かの違い、信仰的儀礼が伴うか否かの違いはあれ、権威跪拝型の霊神信仰に通ずるものがあろう。

もう一例。城内三ノ丸内にあった小祠秋元社について触れておきたい。ただし本小祠は大名秋元家の先祖祭祀とかかわるものである。

城下鷹匠町の南東にあった泰安寺は、秋元家の位牌寺にほかならなかった[30]。しかし明治初年に廃絶し[31]、その跡地に秋元家旧家臣によって三ノ丸にあった秋元社が移された。同社は元々出世稲荷と呼ばれていたが、秋元氏入封以後先祖の霊を合祀し、秋元社とも称された。そうして泰安寺跡に移祠してからは、秋元氏の家紋木瓜(五瓜に唐花)にちなみ瓜内《とうない》稲荷と改称、御神体は二代泰朝が大坂夏の陣で着用した甲冑であった。しかし、それも明治四〇年(一九〇七)、維持が困難なことから尾曳稲荷神社に合祀された。その尾曳神社は、旧館林城本丸の東北(鬼門)に当たる稲荷郭《くるわ》にあり、祭神は宇迦廼御魂命である。赤井照光が狐の子を助けたことから、その親の狐が御礼に要害の地を尾を曳いて案内し、館林城が築城されたとする縁起をもつ[32]。創建は天文元年(一五三二)。同社は歴代城主に尊崇されたが、明治四〇年代に先の瓜内稲荷をはじめ六社を合祀した。

なお瓜内稲荷に関してであるが、昭和三〇年(一九五五)頃までは尾曳神社本殿左横に祠があったという。しかし、祠が朽ち果ててしまったため、ご神体の鎧は秋元家より尾曳稲荷神社に拝領されたという形にし、祠は取り崩したうえで、鎧は館林市第一資料室に寄託・保管されることになって今日に至っている。

2　旧赤生田村の秋元宮

館林市の南部地域は、水害と干害の頻発地域であり、住民は毎年のように被害に見舞われていたようである。たとえば上三林などもその一つで、水の氾濫を防ぐために土手を築いてその難から免れた。そのときに尽力したという五名の役人(大竹伊兵衛・宮田管太郎・田口桂之丞・上条要助・井上富左衛門)を、この地方を救ってくれた恩人として雷電神社境内に神として祀り、五所大権現と称して長くその徳をたたえていた。(33) 戦前までは、毎年秋になるとお祭りしていたようである。今でも時々お供え物があがっていることがあるという。

北の渡良瀬川と南の利根川のほぼ中間を東西に延びる、標高二〇mの洪積台地に立地する赤生田地区も同様の悩みを抱えた土地であり、その救世主が秋元志朝にほかならなかった。『本邦生祠の研究』(34) には、地元の小学校校長亀田太郎次が明治二〇年(一八八七)頃にまとめた「秋元宮由緒」なるものが収録されている。要点のみを記すと次の通りである。

(a)赤生田村天照皇太神宮の境内に秋元宮なる小祠があったが、その由緒について知る者はほとんどいなかった。たまたま名主長浜何某がそれを知っていたので、後世のために記すことにした。

(b)赤生田村は常に水旱の害を被っており、前領主井上河内守正春はこうした状況にもかかわらず、かなりの貢租を課していた。しかし、秋元但馬守志朝が領主になるに及び、減租・貸租に踏み切った。そうして安政三年(一八五六)の利根川堤破壊の際は、握飯等を差し入れたほか、救助米の手当を施してくれた。

(c)翌安政四年(一八五七)は豊作となったので、村人相謀り、その恩を忘れぬために小祠を村有地に奉献した。その後、現在北の駒形神社の地に移祠した。

志朝は文政三年(一八二〇)生まれ、同一〇年家督を相続するが、弘化二年(一八四五)山形より館林に転封。この国替えとともに藩政改革を実施した。また学問所求道館を創設し、文武の道を奨励した。水戸藩の尊王論の影響を受け、宇都宮藩とともに陵墓の修復事業にもかかわり、明治九年(一八七六)、五七歳で没した。(35) 従って安政四年の建立にかかるこの小祠は、明らかに生祠である。石造の小祠は唐破風造りで、中央に「秋元宮」、右側面に「安政四年十月四日」、左側面に「赤生田村」と刻まれている(写真5-6)。

志朝は、村民の困窮の様子や田畑の実状を調査し、収穫料や地味に応じて三等級に分けて租入額を定めた。また、洪水の際は握飯や味噌汁などを積んだ救助船を出し、さらには救助米をあてがうなどして救済に努めた。こうした行為に感謝して、志朝を生きながら神として祀るに至ったのである。

写真 5-6　秋元宮(館林市赤生田・永明寺境内)

平成六年(一九九四)には、同じ地内ではあるが、永明寺(真言宗)境内に移祠された。「秋元宮」は昭和四八年(一九七三)館林市の指定史跡となっており、そのためか市側から境内に移して祀って欲しいとの申し出が、二〇年ほど前に寺側になされた。住職は、市から頼まれて移祠するのは筋違いと一旦断ったが、改めて赤生田地区の方から要請があったので本堂に向かって東側の位置に安置することにしたという。西側には墓域が広がり、神様なのに檀家の人々が参詣の折に線香をあげるようなことがあっては困るから、というのがその理由らしい。移祠する前は西方三〇〇 mほどの天満宮境内にあったという。その土地は今では駐車場となり、跡形もない。

この天満宮と駒形神社が同じものなのかは不明であるが、なぜか「秋元宮」は移祠・移設の連続であり、「秋元宮由緒」が書かれた明治二〇年以前から、すでに忘れられた存在で祭祀も行われていなかった。今でも状況は同じであるが、檀家のなかに参詣の折にお参りする人が少なからずいるとのことである。

結びにかえて

本章では、近世大名秋元氏に焦点を当てながら、人神として祀られるに至る経緯とその後の展開、そして祀る側の庶民の動向・心情に分析を加えた。

京都市八瀬の秋元神社に関しては、今でも信仰が篤く、秋には赦免地踊りが奉納されるなど祭りも盛大になされている。あるいは生祠だった可能性も否定できないが、地元の伝承による限りでは死後祀られたもので、御霊の慰撫といった趣も無いわけではない。ちなみに、宝永期の比叡山との境争いにおいて、幕府側から有利な裁許が下されたが、それは必ずしも老中秋元喬知だけの力によるものではなかった。しかしながら、八瀬の人々は喬知のお蔭と考え、報恩のために小祠を建立するに至った。けれども、だからといってこの件を境に、彼らの精神的支柱が、後醍醐天皇から秋元喬知へと移ったわけではない。かつて存在した『八瀬記』の朗読、あるいは先の二名に加えて禁裏御料の管轄者近衛家の歴代当主や将軍徳川家宣、近代以降の天皇・皇后、京都所司代板倉勝重や岩倉具視ら、歴史上恩恵を被った人々の供養を目的とする念仏講の存在から、天皇家とのかかわりを軸とする歴史の累積こそが、彼らのアイデンティティの源にほかならない、と結論づけることができた。

一方、群馬県内の秋元氏の領地であった地域には、秋元氏にかかわる石碑・生祠の類があり、前者は前橋市総社町の初代長朝の功績をたたえる「力田遺愛碑」にほかならず、後者は一〇代志朝の生祠秋元宮であった。石碑・生祠といった相違はあれ、遺徳をしのび感謝の意を表するという点では共通点が見出された。また、群馬県の利根川流域は洪水と旱魃という相反する災害の頻発地であり、住民は長らく辛酸を味わってきた。そのため、こうした事態への救済にかかわった役人や藩主を小祠に祀る事例が多いというのが特徴で、長朝・志朝にかかわるそれも、こうした傾向に沿うものであった。

「力田遺愛碑」は信仰対象というわけではなく祭祀など当然存在しなかったが、光厳寺の秋元家御廟所(御霊廟)前に建つことから、近年注目されるようになった。平成に入って間もなくして一一月二三日前後に、秋元祭りなるものが実施されるようになったからである。前橋市教育委員会・同社会福祉協議会・総社地区自治会連合会主催のこの祭りは、光厳寺の御廟所と、秋元家ゆかりの調度品等を収納する同寺の聚古館を公開し、同時に隣接する市立資料館で秋元氏関連の展示を行うというものである。また、平成二〇年(二〇〇八)度から(以後隔年とのこと)、光厳寺と元景寺(こちらも秋元家菩提寺・曹洞宗)の間を行き来する武者行列が行われるようになり、一層華やかさを増した。各地で繰り広げられている、文化の資源化によるイベント、地域おこしの範疇に入るものである。そうして、総社町のそれのみにとどまらず、館林市赤生田の秋元宮との連携をはかる動きが一部文化人の間にあって、秋元宮が再びクローズアップされる時が迫っているのかもしれない。

註

(1) 加藤玄智『本邦生祠の研究』明治聖徳記念学会　一九三一年。
(2) 宮田登『生き神信仰—人を神に祀る風習—』塙新書　一九七〇年　一三一～一二九頁。宮田は近世の霊神信仰を、権威跪拝型・祟り克服型・救済志向型・救世主型に分けている。
（3）宮田登『生き神信仰』前掲書　一六～一九頁。
（4）柳田國男「人を神に祀る風習」『民族』二巻一号　一九二六年（『定本柳田國男集』一〇巻所収　筑摩書房　一九六九年　四七二～四九五頁）。
（5）宮田登『生き神信仰』前掲書。
（6）田中丸勝彦『さまよえる英霊たち』柏書房　二〇〇二年。
岩田重則『戦死者霊魂のゆくえ』吉川弘文館　二〇〇三年　一～二〇八頁 など。
（7）小松和彦『神となった人びと』淡交社　二〇〇一年　一一～一六頁。
（8）池田昭「村落における権威信仰」『日本宗教史講座』第三巻　三一書房　一九五九年　二四七～二七八頁。
（9）宮田登『生き神信仰』前掲書　一六～一九頁。
（10）平山敏治郎「山城八瀬村赦免地一件」（一）（二）『人文研究　歴史学』二三巻・二四巻、大阪市立大学文学部　一九七二年・七三年。
同「山城八瀬村赦免地一件　補遺」『成城文藝』一〇一号　成城大学文芸学部　一九八二年。
（11）宇野日出生『八瀬童子　歴史と文化』思文閣出版　二〇〇七年。
（12）長谷川端校注『新編日本古典文学全集』55太平記（二）　小学館　一九九六年　二〇六～二〇八頁。
（13）宇野日出生『八瀬童子　歴史と文化』前掲書　四二頁。
（14）このほか明応元年（一四九二）九月三日付の後土御門天皇綸旨をはじめ、慶応四年（一八六八）三月二〇日付の明治天皇綸旨に至るまで連綿と残されている。このほか、代々の京都所司代の下知状もあるという。宇野『八瀬童子』前掲書四五〜四六頁。

(15)『角川地名大辞典』26京都府　上巻　角川書店　一九八二年　一四一八〜一四一九頁、および『日本歴史地名大系』第二七巻　京都府の地名　平凡社　一九七九年　九二〜九四頁。

(16)「江戸幕府裁許状」『叢書　京都の史料』4「八瀬童子会文書　増補」京都市歴史資料館　二〇〇三年　五三頁。

(17)岡谷繁実『聿修録』稲田佐兵衛刊　一八八六年　五八頁。

(18)「八瀬記抜翠」『諸国叢書』一八輯　成城大学民俗学研究所　二〇〇二年　一四頁。

(19)平山敏治郎「山城八瀬村赦免地一件　補遺」前掲論文　四二頁。

(20)平山敏治郎「山城八瀬村赦免地一件　補遺」前掲論文　四三頁。

(21)宇野日出生『八瀬童子　歴史と文化』前掲書　九二〜九三頁。

(22)平山敏治郎「山城八瀬村赦免地一件」(二)　前掲論文　四四〜四六頁。

(23)宇野日出生「八瀬の年中行事」『京都市歴史資料館紀要』一七号　二〇〇〇年。

(24)「御所谷碑」『叢書　京都の史料』4「八瀬童子会文書　増補」前掲書　一九〇〜一九一頁。

(25)高橋秀雄他編「八瀬赦免地踊り」『祭祀行事京都府』桜楓社(現おうふう)一九九二年　八八〜八九頁。

(26)宇野日出生『八瀬童子　歴史と文化』前掲書　一五九〜一六〇頁。

(27)宇野日出生『八瀬童子　歴史と文化』前掲書　九七〜一〇〇頁。

(28)岡谷繁実『聿修録』前掲書　二頁。

(29)工藤寛政『江戸時代　全大名家事典』東京堂出版　二〇〇八年　一九頁。

(30)泰安寺は秋元家累代の位牌寺で、天台宗、東叡山の直末。秋元家の転封ごとにその地に建立された。明治維新による廃寺後、累代の位牌は総社の菩提所光厳寺の御霊廟に移された。

(31)『日本歴史地名大系』一〇巻「群馬県の地名」平凡社　一九八七年　七八七頁。

(32)『上野国郡村誌』17「邑楽郡」群馬県文化事業振興会　一九八七年　九七〜九八頁。

(33)川の碑編集委員会『川の碑』山海堂　一九九七年　一九一頁。

(34)加藤玄智『本邦生祠の研究』前掲書　一六五〜一六七頁。

(35)工藤寛政『江戸時代　全大名家事典』前掲書　二二一〜二二三頁。

第六章　神社の消長と地域社会

―会津 土津《はにつ》神社を事例として―

はじめに

小さな地域神社の祭りがさびれる一方、都市部の有名大社の祭りは肥大化する一方である。また神無し祭りとしてのイベントも各地で行われており、伝統的な祭りとイベントを融合させつつ地域の活性化を図る例も枚挙に遑がない。他方、通過儀礼はコマーシャリズムの介在が著しく、また地域における社会関係の稀薄化に伴って、私的儀礼化傾向が強いとされている。しかしながら、そのもつ意味は変化しつつも、子どもの儀礼、年祝いを中心に、人生の節目の儀礼としてそれなりに執行されている。以下はこれらの問題を取り扱うが、先ず本章では、人神祭祀の歴史的展開と現状を、会津藩祖の保科正之を祀る土津《はにつ》神社を事例として確認することにしたい。

さて、人を神に祀る風習は近世に至って制度化され、霊神信仰なるものが成立した。それはもっぱら吉田神道が管轄するところであり、宮田登によれば霊神信仰には生前に神として祀られるものと死後祀られるものとが存在し、後者の場合、生前遺執をもって祟る御霊を祀る場合と、祟りとは関係なく霊神として祀られる場合との二通りがあるという。このうち生前に祀られる事例は少なく、山崎暗斎(一六一八～八二)、保科正之(一六一一～七二)、松平定信(一七五八～一八二九)らに限られるという。(1)

吉田神道は、神道に際立って精進した者に対して霊神号を贈り霊社に祀ることを許した。吉川惟足が会津藩主保科正之に土津霊神号を与えたことは有名で、霊神となったのは、その人性が高く、神道の学者として優れていたことによる。生き方が神道の観念的奥義に徹していたことで、人→神へとなりえたのである。(2) ただし、霊神号は生前に贈られていたものの、正式に神として祀られるのは死後のことであり、山崎暗斎や松平定信と同様、生前に祀られていたものといえるかどうかは再考の余地がありそうである。保科正之が土津霊神として見禰山に祀られるに至った経緯については後述するが、先ずは土津神社関連の先行研究の整理をしておくことにしたい。

大名家の墓所・廟所の研究は相変わらず盛んであり、手許にあるものに限っても、古墳研究の第一人者の白石太一郎による「近世大名家墓所と古墳」なる論考や、近世史家の岸本覚による「長州藩藩祖廟の形成」、大名墓研究会編『近世大名墓の成立』等の論著がある。(3) 会津松平家の墓所に関するものとしては、会津若松市教育委員会編『史蹟 会津藩主松平家墓所』Ⅰ〜Ⅶや、近藤真佐雄の「大名家墓所における院内御廟」なる論考がある。(4) 院内御廟とは、会津若松の市内にある二代藩主正経以下の歴代の墓所をさすが、前者では見禰山の正之の御廟も取り上げられ、実測図つきで報告がなされている。

一方、土津神社の創建から斗南藩への遷宮、帰還に至るプロセスを丹念にトレースしたのが塩谷七重郎であり、『土津神社と斗南』、『保科正之と土津神社』、「土津神社の変遷」等の論著をまとめている。(5) 地元の研究者だけに史資料も豊富で詳細を極めているが、あまりにも多岐にわたりすぎているため、まとまりに欠けている点は否めない。また小桧山六郎の『保科正之の生涯と土津神社』は、土津神社の歴史を概括的にまとめたものである。(6) 最後になるが、遠藤由起子の『近代開拓村と神社』には、土津神社の斗南藩への遷宮と帰還を扱った論考と、札幌市・琴似神社における会津藩士屯田兵(とその子孫)の土津霊神への信仰に言及した論考が収録されており、多くの示唆を与えてくれる。(7)

本章は、これら先学の研究に導かれつつ、土津神社創建に至る経緯をトレースした後、近・現代の動向に留意しつつ、神社を支える人々の心意と神社の消長に伴う地域社会の対応、氏子組織の再編について分析を加えようとするものである。

一　土津神社の創建と祭祀

土津神社の主祭神は、会津藩藩祖保科正之にほかならない（九代容保も配祀）。正之は慶長一六年（一六一一）徳川秀忠の四男として誕生、元和三年（一六一七）秀忠の密命により保科正光の養子となる。寛永八年（一六三一）正光の遺領信濃国高遠三万石を領し、同一三年に出羽国山形領主となり二〇万石を領した。同二〇年には会津領主となり、会津・耶麻・大沼・河沼郡ほか二三万石を領し、併せて南山（南会津地方）五万石余の幕領を預かった。慶安四年（一六五一）家光が死去し、家綱が将軍になるに及び、家光の遺言により家綱を補佐し、幕政を主導した。幕政に関与したために会津藩主時代はほとんど江戸住いに終始したが、よく家老以下を指導して会津藩の基礎を確立した。

その政治の根幹となったのは、山崎暗斎と吉川惟足について究めた神道である。彼が暗斎らと編纂した『伊洛三子伝心録』（寛文九年〈一六六九〉）、『玉山講義附録』（同一三年）『二程治教録』（同一三年）、『会津風土記』（同六年）、『会津神社志』（同一二年）は五部書と呼ばれ、藩政と文教の古典となった。寛文九年四月隠退。同一二年一二月一八日江戸藩邸において死去。六二歳。生前に定めていた土津霊社の諡号《しごう》を贈られ、生前の希望に従って磐椅《いわはし》神社に隣接する境地に葬らる。死後の元禄年中（一六八八～一七〇四）三代正容の時に、葵の紋を許されて保科から松平の本姓に復した。(8)

さて、正之の埋葬と土津神社の創建については、会津藩『家政実紀』や『見禰山御鎮座日記』に詳しいが、(9)ここでは文政六年（一八二三）刊の(10)『新編会津風土記』巻之四九「陸奥国耶麻郡　猪苗代」の条に簡潔に記されていることから、それを以下にあげる。傍線の部分に留意されたい。

土津神社境内東西三百八十六間、南北五百三十間、免除地猪苗代城下ノ北ニアリ、此社ハ肥後守正之ヲ祭レリ、正之カネテ神道ヲ吉川惟足ニ学ヒ、ト部家ノ蘊奥ヲ窮ム〔メリ〕、因テ致仕ノ後土津ノ霊号ヲ惟足ニ受ケ、没後神道ノ祭儀ニ従ハンコトヲ欲ス、寛文十二年壬子五月休暇ヲ賜ハリテ会津ニ下リ、八月二十二日寿蔵ヲ定ントテ此地ニ来リ、見禰山ニ登リ湖山ノ勝景ヲ眺望シ、没後此山中ニ葬リ、此山又磐掎(椅)明神ノ社地ナルニヨリ、神祠ヲ営テ其末社タランコトヲ命シ群臣ト宴飲晷ヲ移ス、家老友松勘十郎氏興従テ爰ニ至リシカ、湖水ノ鯽魚ヲ献シ酒稍闌ニシテ正之詠歌アリ、

万代トイハヒ来ニケリ会津山高天ノ原ニスミカモトメテ

此時吉川惟足モ従来リ、同ク宴ニ連リケレハ

君爰ニチトセノ後ノ住所フタ葉ノ松ヤ雲ヲ凌ン又二葉ノ小松雲ヤ凌ントモイフ

ト詠シ歓ヲ尽セシトソ、コノアタリ今ニ松樹多ク凌霄ノ勢アレハ、詠スル所ヨク協ヘリト云ヘシ、其冬十月正之江戸ニ上リ、十二月十八日ニ江戸箕田ノ邸ニ終レリ、其年尸柩ヲ会津ニ移シ、翌年延宝改元三月二十七日此山ニ葬リ、麓ヲ闢テ社ヲ営メリ、神官教員祭ヲ奉シ如在ノ敬懈ラス、其儀今ニ厳重ナリ、皆下ニ挙ク、封内緒村ニオイテ新墾田千六百石余ノ地ヲ附シ、永ク祭祀ノ料ニ充ツ、

寛文一二年（一六七二）八月二一日から二二日にかけて、家老友松勘十郎氏興、吉川惟足らを供に見禰山を訪れ、ここを寿蔵の地として磐椅神社の末社となるべく決心した。そうして一〇月に帰府して間もなく、一二月一八日に江戸下屋敷で薨《みまか》った。葬儀ならびに神社造営をまかされたのは、ほかならぬ家老友松勘十郎氏興であった。『家政実紀』

巻之四六、延宝三年（一六七五）八月二三日の条に「土津様御在世中御身後之事惣而友松勘十郎ニ被仰置、大奉行被仰付候を以、御逝去之後専御遺命を奉し心力を尽し大小之御用一として不承と申儀無之、大挙御下向之儀を始、御葬送御碑石御社御普請等并御神料土田新田開発之事迄、是迄ニ段々御成就ニ相成候云々」と記されていることからも、そのことがわかる(11)。

　延宝元年（一六七三）三月二七日に葬儀が執行され、同三年八月一九日に神社が竣工した。社殿は豪華絢爛で、「みちのくの日光」と呼ばれるほどであった。また正之の廟所は墳丘上に八角の鎮石を置き、墳丘の前面には「会津中納言源君之墓」と刻んだ石を建て（写真6-1参照）、さらに廟所の南麓にある正之を祀る神社（図6-1参照）の境内には、墓誌を刻んだ大きな碑石が亀趺の上に建つ、というものである。ちなみに八月二三日には、吉川惟足を招聘したうえで御遷宮式が盛大に執り行われた。当日は藩主名代を井深茂右衛門が務め、翌二四日に藩主が訪れた。

写真6-1　保科正之の廟所（福島県猪苗代町）

　このように、廟と神社の創建は正之の遺志に基づき、藩政の一環として行われたものであった。こうした動きに藩領民をはじめとする庶民はどう反応したのだろうか。『家政実紀』巻之四六、同年八月二五日の条に次のようにある(12)。

　是ゟ先此度御社御遷宮在之由を承伝、諸方ゟ僧俗男女老弱となく往来引も不切致群集、兼而制禁をも不加候故、御仮殿ゟ御社之近辺何れも

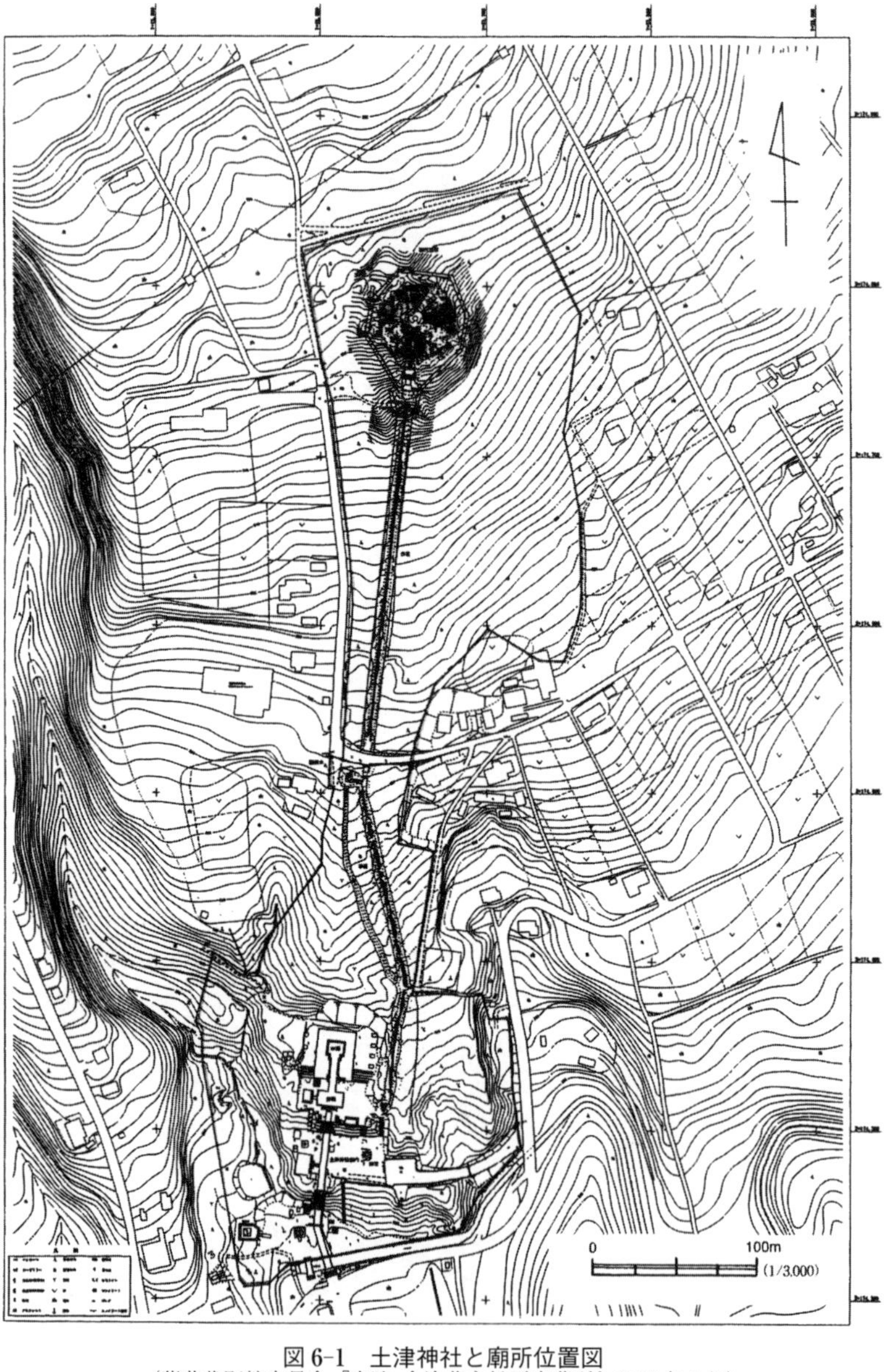

図 6-1　土津神社と廟所位置図
(猪苗代町教育員会『史跡 会津藩主松平家墓所』2009 年より)

不憚出入候而致拝見候ニ付、遠方抔ゟ罷越候者ハ旅宿も塞り不得止事野宿等致、廿三日を相待居候者茂多分在之、仍而土町之末より半坂町之辺俄ニ茶屋等を構、飲食菜菓其外様々之鬻物等致商売候事ニ候、廿三日ニ至り御遷宮ニ相成候ゟハ拝見之諸人雲霞之ことく罷越候、然れ共御儀式を相妨候義も可有之哉と御遷宮之間ハ制禁を加候而御橋ゟ内江不入候故、左計之人数御橋之外ゟ御山を包ミ甚込合候ニ付、惣司友松勘十郎及差図候者如此諸人致混雑候而者其内老人子共怪我過等可在之も難計候、御遷宮之儀式終候ハヽ早速拝見相ゆるし候間必先を不争様ニと為申渡、尤立番体之者ニも彼是と厳制候義不致様申付候、依之御遷宮之儀式相済候と否参拝之諸人数群衆、翌廿四日も如此ニ候故、其日も又、殿様御参拝之内計人を制し、御下山被遊候後ハ相馳候を以、諸人御社頭之壮観ニ目を驚、毎日之参拝引も不切相つとひ候ニ付、今日御神事相済神書講談在之候後、赤飯弐石四斗を三階之大杉重江盛、濁酒七斗五升を大樽三つ江入、其外小蛸員千五百枚片器七百枚土器を相添、満座之中江差出、吉川惟足・勘十郎を始役付之面々ハ不及申、遠近ゟ群集候参拝之老弱男女江被下候間、終日引も不切参詣御神楽をも奉奏候、致頂戴候人別大抵弐千人ニ相及候、

このように、遷宮のことを知った「僧俗男女老弱（ママ）」の輩が諸方より大勢集まり、そのため旅宿は満杯となり、神社近くの土町や半坂には臨時茶屋までできる事態となり、「諸人御社頭之壮観ニ目を篤」かせたという。そうして終日神楽殿で神楽が奏され、人々には濁酒干肴等が振る舞われたが、参詣人は二千人を超える盛況振りであったという。こうした記載から、庶民の関心のほどが理解される。

なお、『家政実紀』延宝三年（一六七五）一二月一八日の条に「見禰山御社御墳并遥拝所ニおゐて、御祥忌執行向後恒例ニ被成置」とあり、また延宝四年八月二五日の条には「見禰山御社祭礼執行、向後恒例ニ被成置」と記されている[13]。藩では、この両日を祭礼とするほか、藩主の江戸入りや帰還の際は土津神社に参詣することを慣例としたのであ

る。と同時に、初代の社司に服部安休を任命し、土津神社のために社人町を造り、社司・昇殿役・宮奴《みやっこ》・楽人等神社関係者の三〇数軒の集落を建設し(土町)、神社の祭りに当たらせた。さらに御料田として土田等の新田村を開拓した。その任に当たったのが、家老の友松勘十郎氏興であった。なお、この件については改めて取り上げる。

ともあれ土津神社は会津藩藩祖を祀る神社であり、祭祀主体は藩主と家臣たちを中心とするものであった。では領民(庶民)の対応はどのようなものであったのか。遷宮祭における庶民の反応からおよそ察しがつくが、「貞享風俗帳」より、猪苗代川東組の状況をうかがうことにしたい。[14]

月並之事

一、正月元朝惣鎮守岩(磐)椅神社へ参詣仕、遠方は其所之鎮守を拝し相互ニ年始之礼勤、七日迄遊申候、

(中略)

一、同(八月＝筆者註)十八日土津様祭礼、一日中遊申候、老若男女参詣仕、かたわらニ而太鼓ならし念仏申おとりはね慰申候、

一、右之御祭礼ニ付、志め縄ゑんざ在々、穢無之者より指上申候、　(中略)

一、廿五日(八月＝筆者註)惣鎮守岩(磐)椅明神ノ祭礼ニ而、思々ニ祝一日遊申候、老松参詣仕候、

八月の土津神社の祭礼時に付、縄細工物を神社に供するほか、太鼓を打ち鳴らしながら念仏踊りをしたという。神道の奥義に徹した土津霊神に対して念仏踊りとは、と多少違和感を覚えるが、庶民ならではの土津霊神に対する心情表現とみれば、すこぶるほほえましい。

以上から、土津神社創建以降、会津藩の守護神としてのみならず、磐椅神社に準じた地域の氏神として機能していた、とみることができる。

二　斗南藩、琴似屯田兵村と土津神社

1　斗南藩への遷宮と帰還

前節では、土津神社創建の経違をトレースするとともに、藩と庶民双方の立場から神社のもつ意味について検討を加えた。ここでは戊辰戦争での敗北による滅藩、斗南藩の立藩、さらには廃藩置県という激動のなかで、土津神社がどのような事態となり、藩や藩士たち、さらには領民（庶民）がそれにどう対応したのか、この点について分析を加えることにしたい。先ず塩谷の整理に倣って（表6-1参照）、幕末・近代初頭の土津神社の情勢をみると次の通りである。(15)

慶応四年（一八六八）戊辰戦争となり、八月二一日の母成峠の戦いに敗れた会津方は、翌二二日には西軍の猪苗代侵入を許すことになった。猪苗代の亀ヶ城々代高橋権太夫は、亀ヶ城と土津神社を自焼するとともに、御神体を社司の桜井豊記と宮奴の鵜巣猪吉らが奉持、鶴ヶ城に遷座した。しかし会津藩は籠城一ヶ月後の明治元年（一八六八）九月二二

表6-1　土津神社遷宮年譜（塩谷註(5)1983年より）

年　月　日	歴　史　事　項
慶応　4.　8.　21	母成敗戦。亀ヶ城、土津神社自焼。 御神体鶴ヶ城へ。
明治　元.　9.　22 9.　23	鶴ヶ城開城。 御神体磐椅神社に移す。
明治　3.　12.　11 12.　27 12.　28	御神体斗南へ出発。 御神体五戸着。 五戸三浦伝七方に遷宮。
明治　4.　2.　15 2.　18 7. 9.　16	御神体五戸発。 御神体田名部円通寺着。 廃藩。 御神体磐椅神社へ帰還遷宮。
明治　7. 13.　7.　28	土津神社造営着工。 土津神社竣工、遷宮。
明治　17.　9.　26	第9代藩主松平容保公を合祀する。

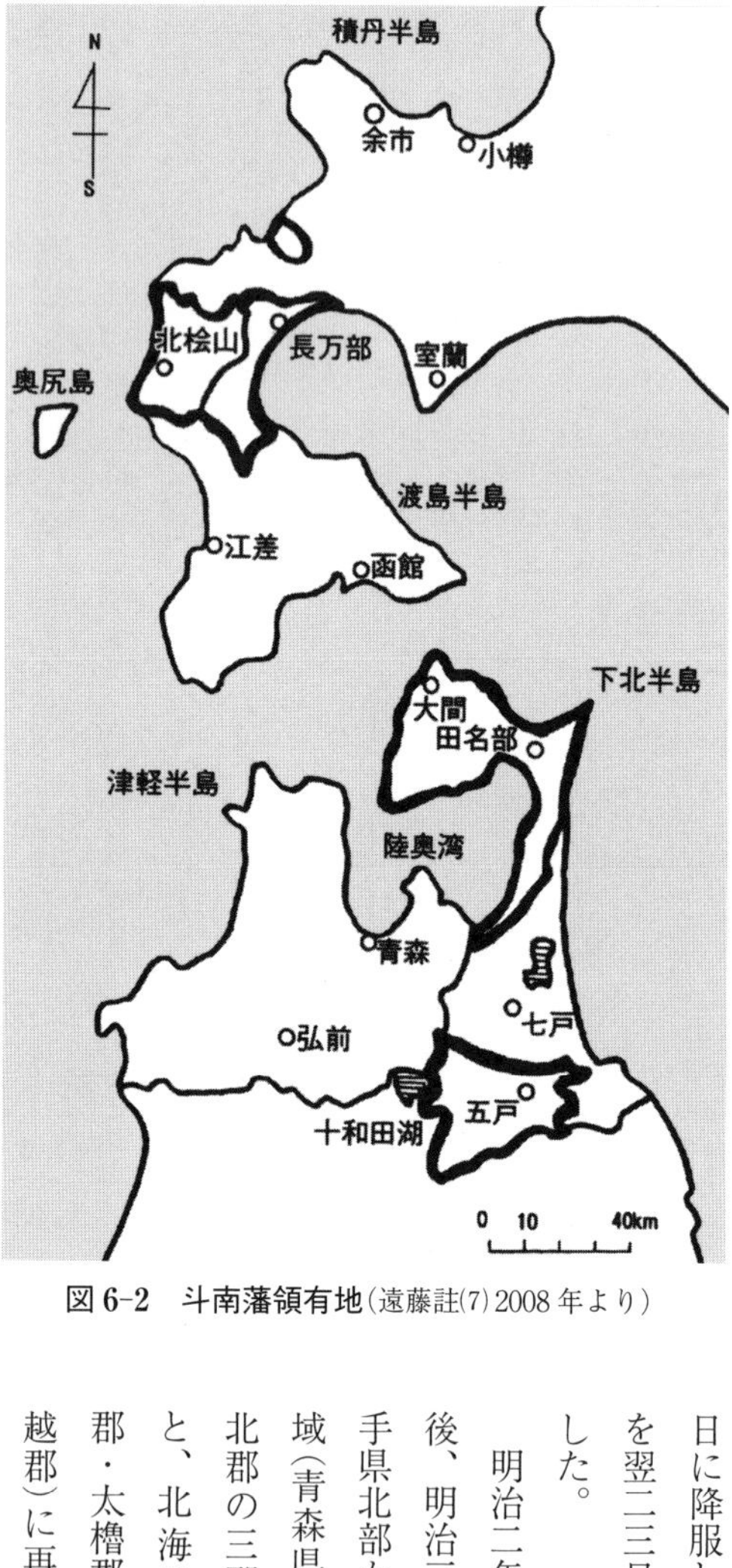

図6-2　斗南藩領有地（遠藤註(7)2008年より）

日に降服し開城となり、ご神体を翌二三日に磐椅神社に仮遷宮した。

明治二年（一八六九）の滅藩の後、明治三年に斗南藩として岩手県北部から下北半島に至る地域（青森県三戸郡・上北郡・下北郡の三郡と、岩手県の一部）と、北海道四郡（後志国瀬棚郡・太櫓郡・歌棄郡・胆振国山越郡）に再興が許され、これらの地へ藩主以下藩士とその家族が移住した（図6-2）。その数一万七〇〇〇余に及ぶといわれるが、不慣れな土地での厳しく過酷な生活を強いられた。なお、明治三年一二月にこの地に土津神社の遷宮がなされたものの、廃藩置県に伴って翌明治四年には、一〇か月を経たずに帰還遷宮という数奇な運命を辿った。ちなみに、廃藩置県によって再び滅藩すると、藩士は、青森にとどまる者、会津の地に戻る者、新たに新天地を求めて屯田兵として北海道へ赴く者など、全国へ散って会津藩士は離散してしまったという(16)。

なお、猪苗代から斗南藩への遷宮については、ご神霊を奉持し供奉した鶫巣猪吉が記した覚書「斗南道中記」や、御供番心得の青木準之輔の「青木往晴生涯記事」に詳しい[17]。それによれば、行程一七日間をかけて明治三年（一八七〇）一二月二七日に斗南藩庁となった五戸に到着。翌日野月の旧盛岡藩士三浦伝七宅の土蔵二階に御社を造って遷宮した。翌四年二月一五日に、藩主容大が斗南藩庁となる田名部に向けて発し、一八日に藩庁の仮館となる吉祥山円通寺（曹洞宗）に到着、ご神体もここに移された。円通寺が、今日恐山を管轄する寺院として知られていることは、いうまでもない。会津から斗南藩への遷宮について遠藤は、「斗南藩へ移住した藩士たちの精神的支柱となれと多大な費用をかけて遷宮し云々」と指摘しており、一方、塩谷も「竟気消沈する家臣たちの士気を鼓舞するためにもと、斗南藩士の精神的支柱になれと、藩祖保科正之を祭神とした遷宮となる」と述べている[18]。しかし、果たしてそうなのだろうか。御伴番心得役を務めた青木準之輔（往晴）の「生涯記録」には次のようにある[19]。

抑モ、神象移奉ノ事タルヤ、当時若松県大参事某、或日三根山ノ社ニ到リ頗ル不敬ヲ加フルノミナラス、旧大名殊ニ叛賊ノ祖ヲシテ神トナシ置クヘキモノニアラス、速ニ除去スヘキ旨ヲ厳命シタル趣キ、村役人ヨリ内通セシニヨリ、遂ニ移奉スルコトトナシシナリ、而モ道中ニ於ケルヤ、神像及神器宝物等ハ悉ク之ヲ長持ニ納メ覆フニ、葵御紋付ノ油団ヲ以テシ、外見其何物タルヲ知ラシメス。然レトモ旅宿毎ニ之ヲ最上室ニ奉置シ、供奉員ノ礼拝厳粛鄭重ナルヲ以テ深ク之ヲ怪ミ、或ハ宰相（容保公ヲ云フ）逝去セラレ、其骸ヲ藩地ニ奉送スルモノト訛伝セシモノアリト云フ。時恰モ沍寒積雪ニ際シ、百五十余里ノ行程十有八日ヲ経過セリ、其二十五日、盛岡県沼宮内駅ニ於テ藩地御着神ノ用意ヲ要スル為メ（事ノ急遽ニ属セシ為メ、御移奉ノ通牒ナシ置クノ遑マアラサル也）、余一人御先行ヲ為スコトナリ、昼夜急行ヲ以テ行ク先々宿駅ニ於ケル人馬ノ用意ヲ命シ、藩ノ支庁所在地ナル五戸村ニ到リ、少参事倉沢平治右衛門氏ニ旨ヲ告ケ、旧盛岡藩ノ郷士ニシテ同村第一ノ豪農ト称セラルル三浦伝七ノ宝蔵ヲ以テ仮社殿トナシ、二十七日浅水村ニ奉迎シ、日没ノ頃無事予定ノ仮社殿ニ安置シ奉ル。

傍線の部分から明らかなように、時の若松県大参事の意向を耳にして驚き急遽遷宮を決定したため、藩への連絡をとらぬまま出発した模様である。慣れぬ土地への移住という苦難の道を強いられた藩士たちにとって、土津霊神がどれほど精神的支えとなりえたかは想像に難くないが、遷宮に至る事情はこの日記に示されているように、急な事態への対処としてなされたもので、その効用等を考慮して計画的になされた、というものではない。その点だけ確認しておきたい。

斗南藩への遷宮に関してはそれなりの史資料があるものの、廃藩置県後の猪苗代への帰還遷宮と明治一三年（一八八〇）の土津神社の再建に至る史資料は相対的に少ない。そうしたなかで、北海道大学附属図書館北方資料室所蔵の「明治五年　五番組の『日記』」を見出し、この間の動向に分析を加えたのが遠藤である。

遠藤によれば、『日記』にある「旧会津見称山御再建書」は、九月五日付で会津に居住する町野主計・諏訪伊助から余市移住の会津藩士四名にあてて、土津神社再建のために出金を募った文書だという。また、『日記』にある「旧会津藩祖松平正之ノ祠建立仕度　願書」（写）については、旧会津藩領に残った者が、土津神社の再建の許可を若松県令に願い出ている証拠としている。さらに塩谷の論著を援用しつつ、旧藩領では明治五年（一八七二）から長尾源治ら六名の手により、社地復古資金が募集されるようになったが、対象範囲は旧会津藩領全域に及び「見禰山寄附帳」三巻からは、明治八年までに二一三八円九〇銭が集められたものの、名簿には一般民衆の名しかみられず、藩士主導で再建活動が始められたものの、「土津神社は民衆の意向も反映されて再建に至ったのである」と結論づけている。[20]

近世以来藩、藩士のみならず庶民からも敬い親しまれてきた土津神社だけに、明治初頭の再建に当たっても多くの寄付金が集まった。そうして神社の社地の山林を買い戻すのみならず、明治七年（一八七四）に社殿の造営にとりかかり、明治一三年には社殿も完成し、七月二八日には磐椅神社より遷宮がなされ、まがりなりにも元のサヤに納まったのである。

2 琴似屯田兵村と土津神社

廃藩置県後、屯田兵村に入植した斗南藩士(旧会津藩士)たちは、土津神社とどのようなかかわりをもったのだろうか。札幌市西区に鎮座する琴似神社を対象に考えてみることにしたい。

札幌市西区琴似町は、開拓使時代最初に開設された屯田兵村が発展して形成された町である。明治八年(一八七五)三月、国防と開拓という名目のもと屯田事務局が設置され、五月には応募者が移住した。琴似屯田兵村に入植した者の出身地は、青森県八名(ただし斗南藩士を除く)、宮城県一〇〇名、福島県五七名(斗南藩士五三名、余市「斗南藩士」三名、会津若松出身一名)、北海道出身一九名、その他三五名である[21]。これをみると宮城県亘理(伊達藩士)系が最も多く、次いで斗南藩士系であることがわかる。ただし当初明治政府は、旧幕府軍のうち会津藩(斗南藩)士に関してだけは、屯田兵の資格を与えない方針であった。しかし、あまりの応募の少なさに、旧会津藩士の入植を青森県士族という身分で入植を許可したのである[22]。

ところで琴似神社について、故菅原正前宮司は、「明治二年北海道に開拓使が設けられ、明治八年開拓使最初の屯田兵(開拓使)として琴似に入植した二〇八戸の内、有志の人々は、旧藩主臥中城主(宮城県亘理)伊達藤五郎成実の遺徳を敬慕し、武早智雄神と尊称して、山の手(山の手二条一丁目)に神祠を建立し、御神徳を北海道開拓の上に顕彰するために武早神社と号して祭祀を厚くいたされたのが、琴似神社の創始」と述べている[23]。その後、明治三〇年(一八九七)に琴似神社と改称し、明治四四年に大国主大神を増祀し現在地に移祠(写真6-2)。昭和四三年(一九六八)に伊勢神宮内外宮の神々を増祀した。さらに興味深いことに、平成六年(一九九四)五月一五日には土津霊神を増祀してい

写真6-2　琴似神社（札幌市西区）

るのである。問題は、なぜこの時期に増祀するに至ったかという点である。

亘理系の藩士たちが伊達成実を祀ったならば、会津系の人たちも保科正之こと土津霊神を祀りたいと願ったに違いない。しかし賊軍というレッテルを貼られ、無言の圧力が働いていた当時にあっては、そのことを容易に口に出せなかったものと推察される。ところが明治四四年（一九一一）に札幌神社（現北海道神宮）の祭神大国主大神を増祀した折、ようやく旧会津藩関係者から、土津霊神増祀の希望が出、協議の結果了承された(24)。この年は奇しくも正之公生誕三〇〇年にあたり、猪苗代の土津神社の荒廃を嘆いた元会津藩士のうちの有志が、神社の復旧を図るために起ち上がって「見禰山義会」を創立した年であり、さらに会津藩の家老であった山川浩（大蔵）の遺稿「京都守護職始末」が公表され、国内でも大きな反響を呼んだ時期でもあった。そうしたことを背景に増祠問題が起こった、というのが会津藩出身屯田兵の四世にして、平成六年（一九九四）当時、琴似屯田兵子孫の会会長を務めていた、新國辰男氏の認識である(25)。

ところが、平成二年（一九九〇）に会津出身のある人が琴似神社の宮司に土津霊神のことを確かめたところ、神社には合祀された記録が無いことが判明した。新國氏らは思いがけない現実に驚くとともに放置しておくわけにはいかず、平成三年九月に改めて増祀を願い出、琴似神社御鎮座一二〇年を期して実現を図ることになった。そうして平成六年五月一二日に猪苗代の土津神社で分祀祭が行われ、五月一五日には総勢一八〇名が参列して合祀祭が執行された。そ

の時の感想を新國氏は、

この度のまれに見る厳粛な行事は、本道草創期の歴史的観点からも正に「世紀の祭典」の名に応しいものであった。会津藩出身の初代屯田兵達は、滅藩以来墳墓の地を離れ、苦難に充ちた斗南（移封された旧藩）時代から渡道入植後に於ても、常日頃から土津公を精神的支柱として深く崇敬しており、会津の方向に向って遥拝していたと聞いております。百二十年振りで私達の先祖の宿願が達成されたことによって、その当時、屯田兵の一団が新天地の開拓にとどまらず、先人たちの生涯の運命を切り開く端緒ともなった。北海道への移住を決断したことと考え併せ、この度の琴似神社の合祀祭は、屯田兵関係者にとって極めて意義深いものと言えます。

と述べている。(26) 開拓地に入植者ゆかりの祭神を勧請して神社を創建する例は、枚挙に遑がないほどである。「常日頃から土津公を精神的支柱として深く崇敬しており、会津の方角に向って遥拝していた」人々ならば、亘理系の人々の動きを待つまでもなく、土津霊神をいち早く祀りたかったに違いない。諸般の事情でそれが叶わず、明治末年に子孫の力でその願いが叶ったと思いきや、理由が不明のまま放置された格好になっていた。一二〇年経ってそれがようやく実現した時の新國氏の気持は一入だったろう。先祖たちの思いがようやく叶えられたという安堵感と、自分たちは労苦の果てにこの地を開拓した先人たちに連なっているという自負心を、この新國氏の発言から読み取ることができる。

ちなみに、明治末期の決定が放置されていたことと関連していえば、明治初期の東京の神田明神の主祭神として祀られていた平将門は朝敵とみなされ、明治政府（教部省）の意向により、明治七年（一八七四）には末社の祭神に格下げされることを余儀なくされた。そうして将門明神が主祭神として元通りに本殿に祀られるに至るのは、一一〇年経過した昭和五九年（一九八四）のことである。当時氏子総代であった遠藤辰蔵氏によれば、「戦前までは何となく将門は朝敵という意識があった。戦後の新しい世の中になって、そろそろほとぼりもさめた、そう思って本殿への遷座に踏み切った[27]」という。こうしてみると、明治末期における琴似神社への土津霊神の増祠も、世間からすれば時期尚早と判断され、据え置かれていたのかもしれない。

ところで、琴似屯田兵子孫の会は、入植一〇〇年を記念して昭和五〇年(一九七五)に結成されたもので、会員数一五〇名余りである。会報の発行は昭和六二年からであり、それをみると総会・懇親会開催のほか、屯田兵関係資料を中心とする「郷土資料館」の運営に携わるとともに、宮城県亘理や会津若松への表敬訪問、他の屯田兵ゆかりの地との交流等々の活動を行っていることがわかる。また会報には、「亘理、会津若松市、猪苗代町、父祖源流の地を訪ねて懐かしさが募る心の触れ合い」、「会津若松市長一行爽やかな真夏の琴似へ」、「土津霊神の神木、会津藩縁りの各地へ」等々の記事がみられ、郷土の歴史を学習しつつ相互の交流を深め、また祖先の地へと思いを馳せているようにうかがわれる。

筆者は以前、同郷者集団について調査・研究を手がけたことがあり、普通ならば離郷者の二代、三代となるにつれて、会の活動にも故郷にも興味を示さなくなる傾向にあったことを明らかにした[28]。ところが琴似屯田兵子孫の場合、三世、四世の時代になっても自身のルーツ、祖先の地へのこだわりは、強まりこそすれ衰えることはなさそうである。現居住地に刻まれた歴史と会津が蒙った歴史とが不可分の関係にあり、特異な双方の歴史を記憶しているということが、大きな要因の一つなのかもしれない。

琴似に屯田兵子孫の会があるのと同様、下北には斗南会津会なるものが存在する。その前身は「下北郡在住会津藩人会」(会津相携会ともいい、のち下北会津会と改称し、昭和四〇年(一九六五)に斗南会津会となる)であり、その成立年代は不明だが、廃藩置県から数年後のことといわれている。毎年五月に斗南藩庁仮館にあてられていた田名部の円通寺で戊辰戦争戦没者の招魂祭を行い、明治三三年（一九〇〇）八月には三三回大法要を催し、境内に招魂碑を建立した（写真6-3）。今ではこの石碑が、斗南会津会のシンボル的存在となっている。

明治四五年（一九一二）四月に全国規模の会津会が設立され、青森県内にも支部が置かれるに至り、その傘下に入って横のつながりを強化されたという。(29) 円通寺での招魂祭はその後も「お花祭り」と称して春先に行われてきたが、昭和四六年（一九七一）には斗南藩主容大の姪に当たる秩父宮勢津子妃を招き、盛大に「旧会津藩斗南百年祭」が挙行された。なお、「斗南会津会々報」は昭和五七年一二月に創刊されたが、冒頭の挨拶で菊池漁治会長は「悲憤と痛恨の宿命に耐え、苦渋の中で祖先が築いた教訓は、私達をたくましく育てているはずでございます。過ぎた百年の想いは、ともすれば忘れがちになりますが、確かな歴史と気概は、祖先から次代を担う子孫へ正しく継承する責務が私達にあるかと思います」と述べている。(30)「悲憤と痛恨の宿命に耐え」という表現が印象的であるが、菊池氏が語るところに斗南藩末裔者の心情が端的に表わされている。

写真 6-3　円通寺境内の招魂碑
（青森県むつ市）

現会長は木村重忠氏であり、曾祖父の重孝氏が藩の「書記官」であったことから多くの資料が伝わっており、現在、大間の自宅の一部に「会津斗南藩資料館」を開設し、運営に当たっている。(31) なお木村重忠氏は、毎年九月の会津まつりに出向き、藩公行列に参加するとともに、土津神社にも参詣しているという。

三　神社の再興と地域社会

1　見禰山義会による神社再興と昇格運動

ここでは、琴似神社への土津霊神増祀に少なからず影響を与えたとされる見禰山義会の結成とその活動について概観した後、戦後に再編された土津神社の氏子組織について分析を加えることにしたい。

明治四二年（一九〇九）の早春、福島在住の旧藩士二名が土津神社を訪れ、その荒廃ぶりに唖然とし、行動を起こすことになる。同年五月以降、神社設備の充実と神社昇格運動を目的として、全会津の有力者ならびに神社関係者九七四名を発起人に委嘱し、見禰山義会の創設運動を展開した。そうして同年一〇月七日、麻那郡役所で第一回の理事会を開くに至った。ちなみに、見禰山義会々員は全会津に及んでいるものの、こと会の運営に関しては、旧士族主導で進められた。見禰山義会創立旨意書には次のように記されている。(32)

（前略）抑モ土津神社ハ延宝九年ノ創立ニシテ　中御門天皇ノ御宇正徳四年土津大明神ノ尊号ヲ宗源宣旨アリ　其後明治七年県社ニ列セラル　当時戊辰戦乱ノ後ヲ承ケ未タ同社維持ノ方法ヲ　設定スルニ至ラスシテ荏苒今日ニ及ヘリ　之レカ為メ其境域ノ荒廃社殿ノ破損等ハ充分之レヲ修理補飾スルコト能謹ミテ案スルニ叡聖文武ナル今上天皇陛下登極以来古今ノ功臣ヲ封シテ別格官幣社ノ称号ヲ下シ給フ楠　新田　北畠　名和　菊池　結城　織田　豊臣　徳川ノ諸侯ヨリ慶長元和以降ニ於ケル諸侯中島津　毛利　水戸　前田　上杉等ノ諸家祖先ノ如キモ亦既ニ此恩典ニ俗セリ　而シテ功績顕赫タル我カ旧会津藩祖正之公ニシテ尚ホ未タ此聖恩ニ俗セラレサルハ是レ偏ニ吾人等熱誠ノ足ラサルニ職由スルモノニシテ　実ニ慙懼ニ耐ヘサル所ナリ

寄附金によって社殿や付属施設の増改築を進めることのほか、主要な目的は神社昇格運動を展開することにあった。明治政府は、早くから国家に功労があった者に対しては贈位し、彼らを祀る神社には別格官幣社の称号を与えていた。この文面によると、毛利・水戸・前田等々の諸家の祖先がその恩典に浴しているのに比して、いまだ会津藩祖はそれも叶わず「慙懼ニ耐ヘサル所」と、先ず大正四年（一九一五）一月、第一回請願書を、社司・氏子総代・崇敬者総代の名で第二次大隈内閣の大浦内務大臣宛に提出した。[33] しかしながら、幕府には功労があったが直接国家には功労がなかったとして不許可になった。さらに第二回目の請願書を、大正一〇年、高橋是清内閣の床次内務大臣宛提出し、この時は衆議院議会で採択されたものの結果としては叶えられなかった。さらに昭和三年（一九二八）にも請願書を提出し、第四回目の昭和四年のそれは、旧会津領内市町村長連盟の請願書であったが効を奏さず、昭和六年に満州事変に突入して、全会津一丸となった運動は中止の浮目に遭った。[34] 戦後は社格制度も撤廃され、昇格運動に終止符が打たれた。その後、同義会の活動は有名無実なものとなり、昭和六三年に解散するに至った。

それと前後するように、昭和六一年（一九八六）二月には、土津神社神域整備奉賛会が結成され、各方面に寄附金を募ったうえで諸施設の整備等を行った。また、同六三年一〇月に奉告祭を執行し、塩谷七重郎著『保科正之公と土津神社』が記念出版物として刊行された。それを引き継ぐ形で、平成三年（一九九一）一〇月、会員約一〇〇名で土津神社崇敬会が結成され、神社の祭祀および緒行事を、氏子会・保存会とともに協力して行うことになった。しかし、平成一五年前後に中心的人物である塩谷七重郎氏が亡くなると、活動はほぼ停止状態に陥った。一方、財団法人保存会は昭和二〇年八月、会津の有力者および在京の有志が設立したものである。その目的は、歴代藩主の遺徳を賛仰し、由緒ある文化・伝統を尊重するとともに、ゆかりのある建造物・施設等の維持管理に対して協力すること、さらには会津魂の昂揚に資することを目的に設立されたものである。同会も、御薬園・院内御廟等が松平家より会津若松市へと所有権が移るとともに、平成一四年には五〇年の歴史の幕を閉じた(35)。

明治初期の斗南藩から帰還した際の土津神社の造営、明治末期以降の神社の改築・改修と昇格運動を目指した見禰山義会の活動、これらはともに旧藩士主導のものであったが、全会津人が一丸となって推進した、という点で共通点がみられた。また、戦後から現代に至る、財団法人保存会や神社整理奉賛会等の活動も、各階・各層を巻き込んで土津神社の維持・発展に尽くしてきたが、現在その転機を迎えているように思われる。九月の市主催のイベント会津まつりに関心が注がれるものの、土津神社への関心は相対的に希薄である。屯田兵子孫の会や斗南会津会ほどの熱気は見受けられない。むしろ彼らの方が「悲憤と痛恨の宿命」の共有者といった認識が強いのかもしれない。現状は氏子組織だけが地味ながら神社を支え、それによって維持されているかのようである。最後に、その氏子組織の成立と現状について報告し、結びとしたい。

2　神役・神料田の村々の現在

土津神社は会津地方全域の人々に親しまれていたとはいえ、その性格上、藩主・藩士は別格として、神社と特別な関係にあった地域の人々がかかわるだけで、明確な形での氏子組織は存在しなかった。戦後になって各地域にようやく氏子会が組織されたのであるが、現在の氏子地域は土町(およそ五〇戸)、土田町(同六〇戸)、富永(同一〇戸)、打越(同四〇戸)、五十軒(同五〇戸)、見禰山(同二〇戸)である。先ず、各地域の歴史を概観することにしたい。

土町は、延宝年間(一六七三〜八一)当町の北に土津神社が営まれたことにより、同社社人の居住地として形成された集落で、猪苗代川東組に属した。『新編会津風土記』には、

(前略)家数二十四軒、コノ町ハ見禰山ノ社ヲ造営セシ後開ク所ニテ土津神社ノ境内ナリ、神楽歌鼓吹等ノ節ヲ戻

シ、或ハ賀輿丁等ノ神役ニ供スルタメニ年貢賦役ヲユルス、田圃モ処処ニ散在ス、中渠アリ、

と記されている。[36] また「中程ヨリ社人町ニ至ル」とあって、その社人町については、

コノ町モ土津神社ノ境内ニテ、社司以下神官等ノ屋敷地ナリ、土町ヨリ北ニ折レ咸時間ノ方ニ行ク、南北二町四十間家数十軒、幅五間、

とある。[37] これら社人町・土町同様、当初から土津神社とかかわっていたのが土田であり、すでに触れたように、延宝年間(一六七三〜八一)の土田堰の開削とともに、土津神社の神料田として開拓された集落にほかならない。土町・土田町この双方の建設に尽力したのが家老友松勘十郎氏興であり、土田集落ではその遺徳を偲び、忠彦《まめひこ》神社を創建し、祭祀を行っている。祭日は八月一八日に近い土曜か日曜で、この時に限り、土津神社の宮司にお出ましいただき、祭儀を執行している。その後、集会所で直会となる。なお土田の氏神としては、大山祇神社が別途存在する。御神体は正面に「忠彦霊社」と刻まれた石碑であり(写真6-4)、その他三面の碑文は以下の通りである。[38]

忠彦は友松勘十郎藤原氏興の霊号なり。
氏興、性廉潔にして才有り、弱冠にして経書に通じ、武事を好む。
十三才にして始て贄《にい》を執《と》り(御目見えすること)、土津大明神に京都にて謁す。
明神、之を器とし、寵遇日に渥《あつう》し、屢《しばしば》右職を転じて、擢《ぬき》んで国老と為す。

写真 6-4　土田の忠彦《まめひこ》霊神碑
(福島県猪苗代町)

賢を進め、能を達し、愛すれば即ち嬰児も之を慕い、怒れば即ち寓夫も之を恐る。

四方に使いして君命を辱かしめざるは斯の人か。

明神江府に於て即世するや、氏興遺命を奉じ、磐梯山の南麓見禰山の幽奥の処に葬り、墳を築き、廟社を立て、英霊を宗し祀典を制す。

又新に廟邑を磨上原に開く。

氏興乃ち役夫三十万人を促し、北に桧原川の流れを尋ね、山を脩め、巌を穿ち、西数十里を通し、之を此地に注ぎ、新に田畝を墾き以つて神領と為し、冠するに土の字を以てし、命じて土田と曰う。

其の託さるる所に背かずと謂うべし。

然るに猶慮る所有り、此の如く墾田を附すと雖も、後世に到り、古記の採る可き無く。史録の証す可き無ければ、即ち後人何を以て之を徴し、子孫永世侵犯無きの地と為さんか。

暴君汚吏更に出て、或は社域境界を乱し、田里邑圃を奪うや必せり矣。

村民今に至り、咸《みな》恩顧を蒙る、（故に碑を建て祭祀して（原文もれ））其の徳沢を謝せんと欲し未だ果さず。

癸丑《みずのとうし》（寛政五年（一七九三））冬余礼官一柳直陽に告げ、甲寅《きのえとら》（寛政六年）夏里民を諭し其の碑を建て、其の祭祀を忽《ゆるがせ》にせざるを謀る。

元、是れ衆の願う所、一時許允《いん》を得大いに喜ぶ。里民戮力《きょうりょく》一心、石を鐫《せん》し碑を建つ。氏興の功徳を史に記し句碑に伝う。是を以て贅《ぜい》せず。

里長穴沢宜智、余に請い文を作り不朽に垂らさんと欲す。

余、職として廟祀を司る。不敏なりと雖も、義として何ぞ辞せん。

是に於て其の表陰に書す。
一にその請う処に従うのみ。
寛政六年五月　日
見禰山社司　平義都《よしくに》（中野理八郎）　謹撰

延宝年間（一六七三〜八一）の開削・開拓からおよそ一二〇年経過した寛政六年（一七九四）に、「氏興の功徳を史に記し口碑に伝う」べく、この銘を刻み、忠彦霊神を土津神社の末社とは別に、自村に祀ったのである。

ちなみに、忠彦霊神脇には平成元年（一九八九）八月建立にかかる開村三百二十年記念碑があり、「土田の村作りは、延宝四年より三十二人が猪苗代の各部落より入植、各々は間口二間奥行五間住宅馬屋　田五反畑二反米五俵と金壱両が渡された。又、苗代を作るため布藤、西久保、行津の各村が指定された。その後山を切り開き、田畑を増反し生活の基盤を作るべく幾多の辛酸、努力を重ねつつ云々」と刻まれている。これによって入植時の様相が理解されるとともに、今日に至る努力の跡がうかがえる。こうして新たに石碑を建立し、ムラに刻まれた歴史を再認識するとともに、忠霊霊社・土津神社とのかかわりを再確認しているものと思われる。

土田町同様、神料田の村として開拓されたのが、その南に位置する南土田村（現猪苗代町千代田）である。集落は北部の打越と南部の富永とに分かれる。前者の開発に当たっては、藩の重臣丹羽能教や、下堂観村肝煎星名兵衛、同治左衛門らの尽力があったとされるが、寛政年間（一七八九〜一八〇一）の成立。後者は下って文政年間（一八一八〜三〇）の成立。両集落ともに越後国南蒲原郡の農家の次三男を中心に移住を募り、成立した集落という。(39)

最後に五十軒村であるが、寛永一五年（一六三八）、当時の会津藩主加藤明成が猪苗代城の防御のため、物頭田辺仁右衛門ほか五三名の足軽に当地を開墾し給田としたことが当村の始まりである。その後、保科正之もこれを引き継いだ(40)。

見禰山地区は戦後開拓された地域である。

以上、現氏子地域に当たる各地の開発の歴史をみてきたが、土町・土田・南土田(打越・富永)は古くから土津神社と直接かかわりをもつ地域で、五十軒も藩との関係を通して土津神社とかかわりの深い地域であった。このなかで終戦後いち早く氏子会を結成したのは、やはり土町である。土町には、現在でも社人や神役の子孫の人たちが多く居住している。元々土町には武士(見禰山士族)・神官・楽人・諸役奉仕者と序列があり、居住地もそれに対応しており、神社に近い場所に上位者が、遠い所に下位者が住んでいたともいわれている。今でも多少序列意識があって、上位クラスの子孫ほどプライドが強く、下位クラスの子孫のなかにはそれに嫌気をさす人も少なくないという。しかしながら、神社とのつながりは自分たちが最も強い、という認識は共有しているようである。だからこそ、いち早く氏子会を組織したのである。

続いて氏子会の組織化に動いたのは五十軒であり、猪苗代城ゆかりの士族という関係上、氏子になったという。それに対して旧神料田として開拓された村は、会津藩滅藩の時点でその役目から解放された。しかし、土田も打越・富永(南土田)も、かつて神料田を耕作していたというかかわりから、やはり氏子となった。これらの地域の人々のなかには、「神社を支えてきたのは自分たちであり、土町の人たちを喰わせてきたのも自分たちにほかならない」といってはばからない人もいるという。今であるからこそ自由に発言できるのであるが、双方とも土津神社との歴史的関係を強く意識している、という点では共通する。

最後に氏子となったのは、見禰山地区の人々である。農地解放後、神社の御林は開墾地の指定を受け、その後開拓民が入植して今日の見禰山地区が成立した。開墾地が土津神社の御林であったという縁故で、氏子会を結成したので

ある。(41)

土津神社は、正之公の遺志により創建以来、磐椅神社の末社という位置付けであったが、昭和二一年(一九四六)に神社本庁が創立されたことを契機に宗教法人として登録し、独立した。それ以来、氏子総代は平成二六年(二〇一四)現在五代目となるが、初代・二代と土町出身者が務めたものの、三代目に至って五十軒の人となり、四代目は再び土町の人が務めたが、五代目は土田の人が選ばれるというように、オープンな形で選出されている。しかし、土町、次いで土田町がより神社とかかわりが深いという認識は、少なからず存在するようである。

ちなみに、現在の土津神社の年間の行事は次の通りである。

一月一日　　元旦祭
五月三日　　春季大祭
五月九日　　御花祭
九月二一日　秋季大祭
一一月三日　新穀感謝祭
一二月一八日　御神忌祭

春季大祭は、正之公生誕祭として七日に行われていたが、休日との関係上、三日に変更された。九月二一日の秋季大祭も二七日に行われていたものの、会津まつりに合わせて二一日に変更された。しかし、御神忌祭については寒い時期であるにもかかわらず、さすがに変更されることはない。五月・九月の祭礼時には、松平家現当主が参列することが多く、会津若松その他在住の旧士族関係者も祭りの時には参列しているが、年々少なくなる傾向にあるという。

いずれにしても、昭和初期には神楽も奉納されたそうだが、今ではそれもなく、厳《おごそ》かに祭儀が執行され、直会へと続くだけである。

結びにかえて

土津神社は、会津藩藩祖保科正之（土津霊神）を祀る神社であり、藩主と家臣（藩士）を中心に信仰・祭祀がなされてきた。しかしながら、延宝三年（一六七五）の遷宮式には「僧俗男女老弱《（ママ）》」が多数訪れ、庶民の関心のほどがうかがわれた。また、正之が「磐椅神社ノ末社タラン」との遺言を残したことと関連して、会津の惣鎮守磐椅神社に準ずる形で庶民（領民）に親しまれた。そのことは『貞享風俗帖』によって確認することができた。

一方、明治維新が進行するなかでおこった会津仕置が戊辰戦争後の廃藩・斗南藩立藩であり、これらに伴う遷宮は、若松県大参事の「叛賊の祖」は「速ニ除去スベキ」との意向に対処するものとして急遽なされたもので、この点は遠藤や塩谷の見解に修正を迫るものであるが、遷宮によって斗南藩士が精神的にどれほど癒されたかは察して余りある。琴似の会津藩・斗南藩出身の屯田兵たちが、「常日頃から土津公を精神的支柱として深く崇敬しており、会津の方角に向いつつ遥拝していた」という事実からしても間違いない。

なお、遷宮後間もなく廃藩置県となり、帰還の浮目に遭うが、旧士族たちの活動に呼応した庶民（旧領民）の力によって、猪苗代の旧地に社殿が再建され、県社となった。その後、旧神社関係者を中心とする氏子会と、旧藩士や有力者から成る崇敬会によって細々と維持されていたが、明治末期には荒廃が著しかった。そうした状況から見禰山義会が設立され、神社の改修・管理と別格官幣社への昇格運動が進められた。この時も主導的役割を果たしたのは旧士族にほかならなかったが、旧会津藩領の人々も貴賤を問わず協力した。そうして戦後に至ってようやくいくつかの集落に氏子会が組織されるに至る。それも土町・土田町以下、創建当初から神社とかかわる地域であった（見禰山地区は別）。現在でも藩主の末裔、旧藩士の末裔が参列することはあるが、神社の維持と祭祀の執行は、旧領民であるこれらの地域の人々の手にゆだねられている。

このように創建以来、会津藩と領民（庶民）が一体となって土津神社を信仰対象とし維持してきた。帰還遷宮や荒廃に伴う再建にも、呼びかける側と呼応する側という関係は、旧士族—旧領民（庶民）と固定されていたものの、一丸となって対応した。しかしながら、戦後の宗教制度改革に伴って土津神社は独立し氏子会も再組織化がなされたが、なぜかほぼ旧神役・神料田の村々に限られる形となった。すでに会津藩の滅藩とともに諸役から解散されていたはずであるが、その一部を受け継ぐことを自ら選択したわけであり、いうならば新たな装いのもとに封建遺制を引き継いだ、ということになる。過去のしがらみは容易に断ち難いのだろうが、むしろ神社とのかかわりのなかに改めて自己のアイデンティティを見出した、と考えるべきなのかもしれない。一方では、現氏子地域の人々のさまざまな言動から、近世以来の権威志向の根強さを読み取ることができる。土田にある権威跪拝型の「忠彦霊神」の存在も、そのことの証左となろう。

註

（1）宮田登『生神信仰—人を神に祀る習俗—』塙書房　一九七〇年　一四〜一五頁。
（2）宮田登『生神信仰—人を神に祀る習俗—』前掲書　一四頁。
（3）白石太一郎「近世大名家墓所と古墳」『考古学から見た倭国』青木書店　二〇〇九年。
岸本覚「長州藩藩祖廟の形成」『日本史研究』四三八号　日本史研究会　一九九九年。

大名墓研究会編『近世大名墓の成立』雄山閣　二〇一四年。
（4）会津若松市教育委員会編刊『史蹟 会津藩主松平墓所』Ⅰ～Ⅶ　二〇〇四～二〇〇七年。
近藤真佐雄「大名家墓所における院内御廟」『歴史春秋』六七号　会津史学会　二〇〇八年。
（5）塩谷七重郎『土津神社と斗南』土津神社　一九八三年。
同『保科正之公と土津神社』土津神社神域整備奉賛会　一九八八年。
同「土津神社の変遷」『歴史春秋』五七号　会津史学会　二〇〇三年。
（6）小桧山六郎『保科正之の生涯と土津神社』歴史春秋社　二〇〇一年。
（7）遠藤由起子『近代開拓村と神社』お茶の水書房　二〇〇八年　三九～七六頁、七七～一〇一頁。
（8）国史大辞典編集委員会『国史大辞典』第一二巻　吉川弘文館　一九九一年　七一八頁。
（9）会津藩『家政実紀』は、初代正之から七代容衆に至る会津藩歴代の正史。寛永八年（一六三一）から文化三年（一八〇六）に至る一七六年の出来事が編年体で記述されている。『見禰山御鎮座日記』は『続神道大系』論説編「保科正之(五)」に収録されている。
（10）『新編会津風土記』第二巻　歴史春秋社　二〇〇〇年　三二一～三三三頁。
（11）豊田武他編『家政実紀』三巻　歴史春秋社　一九七七年　二〇七頁。
（12）豊田武他編『家政実紀』三巻　前掲書　三五～二一六頁。
（13）豊田武他編『家政実紀』三巻　前掲書　二三五、二六二頁。
（14）庄司吉之助編『会津風土記・風俗帖』巻二　歴史春秋社　一九七九年　一五八～一六二頁。
（15）塩谷七重郎『土津神社と斗南』前掲書　一二七～一二九頁。

(16) 斗南藩滅藩後の藩士の動向については、葛西富夫『斗南藩史』斗南会津会　一九七一年　三一三頁に詳しい。
(17) 猪苗代町史編さん委員会『猪苗代町史 歴史編』同市刊　一九八二年　三二六～三三〇頁。
五戸町誌刊行委員会編刊『五戸町誌』下巻　一九六九年。
(18) 遠藤由起子『近代開拓村と神社』前掲書　六八頁。
(19) 青木往晴「生涯記録」『五戸町誌』下巻　前掲書　六五頁。
(20) 遠藤由起子『近代開拓村と神社』前掲書　五八～六七頁。
塩谷七重郎『土津神社と斗南』前掲書。
(21) 札幌市教育委員会編『さっぽろ文庫33 屯田兵』札幌市　一九八五年　一一五～一一六頁。
(22) 遠藤由起子『近代開拓村と神社』前掲書　九四頁。
(23) 琴似屯田兵百年史編纂委員会編『琴似屯田百年史』同事業期成会　一九七四年　二三〇頁。
(24) 『琴似屯田兵子孫の会々報』七号　同会刊　一九九三年　二頁。
(25) 『琴似屯田兵子孫の会々報』八号　同会刊　一九九四年　四頁。
(26) 『琴似屯田兵子孫の会々報』八号　前掲書　五頁。
(27) 松崎憲三「将門塚・道灌塚をめぐって―御霊の供養・祭祀―」『現代供養論考』慶友社　二〇〇四年　四八〇頁。
(28) 松崎憲三編『同郷者集団の民俗学的研究』岩田書院　二〇〇二年。
(29) 葛西富夫『新訂 会津・斗南藩史』斎藤勝巳刊　一九九〇年　一七九～一八三頁。
(30) 星亮一『斗南に生きた会津藩の人々』歴史春秋社　一九八三年　一二六～一二九頁。
(31) 「新天地、斗南へ」『トランヴェール』二五巻一〇号　ＪＲ東日本　二〇一二年　一八頁。

（32）見禰山義会編刊『見禰山義会沿革史』一九三六年　五～六頁。
（33）見禰山義会編刊『見禰山義会沿革史』前掲書　一〇五～一一四頁。
（34）見禰山義会編刊『見禰山義会沿革史』前掲書　一五九～二〇六頁。
（35）塩谷七重郎「土津神社の変遷」前掲論文　五三～五六頁。
（36）『新編会津風土記』第二巻　歴史春秋社　二〇〇〇年　三二〇頁。
（37）『新編会津風土記』第二巻　前掲書　三二〇頁。
（38）塩谷七重郎『保科正之公と土津神社』前掲書　三一三～三一四頁。
（39）『歴史地名大系』七巻「福島県の地名」平凡社　一九九三年　七六八頁。
（40）『歴史地名大系』七巻「福島県の地名」前掲書　七七一～七七二頁。
（41）塩谷七重郎「土津神社の変遷」前掲論文　五三頁。

第七章　千葉県下の式年祭
―船橋市三山の七年祭を中心に―

はじめに

式年祭とは、一定の年を決めて執行する定例の重要な祭儀をいう。周期的祭祀と称する論者もいる[1]。一方、遷座祭とは、神殿の改修造営に際して神霊を移す祭儀のことであり、伊勢神宮では遷宮祭と称している。この遷座祭(遷宮祭)を周期的に行う場合、それを式年遷座祭(遷宮祭)というが、二〇年ごとに行われる伊勢神宮のそれはあまねく知られており、『伊勢のお木曳行事・白石持行事』なる報告書も刊行されている[2]。ちなみに表7-1によって千葉県下の式年祭についてみると、№21八日市場市(現匝瑳市)富谷の愛宕神社の三三年に一度の祭り、および№24天津小湊町(現鴨川市)の天津神明神社の祭りが遷座祭を伴っている。ただし後者のそれは、二〇年ごとに鳥居を建て替えるだけであり、多くは、ただ祭りのみ行うという構成をとっていることがわかる。

本章では、先行研究を踏まえたうえで千葉県下の式年祭を概観し、そのうえで船橋市三山の七年祭について報告を行い、式年祭のもつ意味について検討を加えることにしたい。

一　先行研究小史

式年祭に関する先行研究は数多く、筆者も諏訪大社のそれを中心に文献リストも作成済みであるが、ここでは近年の動向と千葉県下の先行研究を概観するにとどめたい。

樫村賢二の「周期的祭祀に見る宗教的意味―西金砂神社小祭礼を中心に―」と題する論考は、従来の、式年祭の周期には焼畑農耕文化が背景にあるという仮説を、批判的に検証しようとしたものである。(3) 民俗学における式年祭の研究は、その分布にかつての焼畑農耕地域と重なる例がみられたため、焼畑農耕における周期的土地利用がその背景に存在するという説が、日本文化を多元的な視点から捉えようとする坪井洋文によって提示され、(4) それ以降活発化した。すなわち坪井は、稲作文化をベースとした祭り・行事が一年をサイクルとして行われるのに対して、焼畑農耕文化のそれは数年おきという周期性をもつことを強調したのである。この坪井説にいち早く呼応したのが白石昭臣であり、島根県下を中心とする荒神・大元神の神事の分布を通して坪井説を支持した。(5) また湯川洋司も山口県下の年祭(七年目ごとに行われる山の神祭り)の分析を試み、坪井説に沿った見解を示している。(6)

これに対して樫村は、茨城県久慈郡金砂郷町(現常陸太田市)の西金砂神社の小祭礼・大祭礼を取り上げつつ、次のように主張している。

この祭祀においては七五三の陽数が尊重され、特に山王信仰との関係から七という聖数が最も尊重される。そしてそれは祭祀の七年、七十三年という周期、田楽が七段で執行され、回数が小祭三回、大祭七回、開催日数が小祭三日間、大祭七日間、祭祀に参加する集落が七ヶ村ごとに三つにまとめて、合計二十一ヶ村にされ、日吉大社の山王二十一社をかたどるなど徹底的で宗教的要素が強い。

すなわち樫村は、式年祭に共通する要素は干支や宗教的な周期観にほかならないとしたうえで、「このような浜降り（磯出）と田楽などの芸能を伴なうのは東日本太平洋岸における周期的祭祀の特徴といえるが焼畑耕作との関連は見出せない」との結論を導き出した（7）。

千葉県下の事例をもとに、この樫村の見解を検証してみたいというのが本章の意図するところであるが、千葉県下の式年祭に関する先行研究は、船橋市三山の七年祭に関するものが多い。『三山の七年祭―二宮神社式年大祭（記録編）―』、『三山の七年祭―二宮神社式年大祭―』、『七年まつり―平成九年の記録―』は、船橋市教育委員会、船橋市郷土資料館による詳細な調査報告であり、文献史料も数多く掲載されている（8）。松田章「下総国二宮神社三山大祭」、西垣晴次「神揃と産屋の祭―千葉県船橋市・二宮神社―」は、それぞれフィールドワークに基づいて分析を試みたものである。高田峰夫の「三山の七年祭―古和釜地区を中心とした八王子神社の参加形態についての報告―」は、八王子神社の氏子組織、特に若い衆の構成とその役割に焦点を当てたものであり、今日の祭りを取り巻くさまざまな問題を知らしめてくれる（9）。

『千葉県の歴史　別編』民俗1総論においては、県下の式年祭の概括的把握がなされているが（10）、このほか、特定の式年祭に関する報告・論文としては、安房郡千倉町（現南房総市）の白間津祭のそれが目立つ程度である。房総半島の南端に近い千倉町白間津では、五年目ごと（四年に一回）の七月二三日～二五日にかけて鎮守社である日枝神社の祭りを行っており（近年では平成二七年（二〇一五）に実施）、地元ではオオマチとかオオマツリなどと呼んでいる。大島暁雄はこのオオマチの構造に分析を加え、オオマチは、神社神輿の浜降りと、一定の年齢の子どもたちによる芸能（トヒイライ・エンヤボウ・ササラ）と、若者組によるオオワタシの三部によって構成されており、また天気祭りとしての意味をもち合わせている、と結論づけている。[11] このほか、市町村史や祭りの概説書等々で式年祭に触れているものもあるが、研究蓄積は残念ながらあまりないというのが実状である。

二　千葉県下の式年祭

千葉県下の式年祭は表7-1のように県下二五社で行われており、その分布図を見ると旧香取・海上・匝瑳郡といった千葉県東北部に偏りをみせ、他の地域には散在するにすぎない(図7-1)。千葉県内における式年祭の分布は特異なあり方を示しているが、東北部の分布は茨城県や福島県の海岸地域へとつながっていく。よく知られている茨城県の式年祭は、先にあげた久慈郡金砂郷町の東・西金砂神社の祭りのほか、鹿嶋市宮中の鹿島神宮で一三年目ごとの午年九月二日に行われる御船《みふね》祭等々である。また福島県では、いわき市、双葉郡双葉町、旧相馬郡小高町・鹿島町(現南相馬市)、相馬市等に浜下りが分布し、なかでも旧鹿島町には一三年目ごとという祭りが目立って多い。[12]

さて、千葉県下の式年祭の行事内容で最も多いのは、表7-1から推しはかられるように神輿の巡行であり、しかも神幸は浜辺へというように浜降りを伴っている点に共通性を見出せる。海辺のみならず利根川やその支流の川辺に降りるものもあり、合わせて一七社に上る。先に触れた安房郡千倉町白間津町のオオマチにおける神輿の神幸は、地区内の浜辺までという近距離のものであったが、かなり遠方まで神幸して浜降りを行う神社が少なくない。香取郡干潟町(現旭市)松沢の熊野神社の式年神幸祭もその一例であり、一三年目ごとの卯年に行われている。社伝によれば、この神事は卯年である天暦九年(九五五)九月五日に行ったのが倣いとなり、卯年の旧暦九月五日から八日にかけて行うようになったといわれている。祭日はその後、明治時代の中頃に農作業との関係から月遅れの一〇月五日からと変

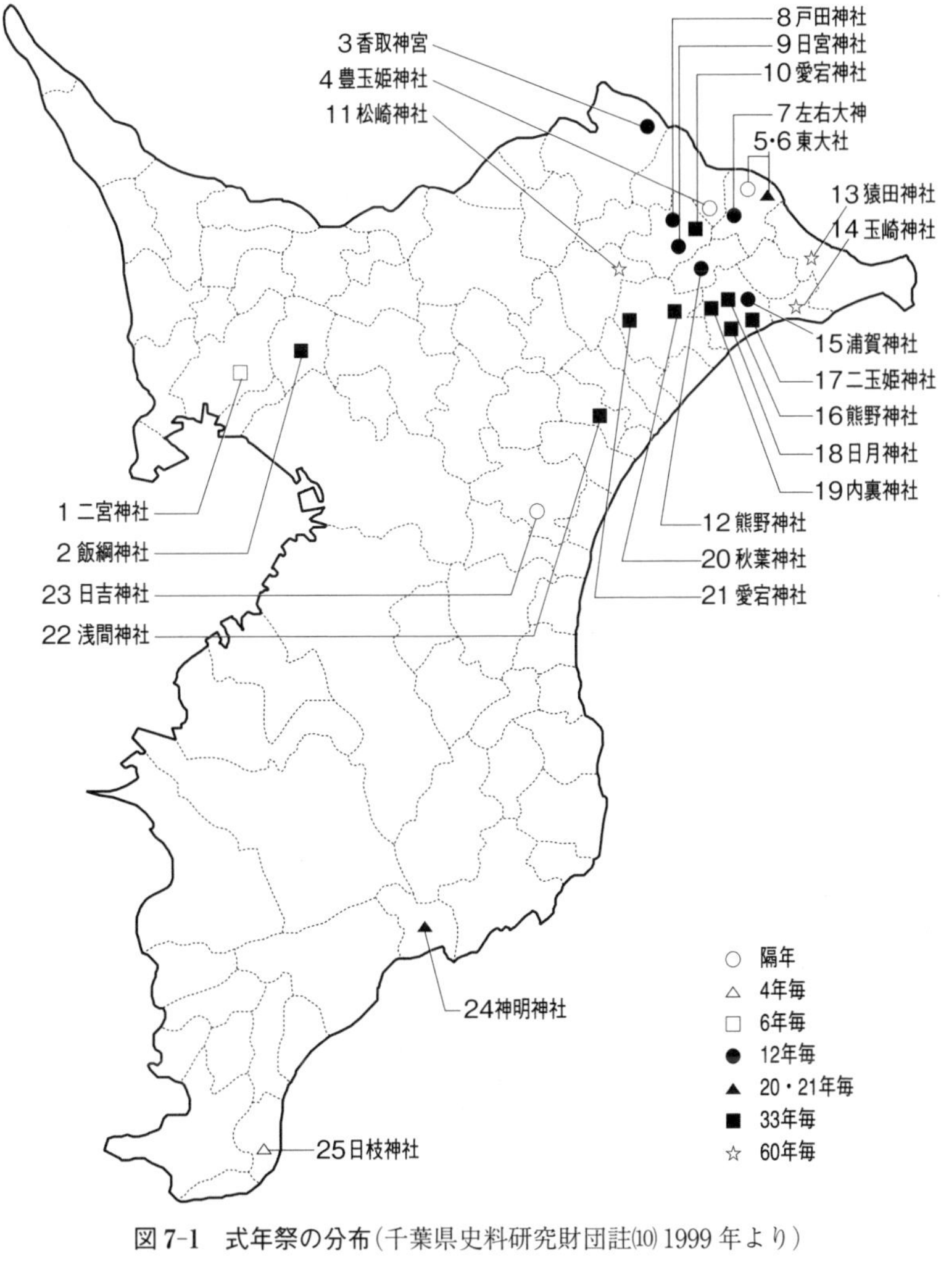

図7-1　式年祭の分布（千葉県史料研究財団註⑽1999年より）

表7-1　千葉県の式年祭一覧（千葉県史料研究財団註(10)一九九九年より）

	祭礼名	所在地	期日	祭事年	祭事の概要
1	二宮神社式年大祭（三山の七年祭）	船橋市三山	11月上旬	丑年・未年	二宮神社など9社の神輿が集まる寄合い祭り、4社の神輿が幕張浜で磯出祭を行う。
2	飯綱神社大祭	八千代市萱田	11月22日〜24日	33年に1度	神輿が氏子全戸を巡行する。
3	香取神宮式年大祭	佐原市香取	4月14日〜15日	12年に1度（午年）	衣冠束帯の神主、騎馬武者、甲冑武者、巫女などによる神幸と船渡御で、神輿は龍頭鷁首の御座船に乗って利根川を上り、御迎祭があって上陸。
4	豊玉姫神社神幸祭	小見川町貝塚	4月8日	隔年	神輿の巡行。
5	東大社式年大神幸祭（銚子大神幸）	東庄町宮本	4月8日〜10日	20年に1度	3社による寄合い祭りで、出御祭があって、小見川町豊玉姫神社と海上町雷神社とともに銚子市の外川浦に神幸し、再び東大社まで戻る。
6	東大社神幸祭	東庄町宮本	4月9日	隔年	大神幸祭を略した祭りで東大社神輿が銚子市桜井町に神幸して御産宮で祭事。
7	左右大神式年神幸祭	東庄町舟戸	10月中の未日と11月20日	12年に1度（未年）	御衣替神事があり、神輿が神幸する。
8	戸田神社神幸祭	山田町米野井	10月30日	12年に1度（子年）	神輿の神幸祭で、小見川町阿玉川の利根川岸まで渡御する。
9	日宮神社神幸祭	山田町田部		33年に1度	神輿が竹之内の日の河原まで渡御する。渡御地は神社創建時の奉斎地という。

10	愛宕神社御神幸祭	山田町府馬	5月28日	12年に1度（酉年）	神輿が氏子地区内を巡行。
11	松崎神社式年神幸祭	多古町東松崎		60年に1度（丙午年）	神輿の巡行。
12	熊野神社式年神幸祭	干潟町松沢	9月5日〜8日	12年に1度（卯年）	足揃え、神輿が飯岡町三川浦へ浜降り、海に入り、行きとは別経路で神社へ戻る。
13	猿田神社六十一年目式年大祭	銚子市猿田	前回一九八〇年8月4日〜6日	60年に1度（庚申年）	神輿が氏子地区を巡行したあと外川町で潮汲み祭を行い、別経路で神社へ戻る。
14	玉崎神社六十一年目式年神幸祭	飯岡町飯岡	前回一九八九年5月27日〜29日	60年に1度（庚辰年）	神輿が浜降りし、飯岡漁港から船で海上渡御し、再び浜降りをしたあと、神社へ戻る。
15	浦賀神社御神幸祭	旭市西足洗	旧11月7日	12年に1度（辰年）	神輿が野中で浜降りし、海に入って巡行して戻る。
16	井戸野熊野神社神幸祭	旭市井戸野	旧9月7日	33年に1度	神輿が井戸野浜まで浜降り。
17	二玉姫神社神幸祭	旭市中谷里	旧9月21日	33年に1度	神輿は氏子地区を巡行してから川向浜・西丁浜まで浜降り。
18	日月神社神幸祭	旭市駒込	10月7日	33年に1度	神輿が巡行し、駒込浜で浜降りし、海に入る。
19	内裏神社大神幸祭	旭市泉川・川口の入会地	旧9月23日	33年に1度	神輿が八日市場を経て野栄町の内裏塚へ神幸し、さらに野手浜で浜降りし、船に神輿を乗せて海上に出て、別経路で神社へ戻る。

20	秋葉神社神幸祭	八日市場市春海	9月15日	33年に1度	漂着神伝承に基づき、旭市の足川浜に神輿が渡御して、海上に出る。
21	富谷愛宕神社	八日市場市富谷	4月15日から1週間	33年に1度	神殿の改築、神輿や神幸調度などを新調し、上棟祭、遷宮祭を行ってから神輿巡行。
22	浅間神社神幸祭	松尾町田越		33年に1度	神輿の浜降りがある。天正8年から慶応2年までの記録がある。
23	日吉神社祭礼	東金市大豆谷	旧6月15日	隔年	神輿は厳島神社まで渡御し、翌日氏子地区を巡行する。各区から山車を出す。
24	式年鳥居祭	天津小湊町天津神明神社	前回一九七九年8月7日~9日	21年に1度	伊勢神宮に倣い21年目ごとに鳥居を建て直す。山神祭から通始式までである。
25	白間津のオオマチ	千倉町白間津日枝神社	7月23日~25日	5年に1度（満4年ごと）	神輿のお浜出、白間津踊、オオナワワタシ。

更された[13]。

昭和六二年（一九八七）の祭りの日程をみると、神幸に先立つ九月二七日にアシゾロエ（足揃え）と称して、各地区ごとの芸座手踊や大名行列が、神社前広場で披露される（表7-2参照）。これらは、神幸に際しても各番所等で演じられるものである。その神幸は三日の卯の刻に出発し、五日に還御し、一〇月一〇日にカサコワシと呼ぶ片付けをして終了する。神幸には摂社である山田町（現香取市）仁良の八幡神社・宇賀神社・初内神社が先供として付き、巡行の経路には番所や駐輦所が設けられている。番所には桟敷が設けられ、殿様や家老・側用人・使者受付が座り、ここで通過の許可を受けるとともに、芸座連や大名行列が演技する場となっている。通過許可を受ける際の口上や立居振舞は、

表7-2　熊野神社神幸祭足揃え（一九八七年）

一　諸徳寺〈清和甲〉（百五十名）　囃子　手踊り
大和　日の出　炎の男　磯辺　大和くずし　男の土俵
ひし馬鹿　中山　無法松の一生　矢車　つしまくずし
男船　大漁節　早馬鹿
二　長部（四十五名）　囃子　手踊り
大和　浄軽じょんがら節　さくら馬鹿　日の出　八木節
花車　中山　相川音頭　祝船　矢車　松囃子　南部俵つ
み唄　そーらん節　余山　昇天　おらんだくずし　男船
早馬鹿　大漁節
三　入野（七十名）　囃子　手踊り
花笠踊り　白浜音頭　武田節　磯節　大和くずし　中山
金丹　火の国太鼓　北海船方節　伊達政宗　大漁節　い
ろげい
四　南堀之内（五十五名）　囃子　手踊り
三切　三番くずし　大漁節　磯辺　剣囃子　一山　三の
声　船頭小唄　神田　つしま　白浜音頭　お祭り若衆
串本節　若いお巡りさん　独眼流政宗　金丹　式三番
大和　早馬鹿
五　新発田（七十名）　雲助
長持唄　雲助踊り　獅子舞い
六　米込（二百名）　大名行列
弓　鉄砲　先箱　毛槍　大鳥毛　台傘　立傘　徒歩組
長刀　持弓　持槍　草履取り　長柄　馬　高張　扈従
殿　草履取り　長柄　家老　勘定奉行　馬子

きわめて儀礼化しており、千葉県から福島県に至る地域の祭りにおいてはすこぶる類型的である。

図7-2の第八七回熊野神社御神幸御道筋略図（昭和六二年（一九八七）のもの）をみながら神幸のルートを追ってみよう。熊野神社を出発すると、山田町宮前に設けられた番所を通り、同町志高の駐輦所に到着する。ここで祭典を済ませた後、東庄町に入り、東和田の番所、大友の番所・駐輦所を経て「大井戸祭」となる。神輿は大友に入るとこの地区の青年たちに担ぎ渡され、神輿は神井で浄められるが、これを「大井戸祭」と称するのである。ここで東大社の神主による「奉迎祭」を行い、神輿は青馬の青年の手に移る。そうして粟野・小南の番所を通過して、いよいよ海上町に入る。この時点ですでに夜ふけになっており、松ヶ谷の多田家駐輦所で第一日目が終わる。翌日も早朝出発し、海上町（現旭市）岩井・見広を経て蛇園の番所・駐輦所に到着する。ここで「七五三掛竹祭」を行った後、飯岡町（現旭市）三川

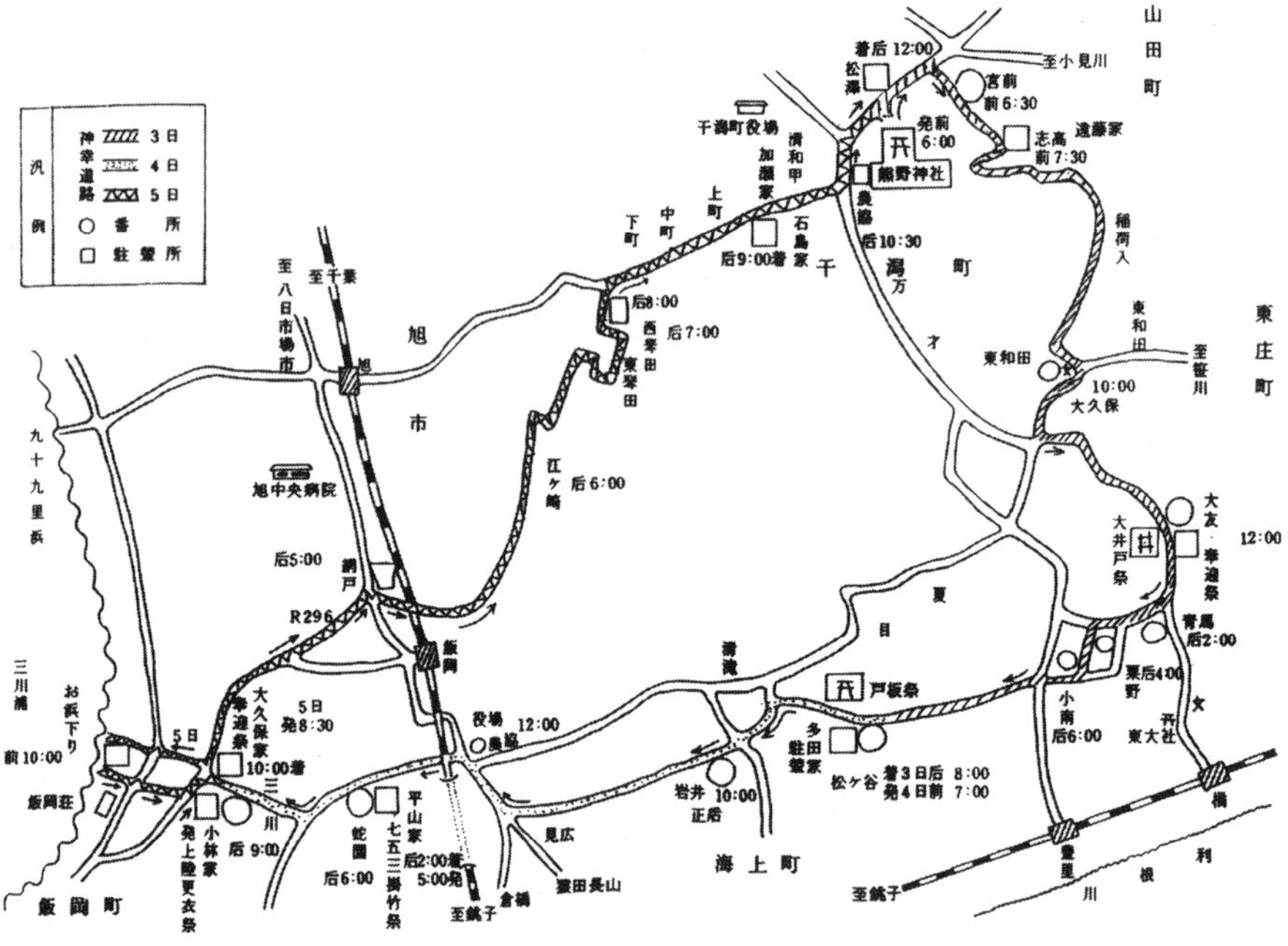

図7-2　第87回熊野神社御神幸御道筋略図（1987年）

の番所を経て大久保家駐輦所に向かい、「奉迎祭」の後二日目を終了する。三日目は三川浦への浜降りであり、神輿が海に入って一しきりもまれた後、浜に上がって「上陸更衣祭」となる。それからは旭市網戸・江ヶ崎・東琴田・西琴田を経て干潟町へ帰還となる。

熊野神社式年神幸祭の概略は以上の通りである。先の千倉町白間津のオオマチは、大島が指摘するように、日枝神社の神輿のお浜出、ササラ踊りなどの芸能、青年たちによるオオワタシの三部構成をとっていた。熊野神社式年神幸祭も、神輿の巡行とお浜降り、そして芸座連の手踊りによって構成されている。大名行列が出ることが熊野神社の一つの特徴といえるが、青年の役割に関しては、通過地区の青年がリレー式に神輿を担うという点に、広域をめぐる神幸祭らしさがうかがえる。

三　船橋市三山の七年祭

1　七年祭の由来をめぐって

二宮神社式年大祭は通称「三山《みやま》の七年祭」と称し、船橋市三山の二宮神社と、同市以下、習志野市・千葉市・八千代市に及ぶ四市八社が参加して、丑年と未年、つまり七年目ごとに行われている。この祭礼の由来については二つの伝承がある。その一つは藤原時平とその子孫にまつわるもので、千葉市幕張の子守神社に伝えられる江戸期の「下総国千葉郡清地本郷・素加天王神社」と題する記録に次のようにある。(14)

同庚子年（治承四年＝筆者注）霜月、従二位藤原朝臣時平公ノ後胤藤原諸常、平清盛ニ被押挟東国へ下向の折から海上にて、風波烈敷豆州の洋中より、東国諸神へ祈誓しければ、漸く此浦辺に着船して、海を見渡せバ、神社あり。如何成神ぞと尋けれバ、是こそ大須加庄本郷素加天王神社という。依之社頭にすすめバ朱の玉垣神さびてしんくたる玉殿ニしばらく丹誠をこらし、此所に止りけれバ、無程諸常が室安産して一子を儲ク。諸常此所に三ヶ年中忍び居、翌寿永二卯年、当国千葉県深山ニ至居住す、諸常ノ子成長の后、大進藤原時家尚此神を奉崇敬、則彼地ニ奉勧請、亦境内ニ曩祖時平公ノ御霊を祭リ終ニ社職となる。

これによれば、源平合戦にからみ、藤原時平の子孫諸常が都から久々田（現習志野市）の海岸に辿り着き、さらに深山（現船橋市三山）の地に定住し、その子が二宮神社を祭祀し、併せて時平を祭ったという。貴種流離譚や御霊信仰とも関連して興味深い内容であるが、七年祭に参加する九社は、それぞれ時平と関連づけられて認識されている。つまり、

二宮神社（船橋市三山）―夫（父）
八王子神社（船橋市古和釜）―末子
菊田神社（習志野市津田沼）―伯父
大原大宮神社（習志野市実籾）―叔母
子安神社（千葉市花見川区幕張）―妻（母）
子守神社（千葉市花見川区幕張）―子守役
三代王神社（千葉市花見川区武石）―産婆役
時平神社（八千代市大和田）―長男
高津比咩神社（八千代市高津）―娘

というものである。またこのほかに、古くは姉神に当たる姉崎神社（市原市姉崎）も大祭に参加していたと伝え、現在でも磯出式終了後、二宮神社は姉崎神社に向かって報告するしぐさを演じている。いずれにせよ、時平を中心にそれぞれ役割が振り分けられており、二宮神社を中心に繰り広げられる安産御礼と神揃場での神事は、家族・身内全員でお祝いをするというものである。さらに幕張海岸で行われる安産祈願の磯出式には、中心となる夫役の二宮神社、妻役の子安神社、そして産屋で活躍する産婆役の三代王神社、子守役の子守神社の四社のみが参加して神事が執り行われる。

七年祭に参加する九社の所在地は、旧三山荘の範囲ともいわれ、また二宮神社は下総の二宮に比定され、氏子の範囲は注連下二三ヶ村（二一ヶ村とも二八ヶ村とも）といわれている。ちなみにその二三ヶ村とは、久々田・実籾・谷津・藤崎・鷺宮（習志野市）、馬加＝幕張・畑・武石・天戸・長作（千葉市）、高津・大和田・萱田・麦丸（八千代市）、古和釜・田貴野井・中野木・大穴・坪井・楠ヶ山・八木ヶ谷・高根・飯山満（船橋市）であり、何らかの形で二宮神社の祭りに関与していたものと考えられている。(15)

さて、祭りの由来にはもう一説あり、先の記録には次のように記されている。(16)

文安二乙酉年、康胤室懐妊、既ニ臨及十一月ニ臨産の気色もなかりし故、康胤甚案じ、素加天王神主平勝胤と宮山神主大進藤原時家と両人ニ安産加持祈禱可致由ニて大願成就後は大祭祀可執行よし也。依之両人協力奉祈願ニ満願之夜ニ至て両者ノ神等告テ宣、

素加宮山両社神影重波奇（寄）潔礒辺暫移奉斎可安臨産

神託あり。右之趣屋形へ訴けれバ、早々神祭可執行と、同年九月十六日ニ相定、両社の神輿を素加の礒辺ニ奉為神幸祭事無怠慢相勤ける程ニ、不思議なる哉、此夜海中より龍燈揚リ素加神社え飛来る。翌十七日七ツ時康胤室安産あり。誠ニ男子誕生す。依之康胤始メ家士皆々大悦無限。両社ノ御加護難有由ニて、領地村々へ触廻り本郷素加の於礒辺ニ安産の賽祭執行ける、右領地の村々より鞍壺（カ）ニ幣帛を建、馬曳揃へ、祈願す。此由を見て平康胤甚悦けり。

すなわち、室町期の文安二年（一四四五）に馬加城主千葉康胤の奥方が懐妊したものの月満ちても出産に至らず、康胤が三山の二宮神社と幕張の須賀天王社（現子守神社）に命じて、馬加の浜で安産祈願の祭礼を執り行い、その効が奏して無事男児出産となり、御礼の大祭を行うようになったという。ここに記されている安産祈願の祭りが産屋の神事（礒出大祭）、安産御礼が昇殿の儀（御礼大祭）として今日行われているのである。ちなみに、祭りの時間的構成からみると、一一月二日が昇殿の儀、三日が産屋の神事となっており、順序が逆になっているところから「三山の祭りは後が先」といわれている。

なお、産屋の神事で使われた榊は、それを持ち帰って産婦の顔を祓ったり、枕元に置いて安産のお守りにしている。また千葉市花見川区畑町・子安神社の腹帯(晒布)は、畑町の各戸に護符として配られる。他の各地域では町内ごとに別の晒を献供し、祭り終了後それをもらい受ける。配られた晒布は安産の護符として尊ばれているようである。こうして千葉康胤と安産祈願およびその御礼に関する伝承は、現在でも安産の信仰として継承されているのである。

2 近世の七年祭

千葉市花見川区幕張二丁目の子守神社所蔵『幕張・子守神社「神主日記」』および『素加社伝記』『素加天王社伝記』等をもとにしながら、近世における三山七年祭の様相をみることにしたい。かつて素加天王社と呼ばれていた子守神社の神官を務める中須賀家には、文化一四年(一八一七)から三〇年間にわたって綴られた日記四冊があり、神社の行事内容や氏子とのかかわり等が記されている。[17] そうして三山の七年祭に関しては、文化一四丑年九月一六日、文政六未年(一八二三)九月一六日、文政一二丑年九月一六日、同年一一月二三日、天保六未年(一八三五)九月一八日、天保一二丑年九月一六日と、五つの年度六回にわたって記述がなされている。このうち文政一二年に関しては二回の記述がみられるが、九月一六日に二宮大明神への参詣を済ませた後、畑村と大和田村との間で喧嘩があり、神輿が打ち破られる等の騒動となったので、夜の磯出祭が延期されたからにほかならない。ここでは、最も詳しく記されている、天保六年の記述をみることにしたい。

八月十三日晴天　三山村二宮大明神御湯立御神楽あり出勤申候、外ニ花相撲あり、東寺山村西寺山村殿の台村、萩の台村より大々御神楽講四拾人余も参詣あり、当九月御祭礼十八日ニ相定申候、

八月一三日の二宮大明神御湯立神楽による託宣によって、七年祭大祭の日程を決めていたようであるが、少なくと

も『幕張・子守神社「神主日記」』をみる限り、大祭は九月一六日もしくは一八日に限られている。今日では大祭の日程の決定は、九月一日になされており、おそらく近代以降は湯立神楽に基づいてなされるものではない。

一方、大祭の日程については『素加天王社伝記』「御磯出平産神社」に「古は霜月十七日の神事也。然に享保十二丁未年九月より七ヶ年に一度の祭礼となる」とみえ、(18) 享保一二年（一七二七）以降七ヶ年に一度、九月に行われるようになったことが知られる。しかしながら今日の大祭日程をみると、ほぼ一一月の初旬であり、おそらくこの記述に倣って元に近い日に戻されたものと推測されるが、その時期は不明である。さて、再び日記の九月の記述に目を転ずることにしたい。

昨十四日晴天　当社御神輿新規再造、八月十日江戸小伝馬町壱丁目三浦屋新吉江造立相頼候所、出来候而下宿寅蔵持之船ニ積来り、下宿川岸へ上り船ニ而餝り付致し、氏子中町内世話人出、下宿より新田迄舁廻り、当社申の下刻着、御祭礼だしとも一同ニ積来り申候、御神輿造立書別書あり、

磯出御祭礼ニ付、道普請村役人中宰領世話也御旅所竹垣十間ニ五間也、四方ニ門あり、但し南北門二間也、東西九尺間也、門毎ニ注連縄を張、葉附の竹榊を立、四手を附、四社御神輿奉安置所、芝塊を畳高サ三尺位也、

十八日朝村雨ふる、巳の中刻より晴天、七ヶ年ニ壱度の磯出御祭礼也、三山村二宮大明神参詣の式、先年の如し神主中台上総東医寺乗馬、名主源内不参、弥左衛門歩行也、四ツ半時より囃子踟出し、七ツ時二宮大明神広前江参詣拝礼相済、七ツ半過帰宅、神役五郎兵衛・横五郎兵衛・与惣兵衛・喜三郎・かし権治郎・新六也、当村だし船尓て投網うつ所也、船頭とも弐人、氏子中揃半てん淡染也、

同日夜磯出、安産神事祭式也、当鎮守磯出、本社安産神子守大明神御神輿、角惣助前尓待請あり、子の中刻頃、畑村子安大明神出御あり、次尓下刻頃、二宮大明神武石村三代王神行幸あり、右村々より踟囃子の笛大鞁尓て賑

か也、大須加の磯辺の竹垣の内へ一同行幸なし奉り、暫く安居座て御手桶柄杓盥蓙敷薦を敷て御神酒御飯を奉りて、天下泰平、五穀成就、御地頭所長久、氏子繁栄尓して万民安産なし子孫栄久を祈る安産神事也、神主中台上総、三山村神主三山大和嫡、三山宮内畑村神主伊原淡路、武石村神主代中台兵部、実籾村桜井近江、飯山満村近藤出羽、東医寺村々御神輿の大前尓て奉幣、祝詞行事執行する事如先年、武石村・畑村・三山村・藤崎村・田木ノ井村役人中氏子中、猶近郷より参詣夥敷、群衆実尓賑か也、門前尓神燈を捧、空晴月明か尓して白昼の如し、御飯名主源内尓て炊奉る、新田又右衛門奉る右神供、当神主より村々へ配行、信心の者より安産守として柄杓を奉る壱本、奥山村浅右衛門壱本、同村勘左衛門壱本、大留村六左衛門壱本、同村甚五兵衛壱本、同村庄左衛門壱本、北川原村清兵衛壱本、押戸村治郎左衛門壱本、検見川村三左衛門壱本、武州磯子村平左衛門壱本、(中略)新田新八壱本、谷ツ村源五右衛門壱本、上新右衛門壱本、下與惣兵衛壱本、舟橋忠兵衛壱本、下川四郎兵衛五本、〆百三拾五本也、御神酒壱荷、名主源内妻みわ女、丑の下刻安産祭式相済村々御神輿還行之事、武石村神主小川氏代中台兵部、上下を着乗馬尓て三代王神御神輿供奉なし、二宮大明神へ参詣拝礼、神事相済候事、
十九日晴天　安産神事退供物神主より村々江配る也、猶又畑村、武石村、三山村神主家へ遣し候、藤崎村、田木ノ井村名主方へ為持遣し申候事、畑村伊原氏へ盥、武石村小川氏へ手桶を遣し候事、先年の如し、信心の者より奉りし柄杓へは、磯出本社安産神子守大明神の張札を添、銘々江遣し申候、新田より下宿迄だし曳花流し也、
挑灯《ママ》六張、并蠟燭廿四弐拾挺、十六十弐挺、半紙弐帖、氏子中

二宮大明神御湯立神楽によって一八日と大祭の日程が決まった後、九月一四日は新造の神輿が運ばれ、にわかにあわただしくなるとともに大祭に向けての準備が始まり、道普請や磯出祭りの祭場づくりが行われた。九月一八日の大祭当日は、先ず二宮大明神への参詣の式が行われ、神主以下重立と囃子が出立、二宮大明神前へ参詣し、拝礼を済ま

せて七ツ半時（午後五時）に帰宅した。そうして夜は磯出安産神事であり、地元の子守大明神の神輿が待ち受けるなか、子の中刻頃（午前一時頃）に畑村の子安大明神、子の下刻頃（午前一時半頃）に三山の二宮大明神、武石村三代王神社の神輿が、笛・太鼓等の賑やかなお囃子に合わせて行幸し、磯辺の竹垣の中に安居する。そうして御手桶・柄杓・盥・御神酒・御飯を供えて安産神事が行われた。なお、参詣者は夥しい数に上ったようだが、供物は子守神社の神主から各村々に配られた模様である。

また、神事に際しては信心の者が安産守りとして柄杓が奉納されたが、奉納者は地元の馬加村はもとより、検見川村・稲毛村といった近在のみならず、小岩村・武州磯子村といった遠方にまで及んでいた。しかも柄杓を七本・一一本というように数多く奉納する者も散見され、この年は合わせて一三五本に上った。これら奉納柄杓には、磯出本社安産神子守大明神の張札を添えて翌日各人に渡した。

以上が江戸後期の七年祭の様相である。次いで近年の実態を、祭祀組織と行事内容を中心に報告することにしたい。

3　近年の七年祭

祭礼を維持・運営する組織は、二宮神社および参加八社と各神社の氏子により大筋の祭礼が運営されていく。いずれも役員と若衆を中心に役割分担がなされている。先ず一例として、船橋市古和釜の八王子神社のケースをみると、①古和釜（古和釜・楠が山）、②大穴（大穴・海老が作）、③坪井（坪井）と、五町内が三つの組に分かれて一つの氏子集団としてこの祭礼に参加する。ただし、この三つの組がすべての役割や準備を均等に分担するというわけではない。神輿や神社の補修はもちろんのこと、お囃子および山車の準備や神社の飾りつけ、演芸会の準備等はことごとく宮本たる古和釜地区が分担する。また花場となる主要な場での神輿の担ぎ手は古和釜の組であるし、お囃子も古和釜地区の人だけによって構成されている（それゆえ、後継者難に直面している）。

その古和釜地区の祭祀組織は、①若い衆、②御囃子、③神主、④氏子によって構成されており、その中心となる若い衆には、①大世話人（二名）、②祭世話人（二名）、③若者世話人（四名、金棒世話人二名を含む）、④金棒引き（二名）、⑤囃子世話人（二名）、⑥高張り提灯持（二名）といった役職がある。お囃子も原則的には若い衆によって構成されるが、人手不足からかなり年配の人が含まれている。ちなみに④の金棒引きは地区の有力な長男が担うのを通例としており、他町内会の人々の迎えと送りまでする重要な役を演ずる。いずれにせよ、参加者を地付の者だけに限定するというように、できる限り古くからの形を保持すべく努めているようである[19]。

それに対して船橋市三山の二宮神社の場合は、各戸の長男で構成される寅待会が神輿の管理、舁夫等を掌握し、それはそのまま七年祭の実質的運営を担っているといえる。平成一五年（二〇〇三）一月一六日改正の「寅待会会則」によれば[20]、会員は第一町会（西庭・中庭・東庭・台庭）、第二町会（北部・南部）、第三町会（北部・南部）と、これら以外の自治会に属し、永住の目的をもって居住する者を会員としている。また役員としては平年度については、①年番長（一名）、②会計（一名）、③年番（六名）を置き、大祭年になると①大年番（三名）、②年番長（一名）、③副年番長（一名）、④会計（二名）、⑤年番（四名）という形になる。そうして大祭時の神輿の舁夫に関する規定が第二三条であり、「舁夫は原則として会員及びその親族をもって主体とする。②三山地区内に居住する者で、信心の趣旨より舁夫として特別参加の申込者に対して、第二十条第一項に定める休会者以外の積立金五箇年分の六分の一に相当する額を、参加費として奉納するように求めるものとする」と定められている。厳しい条件つきながら、新住民も舁げる余地がありそうに見受けられる。

さて、平成九丑年（一九九七）の大祭は一一月一～三日にかけて行われた。それに先立つ九月一三日は二宮神社の小祭(かつての御湯立神楽があった日)である。前日の夕方神社に勢揃いし、神輿への御霊移しを行う。一三日は早朝より地元寅待会による三山の神輿渡御となる。一一月の大祭中は三山の二宮神社へ参集する各地区の神輿等の世話に追われることから、近隣の船橋市田貴野井、習志野市藤崎に神輿を託してしまうため、この日が事実上の三山の祭礼日といえる。

写真7-1　神揃場に到着した神輿(千葉県船橋市)

大祭の一一月一日は禊式が行われる。夕方二宮神社の祭礼関係者は鷺沼海岸(習志野市袖ヶ浜)に向かい、海水を汲み上げてハマグリの入っている水桶で清めをする。昭和三〇年(一九五五)以前は手拭一つの素裸で海に入ったそうであるが、今では形式的なものになっている。一一月二日は、神揃場での神事、安産御礼(昇殿の儀)が行われる。朝八時頃、各神社では出立式を執り行って、神輿と関係屋台は三山入りをする。各神社の神輿は三山に到着すると、それぞれ決まったヤドに入り時間を調整する。この間、二宮神社に着到の挨拶に出向き、またつき合いのある神社のヤドに挨拶に行き合う。昼も過ぎると各神輿は順に竹矢来をめぐらした神揃場に入って(写真7-1)、オツカと称する土壇の上に据えられ、それぞれ一定の神事を執り行う。

その後、七曲と称する道を通って二宮神社の境内に向かい、次々と拝殿の中に繰り込み、順番に昇殿の儀を行う。退出すると社殿を時計回りに一周して、この後、幕張での磯出式に出る二宮・子守・子安・三代王神社の

写真7-2　神輿を据えるオツカ（千葉県船橋市）

四社の神輿を見送りながら、残り五社の神輿は帰路につく。夜になって幕張に到着した四社の神輿は、それぞれ定められたヤドに入る。磯出式の祭場となる幕張海岸は、かつては砂浜であったが昭和三六年（一九六一）に埋め立てられ、現在は旧国道と国道一四号に挟まれて空地となっている。祭場はやはり竹矢来で囲まれ、四社のオツカが築かれている（写真7-2）。

一一月三日の未明、満潮時に合わせて子守神社（子守）・二宮神社（夫）・子安神社（妻）・三代王神社（産婆）の順で神輿が祭場に入って、オツカの上に据えられる。そうしてそれぞれに神酒・新米・赤飯・蛤等を供えるとともに、特に子安神社の神輿には盥、子守神社の神輿には盤台および櫃、三代王神社の神輿には手桶が供えられる。その後、千葉市花見川区畑町の本家筋伊原家を中心とする七軒で、前回の祭礼の年に生まれたリョウトメと称する男女の子どもが、白丁を着た二名にそれぞれ抱えられて入場する。磯出式（産屋の儀）はすべて暗闇のなかで行うものとされ、祭場すべての灯りが消されたなかで、リョウトメが蛤を交換して神事を終える。

夜明け頃に四社は退場するが、二宮神社の神輿と子安神社の神輿とは、祭場を出て南北に分かれる所でオウコ（担ぎ棒）の端を互いに合わせてもみ合うものとされている。さらに二宮神社の神輿は、途中、久々田と津田沼の間にある神ノ台（火の口台）で留まり、姉に当たる姉崎神社に無事祭礼が終了したことを報告する神事を行い、藤崎および田喜野井の町内を回ったうえで、夜分に二宮神社に帰って祭礼を終了する。

以上報告したように、三山の七年祭は、神社創建伝承にかかわる時平関連九社の神々が寄り合う祭礼（神輿渡御）と、千葉康胤の奥方出産伝承にかかわる磯出祭り（浜降り）とによって構成されていた。また屋台の巡行に伴ってお囃子・踊りといった芸能もあり、若い衆がその中心的担い手という点で、他地域の式年祭と共通する要素がうかがえた。問題はなぜ七年目ごとに、しかも丑年と未年に行われているのかといった点である。

先ず丑年については、千葉康胤の奥方の安産祈願と御礼大祭が、たまたま丑年であったという伝承に基づくことは言を俟たない。一方、未年については不明であるが、磯出式に子安神社からリョウトメと呼ばれる男女の子どもが参加しており、伊原家を中心とする七軒の社家で七年前に誕生した男女二人がその役割を担うことになっている、という点が一つのヒントを与えてくれる。「七歳までは神のうち」といい、幼児は祭礼において重要な役割を演ずる。磯出祭には、前回の大祭時に生まれた子に次の重要な役割を負わせるという慣行が、七年を一つの区切りにしたのではないだろうか。従って丑年の次の七年目、未年を式年に当てたのではないかというのがおおかたの考え方である。(21)

結びにかえて

船橋市三山の七年祭を中心に千葉県下の式年祭を概観してきたが、最後に式年の年数について若干の考察を試み、結びとしたい。

表7‐1をみると、隔年という短い周期から六〇年に一回という長い周期のものまでがみられる。№4・6・23といった隔年のもの、あるいは本章でも触れた白間津のオオマチにおける四年に一度というのは、いわば祭りの規模を維持するための処置と考えられ、式年祭とみなすか否かは見解の分かれるところであるが、『千葉県の歴史 別編』民

俗1総論の「式年祭」執筆者は、広義に解釈しているようであり、とりあえず本章もその考えに従った。№3・7・8・10・12・15の一二年に一度、№11・13・14の六〇年に一度というものは、明らかに干支の年数を拠りどころとしているが、実施年の干支に法則性を見出すことはできない。丑年・未年に行われる№1三山の七年祭も、先に検討を加えたように、本来十二支(特に丑年)を一つの区切りとするものであった。

また、二〇年に一度(二一年目ごとに一度)というのが№5・24と二例あり、後者の№24天津小湊町の神明神社の社伝によれば、寿永三年(一一八四)源頼朝が伊勢神宮の分霊を祀ってから、神宮に倣って二一年目ごとに社殿を改築していたが、後に鳥居だけの改築となり、鳥居祭と称するようになったという。一方、三三年に一度というのも案外多く、№2・9・16~22と九例を数える。この三三という数字が何に由来するかは判然としない。しかし、№21八日市場市富谷の富谷愛宕神社のそれをみると「神殿の改築、神輿や神幸調度などを新調し、上棟祭、遷宮祭を行ってから神輿巡行」とあり、式年遷座祭の一つの区切りが三三年であることが知られる。

このように隔年(あるいはそれに近い周期)に行われるもの、一二年・六〇年というように干支の思想に基づくもの、二〇年・三三年といった式年遷座祭を一つの区切りとするもの、というように式年の周期は三者三様である。しかし、浜降りを主体とするものであれ、式年遷座祭を中心としたものであれ(双方が伴う事例も多い)、儀礼内容をみると始源の時に戻って神威を更新するという点では共通している。

以上、どちらかといえば樫村に近い結論になってしまったが、中国地方を中心とする山の神の祭り、荒神祭りなどと、東日本の浜降りを中心とする式年祭とではかなり性格を異にするものと予想される。その点を踏まえて検討する必要があり、本章ではあくまでも千葉県下の式年祭の特徴把握に努めたにすぎない。

註

（1）樫村賢二「周期的祭祀に見る宗教的意味―西金砂神社小祭礼を中心に―」『日本民俗学』二三〇号　日本民俗学会　二〇〇二年　二七頁。
（2）文化庁文化財保護部編刊『伊勢のお木曳行事・白石持行事』一九七五年　一～二八二頁。
（3）樫村賢二「周期的祭祀に見る宗教的意味」前掲論文　二七～六〇頁。
（4）千葉徳爾・坪井洋文・宮田登「山の祭と里の祭」『歴史公論』六九号　雄山閣　一九八一年　一三頁。
（5）白石昭臣『農耕文化の民俗学的研究』岩田書院　一九九八年　四一〇～四一二頁。
（6）湯川洋司「山口県下における八年祭について」『山口大学教養部紀要』二〇号　人文科学編　一九八七年　一六四～一六五頁。
（7）樫村賢二「周期的祭祀に見る宗教的意味」前掲論文　二七頁。
（8）船橋市教育委員会編刊『三山の七年祭―二宮神社式年大祭（記録編）―』一九七二年。
同『三山の七年祭―二宮神社式年大祭―』一九七五年。
船橋市郷土資料館編刊『七年まつり―平成九年の記録―』一九九九年。
（9）松田章「下総国二宮神社三山大祭」『和洋国文研究』七号　和洋女子大学　一九六九年。
西垣晴次「神揃と産屋の祭―千葉県船橋市・二宮神社―」『季刊どるめん』四号　ＪＩＣＣ出版局　一九七四年　一二一～一二九頁。

高田峰夫「三山の七年祭―古和釜地区を中心とした八王子神社の参加形態についての報告―」『船橋市史研究』八号　五一～六七頁。

(10)千葉県史料研究財団編『千葉県の歴史 別編』民俗1総論 千葉県 一九九九年 三〇九～三一六頁。
(11)大島暁雄「祭りの構造—白間津祭りの事例から—」『成城大学民俗学研究所紀要』一六輯 一九九二年。
(12)福島県立博物館編刊『福島県における浜下りの研究』一九九七年。
(13)千葉県史料研究財団編『千葉県の歴史 別編』民俗1総論 前掲書 三一三頁。
(14)船橋市教育委員会編刊『三山の七年祭—二宮神社の式年大祭—』前掲書 一頁。
(15)西垣晴次「神揃と産屋の祭」前掲論文 一二一頁。
(16)船橋市教育委員会編刊『三山の七年祭—二宮神社式年大祭—』前掲書 一五頁。
(17)白井千万子『幕張・子守神社「神主日記」』崙書房 二〇〇〇年。天保六年の記録は同書を活用させていただいた。
(18)船橋市教育委員会編刊『三山の七年祭—二宮神社式年大祭—』前掲書 一二頁。
(19)高田峰夫「三山の七年祭」前掲論文 六〇～六六頁。
(20)東洋大学名誉教授 大島建彦氏の提供資料による。
(21)千葉県史料研究財団編『千葉県の歴史 別編』民俗1総論 前掲書 三一五頁。

第八章　安房のヤワタンマチ

―国府祭《こうのまち》の一例として―

はじめに

ヤワタンマチとは「八幡の祭り」の意味である。狭義には千葉県館山市八幡《やわた》に鎮座する鶴谷八幡宮の例祭を指すが、同時に安房一国の祭りとしての性格ももっていた。大正一五年（一九二六）刊の『千葉県安房郡誌』はこのヤワタンマチについて次のように記している。

大祭日は九月一四、五両日とす。称して八幡放生《ほうじょう》神事と云ふ。各社神輿《みこし》、一四日本社に渡御《とぎょ》し、同夜八幡宮に通夜（本殿の左側に仮宮あり各神輿は順次之に奉置安房社神輿は別殿に在）し、新官宅（ママ）に於て六所神勤をなす。一五日詰旦、各神輿御祈禱《きとう》あり。次に官幣大社安房神社、県社洲宮神社、郷社長尾村下立松原《しもたてまつばら》神社、同豊田村莫越山《なこしやま》神社、村社九重村手力雄《たぢからお》神社、同豊房村山宮神社、同山荻《やまおぎ》神社、同館野村木幡《こはた》神社、同北条村高井神社、及び八幡神社、末社等順次拝礼、神勤終つて各還幸の用意をなす。八幡宮、太神宮、洲宮三神主各社に謁《えつ》す。此の日未刻《ひつじのこく》各社神主、八幡神主宅に会し、夫より其の先導に従ひ、大屋に詰め、順次に神酒《みき》を拝戴《たい》す。然後各社神輿御旅所より出発整列をなし、各其の席次に従ふ。此の時神輿前の祭あり。終つて八幡海浜に行幸あり。各社順次に御船に渡御、汀《てい》上に荒薦《こも》を敷き、神輿を此に奉ず。此の時八幡神社に向つて神輿並列御祈禱あり、之を儲整（モウケノカヤ）の御祈禱といふ。（式の次第を略す）右祈禱終つて各社の神輿左方より還御《かんぎょ》あり。還御の際は八幡社に至る迄の間、太鼓及び簫篳篥《しょうひちりき》の楽音に和して練り行く様神々し。是れ古昔よりの礼式なり。此の日北条町にては花草及び曳《ひき》船数台を出す。参拝者老幼男女四方より参集し、頗《すこぶ》る雑沓《とう》を極む。実に其の繁盛なることに於て本郡第一の祭祀《さいし》なり。宮崎竹堂の詩に曰く、

蓼々歌鼓賽応神、千百輿丁皆裸身。
閑却清光一天月、攤船闘酒彼何人。

此の詩以て当日の光景を想見するに足る。但し今は輿丁裸身に非ず。黒の烏帽子に白の輿丁衣を着く伝へ曰ふ、本社祭祀の起原は往時本社元府中にあり。当時国司毎歳各神社を巡拝せしを、後之の煩を省き、各神社の神輿を府中の八幡神社に渡御せしめ、国司之に臨みて奉祀せしが、今の八幡祭祀の起原なりと。

ここで注目されるのは「本社祭祀の起原は往時本社元府中にあり」の記載であろう。この記載のように三芳村府中に元八幡神社があって、この元八幡神社は安房国の総社で、鶴谷八幡宮の前身とみなされている。総社とは、多くの神社の祭神を一ヵ所に勧請して祀った神社の称であり、一般には一国のものをいう。

ヤワタンマチは、鶴谷八幡宮の例大祭であり、また安房一国の祭りでもあるが、鶴谷八幡宮と現在の出祭《しゅっさい》神社一〇社(図8-1参照)が合同で祭りを行うのは六所祭(録所祭)のみである。六所祭は、一〇社の神社の宮司並びに責任役員が、八幡宮の客殿に奉斎されている神殿の前に参列し、八幡宮宮司を斎主として執行される。なお、合同の祭りとしては、古くは八幡海岸へのお浜出(お浜降り)もあったとされている。

この出祭神社の数は、少なくとも江戸時代末までは八社であった。そのことは万延元年(一八六〇)の「年番規定書」によって知ることができる。

規定書之事

一、此度九社一同相談之上、規定取極め申候処、惣《すべ》て神祇道之儀に付、年番に相当り一己の取り計いに成り兼候向は、万端肝煎の上一同え、廻章差出されべく候、猶又集会の節不参の方は、成るたけは取計らひ申すべき事、時分に寄り支度等相調候節は、たとへ不参等の方これあり候とも、平等の割合差出すべく候、年番会席差支候節は自合を以て頼み合せ申すべき事、右年番帳交代の儀は、年々放生会の節引渡し申すべき事、

右の条々九社一同規定取り極め候上は、違変有るべからず候、

以上

万延元庚申年　十月吉日

八幡村神主　酒井出羽
大神宮神主　岡嶋大膳
洲宮村神主　小野対馬
滝口村神主　高山民部
大井村神主　石井石見
長田村神主　秋山相模
山荻村神主　石井豊前
沓見村神主　斎藤陸奥
滝川村神主　鈴水兵部

八幡宮を除く出祭神社八社に、明治の初期に館山市高井の高皇産霊《たかみむすび》神社が、昭和四年（一九二九）に館山市湊の子安神社が加わって一〇社となった。その経緯については次項以下で述べるが、北条の山車《だし》とお船の八幡宮への巡行も、

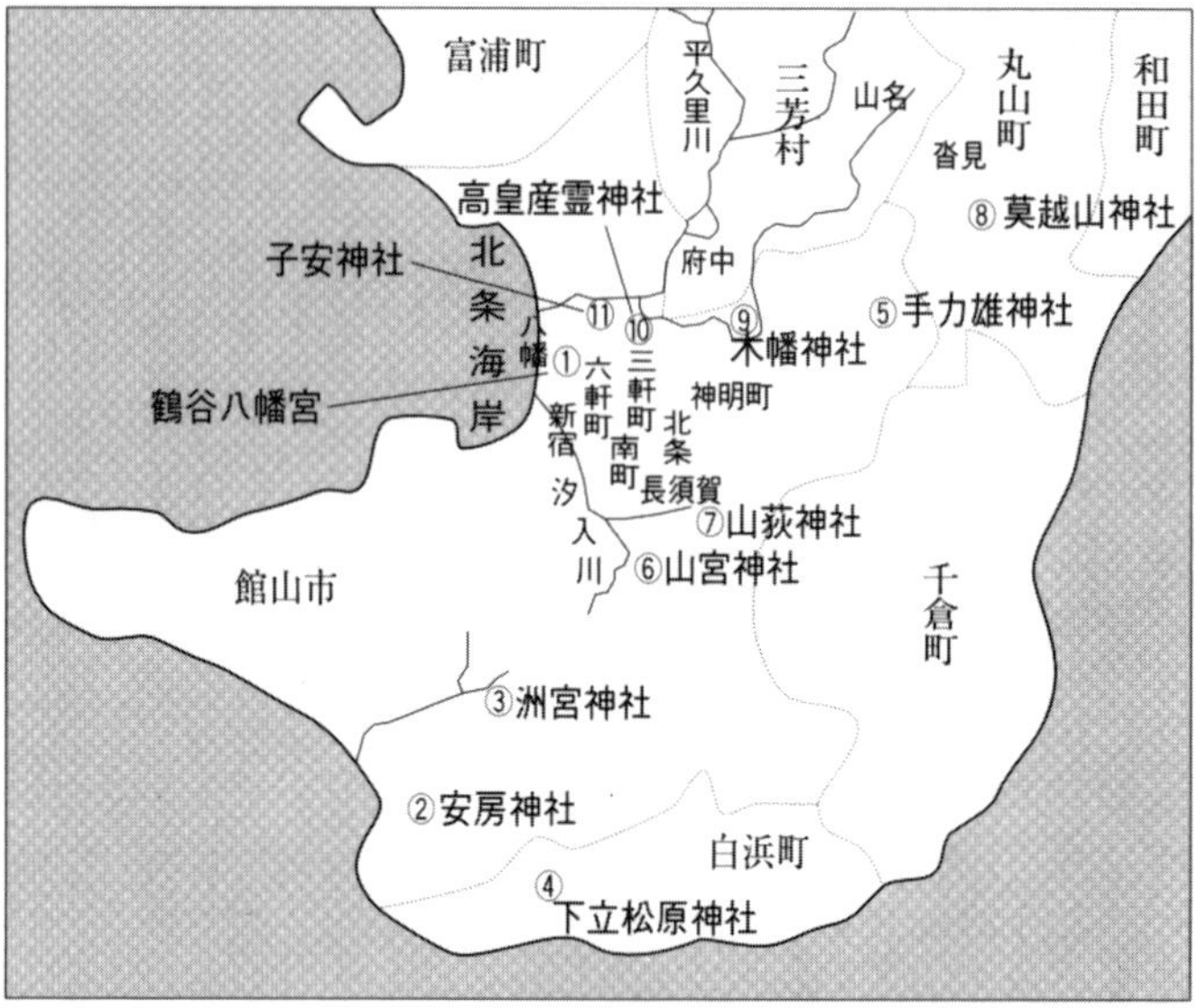

神輿

①鶴谷八幡宮　館山市八幡（旧八幡村）

②安房神社　館山市大神宮（旧大神宮村）

③洲宮神社　館山市洲宮（旧洲宮村）

④下立松原神社　白浜町滝口（旧滝口村）

⑤手力雄神社　館山市大井（旧大井村）

⑥山宮神社　館山市東長田（旧東長田村）

⑦山荻神社　館山市山荻（旧山荻村）

⑧莫越山神社　丸山町沓見（旧沓見村）

⑨木幡神社　館山市滝川（旧滝川村）

⑩高皇産霊神社　館山市高井（旧高井村）

⑪子安神社　館山市湊（旧湊村）

お船

神明神社　館山市新宿町

山車

神明神社　館山市旧北条地区

神明町、六軒町、三軒町、南町

図8-1　ヤワタンマチ関係11社配置図
（自治体名は1989年当時のもの）

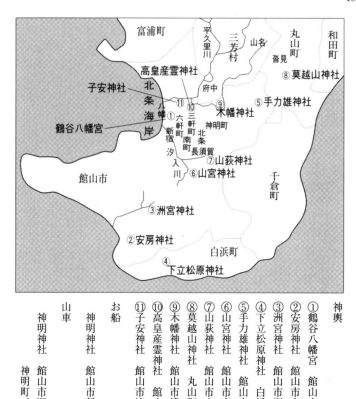

元々は別途の行事として行われていた。しかし、『千葉県安房郡誌』には、北条の山車やお船の記載があり、しかも明治三九年（一九〇六）刊の『安房志』にもほぼ同様の記述があり、明治末年の段階には、明らかに北条の祭りもヤワタンマチに組み込まれていたと考えられよう。

以下では、先ず鶴谷八幡宮における儀礼を押さえることによって、全体的な祭りの流れを把握する。次いで莫越山神社を例に、出祭神社における祭りの実態を把握し、最後に新宿の神明神社に焦点を当てながら、北条の祭りについてみていくことにしたい。

一　鶴谷八幡宮における祭りの展開

1　ヤワタンマチの歴史

ヤワタンマチは、現在は「安房国国司祭」という名称が使われているが、この国司祭という名称は、昭和七、八年（一九三二、三三）頃に安房神社の禰宜が唱えだしたもので、明治以前の古文書には「放生会」または「放生会祭」と記されている。放生会という名称が用いられなくなったのは、明治二年（一八六九）の神仏分離令による。大永五年（一五二五）、当時の鶴谷八幡宮神主酒井右近太夫の手になるとされる「鶴谷八幡宮記」はその由緒を次のように記している。

鶴谷八幡宮社記（甲）

当社勧請年歴

養老元丁巳年（七一七）二月五日、郡司紀伴人、令二人平民ヲシテ土木成功一而泰二勧請一当社、旧在二平群《へぐり》郡東国府村之

内一府中守護之社也、
東国府村者今之府中村也、今猶元八幡之古跡存二小社井往古所レ用神供水《しんぐすい》之旧井一、又御手洗屋敷高壱石五斗之証書
今尚存、
今之社地、則往昔　景行天皇所レ営行宮之尊跡、故郡司恭奉レ移二府内一総社、亦翌二年自レ捧二幣帛一定二祭祀之式一
也、
称二総社一事
凡称二惣社一者、其国府内鎮座之大社謂二之総社一一国之諸神社悉属レ之、又国司、郡司、守護、地頭、任レ国之初、
先至二其府一時第一拝二総社一云、今当社即総社而、旧在二府内一時、国内安房朝夷《あさい》二郡之神社等附属而有二祭奠神事一、
中古移二於今之地一、尚至二於今一相殿奉斎、隷二当社一、毎歳八月之神輿渡御之時、八社之神輿神集二于茲一、終古不レ革、
（以下略）

これによれば、八幡宮は元々安房国の総社として、養老年間（七一七〜二四）に、現在の三芳村府中に郡司紀伴人によって建てられたという。三芳村（現南房総市）府中のこの場所は、以前は「東国府村」と称し、景行天皇が行幸した折、仮宮を設けたという由緒によって選ばれたと伝えられる。現在は「元八幡」と称されて、九月の例祭の神供水を汲み上げる井戸と小さな社を残すのみとなっている。この総社の御祭神は、古くは「六所大明神」とも称したが、現在相殿《あいどの》に合祀されているのは、安房神社の天太玉命《あめのふとだまのみこと》、洲宮神社の天比理刀咩命《あめのひりとめ》、下立松原神社の天日鷲命《あめのひわし》、手力雄神社の天手力雄命、山宮神社の大山祇命《おおやまつみ》、山荻神社の維産霊命《わくむすび》、莫越山神社の手置帆負命《たおきほおい》、木幡神社の天忍穂耳命《あめのおしほみみ》、以上八社の神々であり、八幡宮を加えると九社となり、「六所」という名称とは一致しない。ちなみに、安房神社・洲宮神社・下立松原神社を南三社と称するが、これらは客分として招かれていたもので、残る六社がいわゆる「六

所」に相当するとの見方もある。

いずれにしても「鶴谷八幡宮社記」によると、一六世紀の段階では、すでに八社の神輿が参集していたことになる。なお、八幡宮の本殿の祭神は、品陀和気《ほんだわけ》命（応神天皇）、帯中津彦《たらしなかつひこ》命（仲哀天皇）、息長帯姫《おきながたらしひめ》命（神功皇后）以上三柱であり、摂社はかつて四社あって若宮八幡神社に大雀《おおさざぎ》命（仁徳天皇）、高良社に武内宿禰《たけのうちのすくね》命、鹿島神社に武甕槌《たけみかづち》命、西宮神社に事代主《ことしろぬし》命が祀られていた。しかし、現在残っているのは若宮八幡神社のみで、高良神社・鹿島神社・西宮神社は、どこに社が建っていたのかも不明である。

八幡宮は明治六年（一八七三）に郷社となり、名称を「八幡神社」とした。昭和一五年（一九四〇）には、県社に昇格、昭和五二年に奥宮を中心に社殿の修理をし、その折に名称を再び「八幡宮」と改めている。

八幡宮の年中行事をみていくと、次のような行事が行われている。なお、行事日程はすべて新暦による。

一月　一日　歳旦祭
　　　八日　交通安全祈願
　　　一〇日　大漁祈願祭
　　　一五日　筒粥《つつがゆ》の神事（豊作を占う）
　　　二二日　歩射祭（悪魔祓《ばら》い）
二月　三日　節分祭
　　　一七日　祈年祭（お祓い）
三月　二一日　安房郡戦没者慰霊祭
六月　三〇日　虫送り神事

八月　　三〇日　　風神祭
九月一四・一五日　例大祭
一一月　一五日　七五三祭
　　　　二三日　新嘗祭
一二月　三一日　大祓《はらえ》式

このほか、毎月一五日は月並祭、大祓式は六月三〇日にも行われる。

2 鶴谷八幡宮の祭礼組織

鶴谷八幡宮の氏子地域である八幡は、現在八幡宮を中心に、第一区から第四区の行政地域によって編成されている。総世帯数は約九〇〇世帯であるが、新しい住民も多く、神社と距離をおく傾向もあって、氏子となっているのはそのうち約三〇〇世帯、つまり三分の一である。

おおまかに氏子組織をみると、宮司である酒井氏、その下に五名の氏子総代と三〇名の神社総代、そして一般の氏子となる。宮司は代々酒井家の世襲である。氏子総代は責任役員とも呼ばれ、神社の祭祀などの手伝いをし、宮司の補佐的役割を果たす。氏子総代は、基本的に土地の人であること、敬神の念が篤いこと、時間的に職務を行うことができ、なおかつ神社の手伝いをする体力・気力が充実していることなどを考慮したうえで、宮司と氏子総代の話合いによって決められる。任期は特になく、退任は各自の希望に任されている。氏子総代は、あくまで神社の手伝いをする役職であるようで、例祭を例にあげると、神輿渡御の細かい事柄には関与していなかった。神社総代は、宮司と氏子総代の決定事項を各地区の氏子たちへ伝達するいわば連絡係的役割を果たす。

三〇〇世帯の氏子たちは、それぞれ年齢に応じていくつかの集団をつくっている。まず小学生を対象とした子供会、次いで学業終了後から四〇歳ぐらいまでの青年会、そして同じく学業終了後から六〇歳ぐらいまでの青壮年会である。さらに六〇歳からは男女別なく、壮心会に入る。青年会と青壮年会の年齢がだぶっているのは、青年会が青年部とも称して青壮年会に含まれているためである。

青壮年会は、会長一名、副会長四名となっているが、副会長については各地区につき一名ずついるためである。会計は規定では二名、現在実際には三名、監事二名、さらにこのなかで構成されている自警団の会計および監事が二名ずつといった構成である。このほかに各区代表監事が四名、幹事が一区五名、二区四名、三区二名、四区二名である。各地区内の諸事項は、この代表監事および幹事によって取りしきられるが、祭りなど八幡宮全体にかかわる事項は、代表幹事と青壮年会役員がかかわることになる。また、青年部は、青年部長一名、副部長三名、会計三名、監事二名によって役員が構成されている。

以上述べたのは、男性のみで構成された青壮年会および青年会である。一応の年齢基準はあるが、それほど厳しいものではない。そして九月の例祭において、実際に神輿を担ぐのは青年会のメンバーである。かつては祭りの市に、サーカスや映画等、大規模な店を呼び、小屋もつくったといい、祭りの余興などには、かなりの役割を果たしていた。また、青年会は、祭りのほかにも運動会や盆踊りなどに中心的役割を果たしていた。

一方、女性の集団は「婦人会」と「世話人」の存在が大きい。婦人会は嫁入りから四〇歳ぐらいまでを対象としたもので、世話人は学業終了後から嫁入りまでの女性を対象とし、子供会などの面倒をみる。なお婦人会と老女からなる壮心会の年齢基準には二〇年ほどの空白があるが、これは一種の猶予期間とみられ、この間の年齢の女性がどちらの会に属するかは各人の自由である。

例祭は九月一四・一五日に行われるが、準備は一か月近く前から始められる。平成元年(一九八九)は、八月一七日が第一回幹事会であった。各地区の幹事、青年部役員の出席のもと、諸用務・役割を検討し、回覧物の配布が行われた。諸用務・役割は、神宮の一の鳥居と二の鳥居の脇に掲げられる幟を立てる作業や、神輿渡御の際の顧問・総責任者・輿長・輿長補佐・会計・渉外・神社警備・神輿警備・連絡・交通警護・給養・児童・神輿係の設置、人数の割振りなどである。二〇日には、正副会長および青年部部長によって七つの休憩所の依頼が行われる。二六日は、第二回幹事会である。第一回幹事会の時に決まった役割の担当者の最終決定などがなされ、以後はこの時に決められた各担当責任者の指揮によって祭りの準備がそれぞれ進められていく。三一日には、これまで青年館で行われていた話合いの場を八幡宮に移し、青年会正副会長と氏子総代による「八幡宮総代会」で、大祭の日程を調整する。

九月三日は、全会員の出席のもと、幟の支柱が立てられる。また、神輿渡御の際の装束である白丁《はくちょう》の無料貸出しが行われる。むろん、氏子全員が借りるわけではない。持っていない人のためのもので、たいていは、手甲などと一緒に、地元の商店に注文してあつらえたり、親が使っていたものを子が使ったりする。九日は、社務所と警察で祭礼時の諸注意を聞き、また出祭する一〇社の輿長と八幡地区青壮年会正副会長とで会議が開かれる。各社の神輿渡御の順路がなるべく重ならないように調整するためである。

以前は、例祭の重要な儀礼の一つであったお浜降りに全社の神輿が出御参加し、駅前に勢揃いして互いに送り合ったが、交通事情の変化と死人が出るほどの騒動があったため、そのようなことはしなくなった。氏子の一人は、「神輿同士のすれ違いはもとより、神輿と山車のすれ違いは、とても綺麗だったのに」と残念そうな顔をしていた。現在駅前では、山車の年番渡しが行われているだけである。また、各社がお浜降りに参加しなくなってからは、神輿出御の順番も変わったようで、現在は、安房神社・八幡宮・洲宮神社・下立松原神社・手力雄神社・山宮神社・山荻神社・莫越山神社・木幡神社・高皇産霊神社・子安神社の順であるが、以前は、遠い所に還御する神輿から順に全社送り出したあと、八幡宮の神輿が出発したという。

一〇日は、各役割担当員によって使用備品の確認が行われ、準備手配が完了する。そして一四日・一五日の祭り当日を迎える。一四日は朝六時から、九日に立てた幟の支柱に旗を掲げ、行灯を吊す（写真8-1）。一五日午後一時から御霊《みたま》遷しをし、その後、担ぎ棒を取り替えて力綱を張る。そして午後三時に神輿渡御が始まる。御霊遷しの時には私服だった氏子たちは、この時までに白丁に着替え、揃いの手甲と鉢巻をして自分たちの番を待つ。合図が出ると我先に神輿に飛びつき、境内で神輿もみをしたあと鳥居を駆け出していく。そしてお浜降りのあと、町内を練って、夜一一時頃、八幡宮に還ってくる。かつては、町内を練り歩かず、お浜降りを済ませたあとそのまま社に戻っていたが、それだけでは担ぎ足りないという声も出て、現在のようになったという。

写真 8-1　鶴谷八幡宮参道（千葉県館山市）

写真 8-2　境内の見せものお化け屋敷（千葉県館山市）

翌一六日は、朝の九時から御霊返しが行われる。前日の御霊遷し以来この時まで、神霊は神輿に宿したままということになる。一四日と一五日の夜の宿居番《とのい》は氏子総代が交代で務めていた。この日の夕方に幟の旗と行灯が下ろされる。一七日には幟の支柱が取りはずされ、同日の夕方六時頃から「花納め」と呼ばれる納会が行われて、氏子にとって本当の意味で祭りが終わる。

以上、ここに述べてきたのは、あくまで八幡の氏子(青壮年会)側からみた、祭りの準備から終了までの日程である。次に出祭各神社の神輿・山車の動きを視野に入れながら、八幡宮における祭礼の時間的構成についてみることにしたい。

3 ヤワタンマチの構成

八幡宮における祭儀と対応させながら、ヤワタンマチ全体の動きを追ってみよう。

【九月一四日】

一〇：〇〇　三芳村府中にある元八幡神社においてお水取りが行われる。八幡宮の儀式に使われる水は、すべてここから取ることになっており、神饌の煮炊きもこの水でする。お水取りには八幡宮関係者の責任総代と氏子総代一〇名ほどが参加する。

一三：三〇　出祭神社各神輿の宮入り。まず、神輿の宮入りを先導する天狗が、安房神社神主、巫女二名、お旗持ち、氏子総代などを引き連れて入ってくる。それに続いて提灯・神輿である。安房神社の神輿(写真8-3)に遅れず、洲宮神社の神輿もすぐに入ってくる。この二つの神輿は互いの神社の祭神が夫婦であることから二社一組で宮入りすることになっているのである。次の莫越山神社と高皇産霊神社も二社一組で、その理由はヤワタンマチへの参加に際して高皇産霊神社が莫越山神社に口添えしてもらったことに由来するという。続いて下立松原神社の神輿で、拝殿前では紙ふぶきを撒いたり、祭りを盛り上げる工夫をしていた。木幡神社・山荻神社の神輿が来て、子安神社、そして子安神社がヤワタンマチに参加できるように協力したという手力雄神社が入り、最後が山宮神社であった。本来ならば、山荻神社と山宮神社の神輿も二社一組で入ってくるが、平成元年（一九八九）は、何らかの都合で山宮神社が遅れたのを子安神社と手力雄神社が少しだけ待ったが、先に入ってしまったのだという。

写真 8-3　境内を練る安房神社の神輿（千葉県館山市）

写真 8-4　長宮（お仮屋）に納まった神輿（千葉県館山市）

各神輿は鶴谷八幡宮に来ると、先ず拝殿前で高く掲げられ、担ぎ手たちが神輿をたたく。八幡宮の側は拝殿から「おめでとうございます」と声を掛ける。この時に各神社の氏子総代らしき人と八幡宮側がハナのやりとりをしているようであった。そして広場を練り、仮屋に入る。安房神社は境内に遥拝殿をもっているので、神輿はそこに納められてすぐに着御祭が執り行われる。これには、氏子総代・輿長などが参加し、巫女の舞も奉納された。なお、すべての神輿が仮屋入りしたのは、午後四時半であった（写真8-4）。

出祭神社の神輿の宮入りとは関係ないが、八幡宮の子供神輿が午前九時四〇分に八幡宮・安房神社遥拝殿に拝礼して出発した。これは例年は午前一〇時で、この年は早まった。子供神輿は氏子地区の一〜四区が一つの神輿を二時間交替で持ち回りで担いでいるもので、八幡宮一千年祭の時から始まった。この年は二区が最初に担いだということである。

一九：〇〇　客殿において六所祭が行われる。「録所祭」とも書く。ヤワタンマチで出祭神社揃っての儀式はこの六所祭のみである。昭和三八年（一九六三）に復活した儀式であるが、古来の儀式の詳細は宮司によって代々口伝されるものである。ちなみに、出祭神社の席次は慣例に従い、お仮屋に並ぶ神輿の順で、八幡宮は最後につく。神前に供えられていた神饌は塩水・野菜・酒・昆布・果物の五種類であった。祭式終了後は直会となる。八幡宮宮司挨拶、安房神社神主の挨拶があり、莫越山神社から供えられた濁酒が振る舞われ、食事となる。直会は一時間半ほど続き、午後九時三〇分頃終了。各神社の宮司らはヤド（宿）で休息をとる。仮屋では神輿警護のため宮番が宿直する。

【九月一五日】

三：〇〇　朝祈禱。出祭各神社が自社の神輿の祈禱を行った後、それ以外の神社の神輿の祈禱に回る。仮屋入りしている神輿の祈禱が終わると安房神社と八幡宮へ回る。祈禱を行う順番は特別に決まっておらず、この年は下立松原神社が最初であった。終了は午前六時頃であり、一四日にはなかった供物が仮屋の神輿に供えられていた。以下、供物を列記すると、洲宮神社・下立松原神社は餅《もち》のみで、下立松原神社のものは菓子屋からの供物と書いてあった。手力雄神社が洗米と水、山宮神社・山荻神社・木幡神社・高皇産霊神社・子安神社が果物・酒・餅で、莫越山神社は果物・酒・野菜であった。

七：〇〇　八幡宮の朝祈禱が行われる。朝祈禱が済むと出祭神社の宮司はヤドで休息を取る。八幡宮では独自の祭儀が続くことになる。

九：〇〇　大漁祈願祭が八幡宮拝殿において行われる。大漁祈願祭は一月八日にも行われるが、千倉・富浦・勝浦の漁業協同組合がそれぞれの中間地点にある八幡宮に祈願を頼みに来ていたのが習慣になったとのことで、現在、この一五日に行われる祈願は、八幡宮から各組合の漁撈長へ連絡が行き、祈願を行うか行わないかを決めるそうである。普段、船主が個人的にお祓いを願い出ることも行われている。参加者には女性も二、三名おり、船に付けるお札や玉串をいただいて帰る。この儀式の神饌は、先の神饌に餅と魚を加えた七種類であることが多い。また、巫女による浦安の舞が奉納された。巫女は宮司が責任総代と協議するなどして氏子の小学校五、六年生の女の子から選び、依頼に行く。選ばれた巫女は一週間、明治神宮へ研修に行く。なお、舞の音楽はテープによるものであった。

一〇：〇九　終了。

一〇：三〇　安房神社遥拝殿で神幸祭が行われる。参加者は神社関係者のほか、館山市長など行政関係者、商工会、農協、地元有志など二一名ほどであった。午前一一時に終了する。

この頃、客殿前の忌竹のところで、お祓いを済ませた宮司らが行列をつくって拝殿へ参入のために出発する。

一一：一五　例大祭。参加者が待っている拝殿へ、責任総代が先導となって、宮司補佐、宮司とその傘持ち、宮司補佐、榊、長持、献幣使とその傘持ち、宮司補佐、巫女、宮司補佐と続く。参加者は、安房神社の神幸祭と同じく各団体の有志が三〇名ほどで、すべて男性であった。また、宮司補佐役が行列のなかに数多くいるが、うち二名は八幡宮の責任総代であり、ほかの不足は香取神宮から呼ぶなどして補っている。この例大祭は、神饌の数が九種類あることからもわかるようにヤワタンマチ最大規模の祭儀であり、本殿の扉が特別の鍵によって開けられて、祭式が行われ

写真 8-5　新宿神明社のお船（千葉県館山市）

写真 8-6　境内を練る六軒町の山車（千葉県館山市）

る。大漁祈願祭と同じく巫女の浦安の舞も奉納される。祭式終了後、宮司の挨拶があり、参加者は客殿で直会に呼ばれる。

この時にお神酒とお札をもらう。なお、八幡宮の場合、これらの儀式の時に捧げる神饌の調達は、昔から決まった八百屋、米をつくっている農家から取り寄せることにしている。いずれも館山市内にあるという。

一三：〇〇　拝殿において、八幡宮の神輿の御霊遷しが行われる。輿長らが参加し、担ぎ棒の取り替え、力綱張りもこの時に行われる。

一四：五〇　山車が境内に入ってくる。まずは露払いをする役割の手古舞が山車の先頭に立って入ってくる。続いてこの年の年番に当たっている新宿の神明神社のお船（神明丸）である（写真8-5）。二番目は六軒町（写真8-6）、三番目は神明町、四番目は三軒町、最後は南町。神明丸はいうまでもなく舟型だが、ほかの四つは、人形せりだし型という、山車の中にしまってある人形が、境内に集合した時にせり上げられるものである。人形は、六軒町が楠木正成、神明宮が神功皇后、三軒町が武内宿禰、南町が神武天皇である。山車の曳き手は、主に中・高校生のようである。境内へ駆け込み、練り回る時に「そりゃー」というかけ声とともに肩を組んで円陣をつくり、はね回る。これは、数年前から中学生たちが始めたことである。山車は、せり上げた人形とお囃子を二〇分ほど披露し、午後四時二五分頃から、年番を先頭にして境内を出て行く。

一六：〇〇　山車が境内に集まっている時、客殿においては大家酒《おおやざけ》の儀が行われている。南三社の安房神社・洲宮神社・下立松原神社の神主が、客殿で八幡宮より酒を振る舞われる。その後、忌竹の前で各輿長や役員ら、さらに担ぎ手の輿夫が酒を振る舞われる。これはいずれも安房神社が優先される。以前は出祭神社すべてが酒をいただいて帰ったという。

一七：〇〇　神輿の還御が始まる。安房神社の神輿が最初である。安房神社の神輿が二の鳥居を通ると太鼓が鳴り、それを合図として八幡宮の神輿が初めて拝殿を降りる。八幡宮の神輿が出たあとは、出祭神社の神輿は順次還御していく。

一八：〇〇　参道をずっと海岸の方へ下ってきた八幡宮の神輿は、湾岸道路の手前の空地に建てられたお旅所に納められて、お浜入りの儀式が行われる。この儀式の名称は「お浜出」「お浜降り」などいろいろとあり、不統一である。現在は、そこで祝詞奏上などをするだけであるが、大正中期頃までは出祭各社も参加していたという。「お浜入り」という言葉からもわかるように、海のなかに神輿を入れてしまうこともあったらしいが、昭和四、五〇年頃、神輿の修理代がかさむために廃止された。したがって参加者は八幡宮神輿の輿長、神輿の警備担当の輿夫、役員ら、そして巫女である。ほかに三名、烏帽子を着けた人がいたが、これは奏楽者を示すのだそうである。かつては、お浜入りが済むと、神輿はそのまま八幡宮に戻っており、その際には、神輿の行列に奏楽が付いていた。その名残りを烏帽

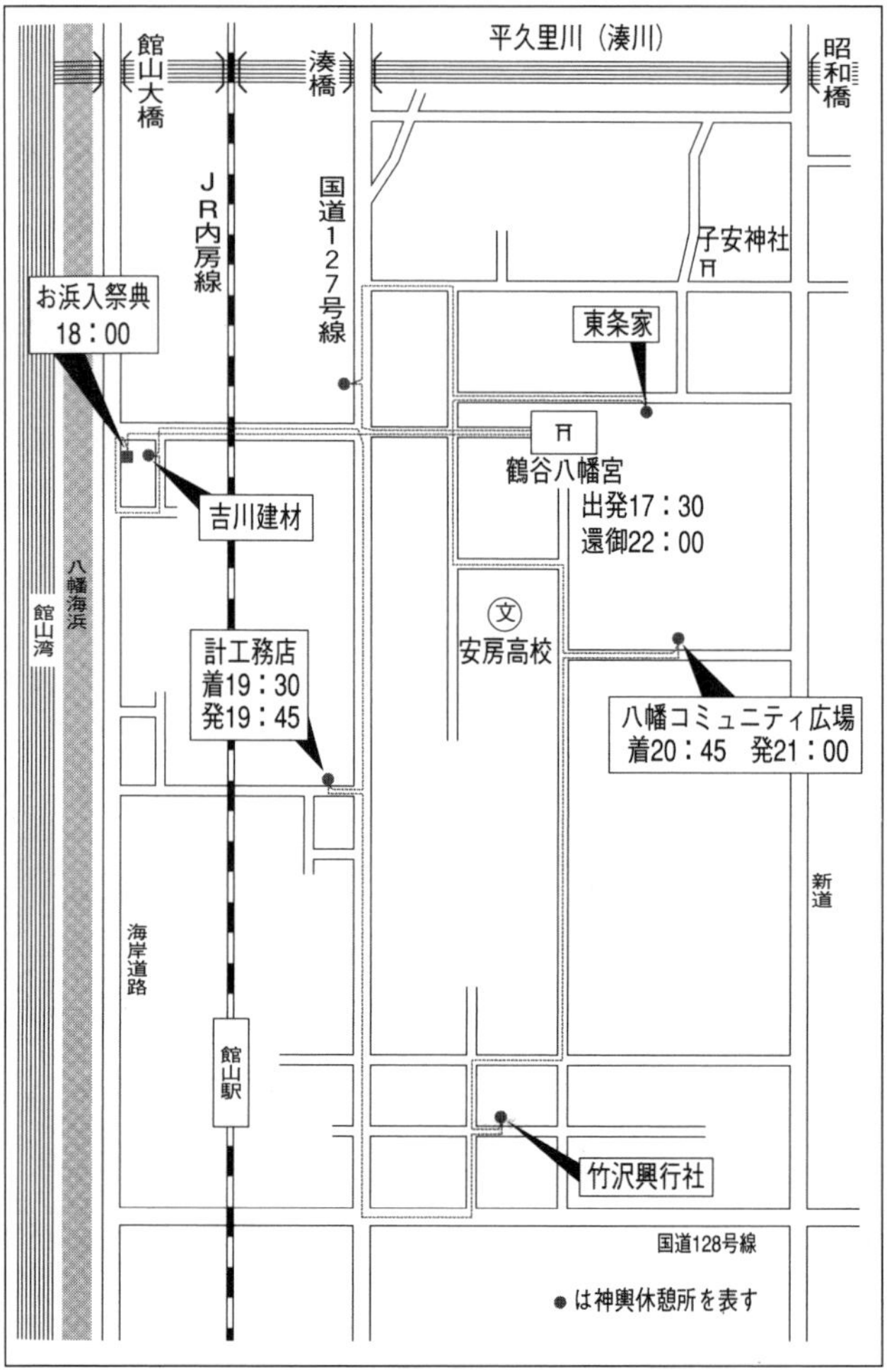

図 8-2　鶴谷八幡宮神輿渡御ルート（1997年）

子を着けた三名は示しており、青年会の人がこの役割を担当する。

一八：三〇　お浜入りののち、一〇分ほどの休憩をおいて、町へ神輿を練りに行く。休息させてもらうところは個人宅が多いが、コミュニティー広場では四区の人々が接待してくれる。また、休憩所では、神輿警備のなかにくさび打ちをする人が一名おり、その人が必ずくさびを打って担ぎ棒を点検する。町を練る理由の一つはハナ代を集めることであるが、その基準は商店や町の名士が一万円、その下が五〇〇〇円、三〇〇〇円となっているようで、合計してだいたい一六〇万円ぐらいを集める。集めるのは会計係で「会計」という文字の入った提灯を持っている。五時間ほど練りが続き、八幡宮へ還御するが、境内でもうひと練りする。担ぐのをやめようとしない輿夫たちを、やめさせようとして拝殿上から引っぱるなどひともめし、午後一〇時二五分、神輿が拝殿へ上がる。納会では記念撮影をし、手締めによって午後一一時三〇分頃に解散する。最後まで担いでいた人は八〇名ほどであった。

神輿の引っぱり合いをすることにもみられるように、担ぎ足らないと思う人のあいだからは、ほかの神輿と同様に昼間も担げるようにして欲しいという声が出ており、平成元年（一九八九）現在、神社の方に要請しているところであるという。


【九月一六日】


九：〇〇　拝殿において八幡宮の神輿の御霊返しが行われる。氏子総代などが参加する。

時間的流れに沿って祭りをみてくると、ヤワタンマチが、①八幡宮の祭儀、②出祭神社のそれを含む神輿の渡御、③山車巡行を大きな柱として成り立っていることがわかる。そして、もう一つ気がつくのは安房神社の遥拝殿においても、両日中にいくつかの儀式が行われている点である。

『館山市史』によると「神輿出祭の司祭ははじめ国司が行い、のち鶴谷八幡宮に代り、さらに官幣大社、安房神社が行なうようになって現在に及んでいる」とある。ここには、いつ頃このような変化が起こったのかというような具体性がなく不明であるが、ヤワタンマチが安房国の主要な神社を集めたという性格からして、安房神社は神輿出祭社の頂点に位置づけられ、安房神社独白で行っているかにみえる着御祭・神幸祭も、各社の代表として行っているとも考えられる。

お浜入りに出祭各神社が参加しなくなって以来、いくつかの神社では、従来の区域を拡大してハナ代を集めようと神輿の練りをしている。そして、八幡宮の神輿についても、担ぎ手たちは昼間の渡御を要請している。時代の変化に対応する形でさまざまな欲求が祭りに投影され、祭りそのものも再編を余儀なくされる。祭りを担う各地域の人々のそれぞれの思いが、さまざまな要素の複合体という特徴をもつヤワタンマチのエネルギー源となっているのかもしれない。

二　丸山町沓見・莫越山神社の出祭

1　莫越山神社の沿革

莫越山神社は、丸山町(現南房総市)沓見の東南の小高い台地上に鎮座している。本殿には手置帆負命と彦狭知命《ひこさしり》、相殿には彦火火出見尊《ひこほほでみのみこと》・豊玉姫命《とよたまひめ》・鸕鷀草葺不合尊《うがやふきあえず》が祀られている。第二次世界大戦前までは、旧豊田郷の神社七社が、七月九日の莫越山神社の例祭に神輿を出していた。ヤワタンマチとの関連については、明和三年(一七六六)に、延宝八年(一六八〇)段階の伝承を筆写した「莫越山神社伝記」に以下のようにある。

祭事

按するに、子安の神輿今に年毎の八月中の四日、同国八幡放生会の神事に出輿し給ふ事は、人皇七十一代後三条院延久三年(一〇七一)己酉(辛亥)八月中の四日、始て彼所に出輿し給ふより恒例とす。亦此山総社の祭礼古しへより九月中の九日に行われ、国民此所に詣ふて社家の祭事尤《もっとも》怠慢なし、しかるに近き年頃、故有て九月末の九日に祭礼の日を定む、共に年として祭事に怠る事なし、是亦蓋《けだし》天下安全の禱祀たるもの也、

延宝八年庚申四月吉日

神主　　斎藤右京進藤原清重

これによれば、鶴谷八幡宮への出輿は、総社が成立したと想定される一一世紀という。このように「鶴谷八幡宮社記(甲)」あるいは「規定書之事」等の伝える限りにおいては、中世以来今日に至るまで絶えることなくヤワタンマチに出輿《しゅつよ》してきたことになる。その一方で莫越山神社は郷社として、周辺地域の神輿の参集を仰ぐ神社でもあった。丸山町賀茂の賀茂神社、同西原の西原神社、同前田の大宮神社、同岩糸の貴船神社、同小戸《おど》の八幡神社、和田町(現南房総市)松田の山神社、同海発《かいほつ》の子安神社であり、ほかに三地区から山車も出ていた。地区内小社の神輿が郷社に集まるという形式の祭りで、郷社と総社といった違いはあれ、いわゆるヤワタンマチと同形式の寄合い祭りである。

ところで、莫越山神社境内には灯籠・鳥居など石造奉納物が少なからずあるが、これは参拝記念碑や寄贈の記念碑が大部分で、東京の大工組合や祖神講が建てたものがほとんどである。年代は昭和期が一番多く、古いものでも明治末期で、それ以前のものとわかる石碑はない。

莫越山神社は、明治六年(一八七三)年、郷社に列せられ、またヤワタンマチに参加する神社として丸山町内で信仰されてきたが、同時に大工の神を祀る神社として崇敬者を集めてきたのであり、現在の莫越山神社には、鎮守社としての万能神的側面と大工の神としての機能神的側面がある。

2 莫越山神社の祭祀組織

莫越山神社の氏子組織は、宮司を中心として、氏子総代四名とそのほかの氏子約一四〇戸で構成されている。氏子となる地域は丸山町沓見の根方・山王・梅沢・掛・上ノ原で、これを四つの地区に分け、「根方」「山王」、梅沢と掛を合わせて「梅沢掛」、残りの二つの地区をまとめて「下」あるいは「吹代」と称している。

氏子総代四名は選挙によって選出され、三年間の任期を務めるが、実際は現役の総代たちが見込んだ人物に、あらかじめ依頼し、内諾を得たうえで決めている。また氏子総代に選ばれる者は還暦から七〇代までの人物で、その役割はいわば神社で年間に行われる祭祀の補助役であって、氏子そのものをまとめるという性格は薄いようである。そのため総代たちと相対して話した時、氏子総代はあくまで氏子の一員にすぎないということを強調していた。ヤワタンマチのことについて尋ねてみると、実際の運営はほぼ輿夫団に一任しているとのことである。

また、この地区で特徴的なのは、自治会と莫越山神社の関係である。沓見の区長は莫越山神社の責任役員の一人として名を連ね、また同神社の奉賛会の会長も兼ねている。区長はつまり、莫越山神社の祭祀全体の名目上の主権者となっている。区長はヤワタンマチの前日の九月一三日から同神社に詰めて、総代と一緒に神輿の組立てに立ち合う。区長は区長代理を二年務めた者が二年任期でなり、両者が祭りにかかわることになっているので、一人が四年間連続で担当することになる。さらに沓見を細分化している二〇の組の組長を通じて神社から氏子への連絡を行っている。こうしてみると、莫越山神社の祭祀組織は自治会を基礎として組織されていることがわかる。

ところで祭りの実質的担い手である輿夫団とは、九月一四・一五日のヤワタンマチで神輿の渡御を管理運営する若者組織で、四五歳以下の男子のみで構成され、団長一名、副団長二名、輿夫長一九名(内会計三名)と、そのほか輿夫団員の総勢一二〇名からなっている。輿夫団長と副団長は、最年長の者たちから選ばれ、当然同世代の者たちが就任することになるわけだが、もしもその世代で欠員が出た場合には、一つ下の世代の者を引き上げてその役に付けることになる。輿夫団長は前年度のヤワタンマチ終了後の九月一六日に行われる花納めの会で選出されるが、これも氏子総代の選挙と同様にほぼあらかじめ暗黙の了解がなされており、ほとんど信任投票の形となっている。団長以下会計までの役員の任期は一年で、同じ者が二度役員になることはない。

祭りの下準備は、その年の七月九日に行われる沓見の大祭（例祭）の日から始められる。この日から役員の会合が週に一回の割合で開かれ、八月下旬にかけて回数を増やしながら、準備の手順が徐々に煮詰められていく。祭り間際になると週二、三回の会合を重ね、輿夫長をはじめとする最終的な役割分担を決め、ヤドの手配をして、宮司宅の濁酒の仕込みなどにも、時には仕事を休んで交替で手伝いに行く。警察に輿夫団の名簿を提出し、神輿の巡路についても承諾を得て、一五日の沓見の祭りについても婦人部へ踊りの依頼などをする。

輿夫長は団長を補佐する小隊長のようなもので、一九名が団長から指名される。そしてこのなかから三名が会計となって金銭の出入りを管理する。会計はさらに会計長・ヤド会計・会計とに分かれている。会計長は全体の出納を、ヤド会計は館山のヤド（平成元年〔一九八九〕は佐藤氏宅）での食事等の調整をするのである。

会計の人によると、ヤワタンマチにおいて莫越山神社は一〇〇万円程度の費用が必要だという。それらの費用は、あらかじめ神社の年間予算に組み込まれている出祭準備金と、各戸からの三〇〇〇円から五〇〇〇円の寄付金、そして昔は、ヤドで食べるための米二升を提供してもらっていたが、昭和五二、三年あたりから、米の代わりに白米代納金として一〇〇〇円を納める家がほとんどになったという。

なお、輿夫団員は沓見の者が中心となっているが、以前は岩糸・西原などの地区からも応援が来ていた。しかし、警察に名簿を提出する関係で、他地区からは来られなくなったし、また応援の人が役員になることはないそうである。

輿夫団員は全員白丁を着ている。これは祭祀のために着る神聖な衣装であると同時に、その手に付けている紫色の手甲とともに、どこの神社の氏子であるか見分ける制服としての役割をもつ。比較的年輩の者はスカート状のはき物であるが、若い者には袴の者が多い。また輿夫団は、あくまでヤワタンマチの時に一時的に構成されるものである。日常的に活動している若者組織としては、沓見には一つ青年団があり、一八歳から二五歳までの男女で構成されている。主な活動は、レクリエーション(旅行・宴会)で、地区の親睦を深めることを目的としたものである。

3 莫越山神社の出祭

ヤワタンマチにおける莫越山神社の祭りを、時間を追ってみていくことにしよう。

九月一四日午前七時、本殿で祝詞があげられ、雅楽のもとで神饌があげられる。社務所の前では、神輿の組立てが輿夫団員などによって行われている。次いで御霊遷しの儀として、神輿の中に白木の箱が入れられ、出立ちの酒ということで濁酒を飲む。やがて花火が鳴ると神輿を担ぎ、歌をうたいながら神社のなかを練り回り、左右に大きく揺さぶる「もみ」という動作をする。午前八時三五分頃、神社を出発。急な階段を降り、これから沓見などを回る。

神輿の渡御巡路は、先ず沓見の地区内を町立小学校・丸山町役場・農協と回り、古川のT字路を経由し、郵便局先まで練り歩く。この間、輿夫団の者たちは二〇名ぐらいずつが常に神輿を担ぎ、歌を交えながら進んで行く。時折、疲れた者が「抜けるぞ」というと、周囲をついて歩いていた者が交代する。特に順番や指示はなく、担ぎたい者が担ぐようである。氏子総代・宮司などが、そのあとをタクシーに乗って続き、会計が道中の家々から祝儀を受け、その家に濁酒を振る舞っていた。郵便局先の駐車場で、トラックに神輿を載せ、輿夫団員はバスとトラックの荷台に分乗し、出発する。宮司・総代もそのままタクシーで続く。宮司や総代は役所や農協で挨拶に降りる以外は常に自動車で移動していた。

神輿の渡御は、現在、トラックで神輿を運ぶ順路と、かつて人間が担いでいた時の順路とでは大きく違っていた。現在の順路は前述の通り町内を練り歩き、その後、自動車で国道を館山へ抜け海幸苑に至り、そこで高皇産霊神社と待ち合わせ、鶴谷八幡宮へと入るものであるが、旧順路は町内へは行かずに、丸山町沓見と館山市竹原《たけわら》の日枝神社をつないで、山のなかを直接抜けて日枝神社へ行き、高皇産霊神社前を通り、八幡宮へと至るものであった。自動車での輸送になったのは人手不足と、輿夫団の負担が過大なためで、おそらく岩糸・西原の者が参加できなくなったことと無関係ではないであろう。

一五日に鶴谷八幡宮を出立すると、子安神社近くの交差点でまたトラックに載せ、往きとは逆に北側の山王の方から神輿を降ろして、担いで青年館へと入る。そこで宴会をしたあと、そのまま南へ下り、莫越山神社へと戻り、御霊返しのあと、社務所に神輿をしまい、終了となる。実際、この神輿はオウコ二本という構造上、多人数で一斉に担げられず、非常に重いものである。青年館以降は担ぐ者の交代も頻繁で、抜ける者が増えてくる。この神輿を担いで山を越えたというかつての輿夫団の人々には驚くばかりである。

ちなみに神輿を担ぎながら歌をうたうが、その歌詞は次の通りである。

神輿の歌

○　揃った揃ったよ、若い衆が揃った
　　稲の出穂より、良く揃った

○　愛でた愛でたや、莫越の山に
　　鶴と亀とが、舞い遊ぶ

○今日は嬉しや、皆さんと一座
　明日は何方と、一座やら

○今年は豊年だよ、穂に穂が咲いて
　道の小草に、米がなる

○押せや押せ押せ、押さなきゃ行かぬ
　押せば八幡が、近くなる

○鳴くなにわとり、まだ夜は明けぬ
　明けりゃお寺の、鐘が鳴る

○咲いた桜に、なぜ駒つなぐ
　駒が勇めば、花が散る

○お月様さえ、十五が盛り
　わしの盛りは、いつぢゃやら

○色で身を売る、西瓜でさえも
　中に苦労の、種がある

○主の心と、八幡の森は
　他に木はない、松ばかり

○恋にこがれて、鳴く蟬よりも
　鳴かぬ蛍が、身をこがす

○　石の臼ほど、互いにまるく
　　　添うて離れぬ、堅い仲
○　山のあけびは、何見て開く
　　　下の松茸、見て開く
○　口でけなして、心でほめて
　　　人目忍んで、見る写真
○　主と私は、羽織りの紐よ
　　　固く結んで、胸の内

補足になるが、一五日夜、沓見の青年館前での祭りは、ヤワタンマチに合わせて行われているもので、ヤワタンマチが輿夫団と役員以外には特に沓見とのかかわりをもたないために行われる。これはかつて沓見の莫越山神社でも七月九日に大祭(例祭)が行われたが、二つの祭りを維持することが人手不足で困難になったために、二つの祭りにかかわる労力をヤワタンマチ一つにまとめたためである。そのため沓見の例祭は、現在では宮司と氏子総代と地元の名士として町長・学校長・新聞記者などを招いて小ぢんまりと行われているそうである。

ところで、神輿の渡御に関連して、いくつか興味深い問題が浮かび上がってくる。その一つは、館山市竹原の日枝神社との関係である。一四日、莫越山神社の神輿は町の中心部を回った後、国道を車で移動する。その途中、竹原の日枝神社に寄る。竹原は国道から少し北に上った所にある。日枝神社の宮司や竹原の人々が出迎えるなか、神輿をもんで、鳥居の下に安置し、団員は休憩を取る。

竹原はちょうど莫越山神社と鶴谷八幡宮の中間に位置する。ここで休むようになったのは、昔、竹原のある家が莫

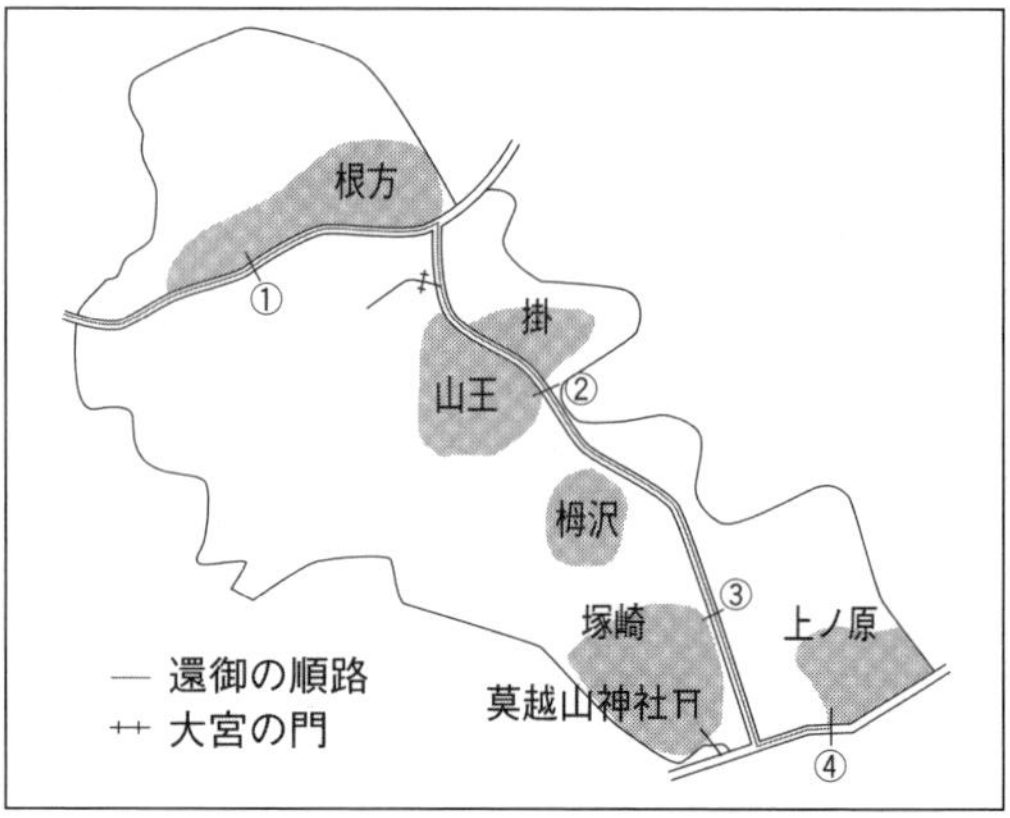

図8-3　沓見地区における注連縄配置図

越山神社に神饌田を寄贈し、それから毎年その家に寄ったのが起こりらしい。農地改革で神饌田がなくなってからも、場所を変えて日枝神社に寄って休憩するようになった。神社同士、地区同士の特別なつながりはなかったようである。

第二点は高皇産霊神社との関係である。莫越山神社の神輿は鶴谷八幡宮に入る前に休憩を取り、そこで高皇産霊神社の神輿と合流して一緒に宮入りする。八幡宮までの道を、高皇産霊神社が用意した猿田彦《さるたひこ》命が先導し、露払いの役を務める。これは高皇産霊神社の青年団員が扮したもので、莫越山神社から行くのは大変なので頼んだという。一時行っていなかったのが、昭和五〇年(一九七五)頃に復活させた。

二つの神社が連れだって渡御するのは、仲が良いからだという人が多いが、なぜ仲が良いとされるのかは、莫越山神社方からは「以前莫越山の神輿を高皇産霊神社に譲ったから」というが、この話は高皇産霊神社方には伝わっていない。高皇産霊神社の方では「明治初期からヤワタンマチに参加するようになった。その際に莫越山神社に口添えをしてもらったから」といい、その由来に関する説明は一致していない。双方の伝承にくい違いがあるが、どちらが正しいということでもないだろう。ともかく高皇産霊神社側にとってはヤワタンマチ参加に、莫越山神社が一役かってくれたことがありがたく、そのことが長く伝承されてきたものと思われる。

ちなみに現在の莫越山神社の神輿は戦前からのもので、浅草の講団体が造って寄贈したものである。そのため三社祭を意識してか、頂上に鳳凰の飾りが付いている。こうした飾りは還御の際に、周りのものに引っかかると危ないので、鳳凰を宝珠に取り替えている。また、高皇産霊神社の神輿は木幡神社の神輿を参考に、近年造ったものであるという。

最後に、これは沓見に限定されることだが、沓見内各小集落の入口には、いわゆる道切りが張られる。沓見の各小集落では、一三日午後からそれぞれ輿夫団員が集まって注連縄を張る。注連縄は全部で四ヵ所に張り(図8-3)、①根方、②山王・掛、③塚崎、④上ノ原で分担している。この道は鶴谷八幡宮からの帰りに神輿が通る道で、まず根方の注連縄の所で神輿を車から降ろして担ぎ、神輿をもむ。以降、上ノ原の注連縄の所は通らないので、これ以外の注連縄の所では、その都度神輿をもむ。また大宮の門は、以前その先にあった大宮さまというお宮の名残りである。詳しい名称や祭神などは不明であるが、社殿があった頃には神輿が寄っていた。この門は山王の人が毎年建てるもので、その前でも神輿をもむ。

4　濁酒について

ところで沓見の人々は、ヤワタンマチに際して濁酒をつくることを一つの誇りとしている。

莫越山神社がヤワタンマチの時に造る濁酒は、およそ一三〇〇年前から伝えられているものであるという。明治一九年(一八八六)に酒税法が施行され、業者以外の酒醸造が禁止されたが、莫越山神社では、ただちに嘆願書を提出し、濁酒が神事に欠かせないことを主張した。莫越山神社は翌明治二〇年、当時の朝夷郡長吉田謹次の許可を取り、年間一石以内、酒にして約四斗(約七二ℓ)の醸造が許された。以来、祈年祭(三月一日)、例祭(七月九日)、ヤワタンマチ(九月一四・一五日)、新嘗祭(一一月二三日)の年四回の行事に、合わせて約一斗弱ずつ造っていた。今はヤワタンマチの時にのみまとめて四斗造っている。

平成元年(一九八九)の濁酒造りは次の行程で行われた。

八月一六日　酛立《もとだて》
蒸し米八升(一二kg)・糀四枚(三kg)・水八合(一五ℓ)・乳酸四合(七〇mℓ)を合わせて攪拌する。これは発酵のベースになる。

八月二六日　添(掛)

蒸し米一斗八升(二七kg)・糀五枚(五kg)・水一升八合(三二ℓ)を加えて攪拌する。そして約二〇日寝かせる。

九月一二日　搾
九月一三日　午前中に税務署の立ち合いのもと、四斗の濁酒が一升びん約四〇本に移されて神前に供えられた。

これらの作業には、氏子総代や輿夫団の役員の団長・副団長・会計が、交代で二、三名ずつ手伝いに来る。濁酒を造る米は、神社の前にあった神饌田三反(約〇・三ha)で収穫したものを使っていた。戦後の農地改革で買い上げられたのちは、輿夫団が用意した氏子のつくった米を使っている。

この濁酒は神前に供えられたあと、一四日朝、神輿が出立する際に輿夫団や参拝に来た氏子たちに振る舞われる。もちろん鶴谷八幡宮にも運ばれ、神前に供えられる。そして一四日夜の六所祭の時に各社の神主たちに振る舞われる。また、お仮屋に参った人や、ヤドに来る客たちもこの濁酒をいただく。祭りが終わったあと、残りの濁酒は一六日に沓見内の氏子の家々に配られる。

濁酒はその希少価値からも、もてはやされている。莫越山神社が、かつての年四回の醸造を、年一回ヤワタンマチの時のみに絞りこんだ理由は、やはりヤワタンマチを最大の祭りとして位置づけ、そこに莫越山神社の活動を集中させているからだと思われる。

三　お船を出す新宿神明神社

1 新宿のヤワタンマチの概観

ヤワタンマチには、安房の一〇社の神輿が出祭するほか、館山市北条の四台の山車と新宿の「お船」も参加する。北条は六軒町・神明町・三軒町・南町に分かれ、北条神明神社を鎮守とし、新宿は新宿神明神社を鎮守としている。今ではこれら神輿の渡御と山車・お船の巡行は渾然一体となっている。北条・新宿のそれが加わるようになったのは、江戸時代末ともいわれているが、文献上参加が確認できるのは明治末のことである。ここでは、このうち新宿に焦点を合わせながらヤワタンマチをみることにしたい。

新宿は平成元年(一九八九)現在一三〇戸余りあり、岡新宿約八〇戸と海沿いの浜新宿約五〇戸ほどから成る。こうした特異な町の構成は、昔、汐入川河口付近が湾になっていたことによるもので、江戸時代には、このあたりは江戸に入る船の風待港として栄えていた。

新宿および北条の祭りは、五町によって北条の神明神社を中心に繰り広げられる。この五町のうち一町が年番となって、山車とお船の五台の巡行の責任をもつことになっている。年番は毎年順繰りで、平成元年(一九八九)は新宿が務め、以下あとは六軒町・神明町・三軒町・南町の順となる。各山車が集団で動く時は、年番が必ず先頭で、しかも、灯一つつけるにも年番山車がつけなければほかの山車はつけられないことになっている。

ところで、新宿の神明神社は新宿の鎮守神であり、祭神は天照大神《あまてらすおおみかみ》である。御神体は安房神社からもらった金色の幣束で、桐箱に納められている。九月一四日の午前中に、安房神社と洲宮神社の神輿を新宿の神明神社に迎え入れることになっているが、この祭礼の由緒については、次のような伝承がある。かつて安房国へ神々が海を渡り、開拓し、豊かになり、忌部一族によって建てられた安房神社・洲宮神社・下立松原神社がヤワタンマチへ出祭するにあたって、汐入川が大きく湾入していて不便なため、新宿のお船で渡御したという。この故事にちなみ今もなお、安房・洲宮二社の神輿が新宿に立ち寄るのだという。

また、今は北条も鶴谷八幡宮に参るが、その頃は、大きく湾入した汐入川から館山湾へ一度出て、再び平久里川を溯り、三芳村府中の元八幡へ参詣していたとのことである。以来今日に至るまで、新宿のお船「神名丸」が安房神社・洲宮神社を先導している。なぜ現在は下立松原神社のみ立ち寄らないのか、またそれはいつ頃からそうなったのかは不明である。

安房・洲宮二社のお迎え入れのため、神明神社本殿広場には、二社の神輿のためにお仮屋が設けられる。忌竹を立て、注連縄を張り、参道には浜の真砂を敷いて清める。神輿が到着するまでは、参道には縄を張り、人に踏まれないようにする。そして、氏子総代・祭礼世話人や若い衆が、境橋まで神輿を迎えに行く。もとは長須賀の秋山源兵衛氏宅前まで迎えに行ったとのことである。

両社の神輿は、安房・洲宮の順で入り、お仮屋で休息する。安房神社の祭神天太玉命と洲宮神社の祭神天比理刀咩命は夫婦であるといわれている。その間、両社の神官が籠《かご》屋で幣束大一基、小一基を作成し、これを本殿に供え、ヒイレ(幣入れ)の儀式が執り行われる。まず安房神社の神官によって祝詞が唱えられる。そして神明神社・安房神社・洲宮神社の氏子総代・世話人と、この年は年番であるため、新宿からは手古舞、金棒引の子どももこの祭典に参加した。幣束は、一四日はそのまま本殿に供えておき、翌一五日、山車のお船がヤワタンマチへ出祭する際、小幣束だけをお船の舳先《へさき》に取り付ける。この小幣束は三本立で、中央が安房神社、左右を洲宮・下立松原神社としている。なお、祭礼終了後も安房・洲宮の順に、本殿前で神輿を高々と担ぎ上げ、一礼してから神明神社をあとにする。この時も氏子総代と世話人は南町との境まで見送っていく。そして、それらがすべて終了してから、お船の神明丸を曳いて町内を巡行しはじめる。このように両社に対して、実に丁重な送迎を行っている。

2 ヤワタンマチの構成

【九月一四日(宵宮)】

朝早く北条海岸へ行き、波打ち際のきれいな砂をもらってくる。この真砂のお清めを午前八時に行い、参道に撒く。八時三〇分、氏子総代と若い衆が、安房・洲宮神社の神輿を迎えに境橋へ出発。九時三〇分、安房・洲宮神社の順に神明神社に到着、お祓いを受ける。ヒイレの祭りが行われ、その後やはり安房・洲宮の順に神明神社を出発。氏子総代・世話人が先頭に立ち、南町との境まで見送る。一〇時に新宿のお船が神社を出発する。午前中はハナを集めるため町内を巡行し、昼食を済ませて午後一時に北条海岸沿いに全山車が集合し、お浜出の儀式を執り行う。

桟橋右の方に、年番を桟橋よりにして一列に並び、大漁を祈願する。かつてはお船を海に曳き入れたが、現在は曳き手の不足もあって行っていない。以後は団体行動を取り、年番を先頭に六軒町・神明町・三軒町・南町の順に神明町の神明神社へ向かう。四時、神明神社にて祭式を執り行う。その間曳き手などは夕食を摂る。世話人は拝殿に上がり、祭式に参加。祭典終了後ただちに出発し、一四日の解散場所である新宿町の神明神社へ向かう。八時三〇分、神明神社参道にて各町世話人が集まり、その日の反省と明日の誓いをして、別れの儀式を執り行う。終了後、各山車は各町内への帰路に就く。

【九月一五日（本祭）】

午前中は、各山車は各町内を巡行する。お船は、この日、舳先に南三社の幣束を取り付ける。午後一時、五町の山車が集合し、朝日生命社前を出発、鶴谷八幡宮へと向かう。並び順は一四日と同じである。年番の旗持ち・手古舞・金棒引が八幡宮に入り、本殿前にて山車方の到着を知らせる。二時五二分、お船が到着。まず安房神社に向かってお船唄をうたい、勢いをつけて駆け込み、拝礼。次に曳き戻し、八幡宮本殿へ参拝し、五穀豊穣・天下泰平を祈願する。続いて、ほかの九社の神輿のもとへ挨拶してから所定の位置に着く。四時四分、最後尾の南町の山車が到着。少し落ち着き、南町の山車も人形をせり上げ終わると、各山車上から参拝者へ餅を投げる。

四時一七分、お船出発。以下、ほかの山車も順次に出発し、館山駅へ向かう。途中、旧鏡浦亭近くで夕食を摂る。八時、年番引き継ぎと全山車での別れの儀式を館山駅ロータリーにて執り行う。八時三〇分、お船が出発。続いて各山車も順次に出発して各々の神社へ帰る。新宿のお船は途中で、三町の別れ・二町の別れの儀式を行う。まず初めに、四つ角で世話人執行のもと南町・神明町・新宿の山車と向かい合わせ、手打ちをする。それから新宿・南町がしばらく山車を進ませ、今度は小頭《こがしら》執行のもと南町と新宿の二町で別れの儀式を行う。そして、お船は神明神社へと帰着する。

【九月一六日（過祭）】

朝早く、新宿神明神社の本殿にて、宮司執行のもと御霊返しの儀式が行われる。これには、氏子総代・世話人の人々が出席する。午後、一五日にお船の舳先に付けた幣束を、かつて汐入川湾入のため南三社を渡御していた頃、船頭を務めていた家へ持っていく。幣束を竹の先に付けて、子どもと世話人が連れ立って持っていく。そうするとこの家から子どもに小遣いをくれる。船頭を務めたという家では、この幣束を毎年縁起物として飾り、過去に果たした家としての役割に思いを馳せつつ、毎年届けられる幣束は保存しているという。なお、会計係は、集めたハナからツケで購入した店への支払いを済ませる。夜には納会が開かれ、翌年の世話人・小頭などを選出する。

また、九月二六日、年番の正式な引き継ぎが行われる。次は六軒町が年番となる。以上が、ヤワタンマチにおける山車方の動きである。山車の巡行は、交通規制を伴うことや、山車同士のすれ違いも渋滞を引き起こし危険なため、綿密にコースを設定し、時間制限をしたうえで行っている。

3　祭礼組織・山車の曳き回し

このような大きな行事の進行には、それを支える裏方が不可欠であり、また重要である。新宿における八幡祭礼役員数は、世話人四名、顧問四名、小頭長二名、小頭三〇名、小中高校防犯係一名、会計七名、山車運行責任者三名、ブレーキ・舵《かじ》取り係一二名、提灯二名、道具三名、接待七名、交通係八名である。なかでも世話人の役割は大きい。氏子総代は、形式的な部分での役割があるのみで、主だった活動は世話人が担う。

新宿の人々は、「祭りは力の見せ合いで、元気いっぱい盛り上がらなければ負けである」と考えている。「年寄りの力、若い力、町の力…すべてがぶつかりあうもの」といい、またプライドも高く、「ヤワタンマチはここから始まった」と伝えている。また、山車に関しても、安房神社を連れてくるお船が一番立派であると考え、御神体も安房神社からのいただきもので、従ってこの神明神社は官幣大社安房神社の分身的存在としての格があるとし、さらに今の館山駅が置かれる前は、館山の中心地はこの新宿であったという。こうした認識のもとで、世話人の指導も活きてくるのかもしれない。

世話人は、神社における諸行事のリーダー的存在で、任期は三年であるが、近年の人口減少傾向に伴い、世話人の適任者も減少している。そのため、任期を四年に延ばすことが平成元年(一九八九)の納会で討議された。適任者については、町内で商売をしている人、山車曳き回しの経験者、より祭りに親しんでいる人、祭りを盛り上げられる人などが向いているとされている。また、準備には定められた日数・日程を伝統に則ってこなすので、そうした時間的調整がつくかつかないかも重要である。選出は年功序列である。世話人の人数は、各町によって多少の差がある。新宿は最少で四名、六軒町と南町は多く九名である。そのため会合等には交代で出席する場合もある。

かつて新宿のお船の権限は絶大で、年番は毎年新宿であったという。しかしそれが原因でいざこざが起き、今のように交代制にしたそうである。

この年番もまた、世話人の役割同様、重要である。世話人が町内のリーダーなら、年番は山車五台のリーダーで総責任者である。年番の権限は絶大であり、各町内との親交を深めつつ、しっかりとまとめ、祭りの重要な諸事項をこなすのである。巡行経路設定のための警察との話し合い、通ると予定された場所一つ一つを見回って、タクシー、JR、近辺の店や家の人々に同意書を書いてもらうのも、彼らの仕事の一つである。また、小・中学校などへ子どもたちの早退届の提出、子どもたちの解散時間の決定など、さまざまな注意事項を記述したプリントの作成、配布も年番の仕事である。年番の山車は、団体巡行の際は必ず先頭で、常に中心的活躍をする。山車の提灯の灯りをつけるのも年番がつけてから順次以下の山車もつける。八幡宮への参詣も優先される。各儀式・祭礼での並び方もまた、中心となるか先頭となる。

さらに年番の町内からは、山車五台の先頭の露払いの役割をする手古舞・金棒引が選出される。女子役の手古舞、男子役の金棒引が二名ずつ、すべて女子で構成される。かつては男子役は男子がしていたが、その役をした男子が、早死することが続いたため、昭和三一年(一九五六)からすべて女子で構成するようになった。その衣装は男子役の方は半纏・腹掛け・股引の、いわゆる若い衆の姿、女子役の方は片脱ぎして派手な襦袢を出し、タッツケをはいた手古舞姿である。どちらも花笠を背負い、左手に鉄棒、右手に扇を持つ。その役の選出は、背格好と年齢で選び、その年、町内で似合う子が多ければ抽選となる。新宿では小学三～五年生を起用する。長時間歩き回るので体力に無理のない女子を選ぶ。それ以上年齢が上になると、女子として困る問題が生じるからだと世話人はいう。しかし、ほかの町では、中学・高校生も起用している。

お囃子方については、大人も子どもも山車の上に乗ることができる。笛方のみプロを雇って謝礼を払っている。新宿では、プロ四名に補助二名で構成。お囃子の種類は「しっちめ」「やたい」「へぐりばやし」「ぴっとこ」「ざんぎり」「かまくら」の計六種で、ヤワタンマチに際しては山車方のあいだで統一している。また、祭りの盛り上げとして、お囃子に合わせて山車前で面をつけてのひょっとこ踊りもある。

結びにかえて

かつての国府祭(総社祭)としてのヤワタンマチは、その政治的意味の喪失とは別に、さまざまな変化を遂げながら、安房地方の祭りとして発展してきた。江戸時代末から近代にかけて、北条の山車の巡行を主とする祭りを取り込み、さらには出祭神社には、高皇産霊神社と子安神社の二社を加え、一層盛大なものとなった。一方、行事そのものについてみると、明治初期に放生会が行われなくなり、大正中期にはお浜出(お浜降り)もなくなった。

お浜出における神輿同士、あるいは神輿と山車のすれ違いは、緊張感をはらみつつスリルを味わうことができ、その醍醐味は何ともいえないものだったという。神輿や山車の巡行において対抗意識をむき出しにしつつ、鶴谷八幡宮における六所祭や大家酒の儀といった祭儀を通じて融和が図られていた。お浜出がなくなって以降、そうした対抗意識が薄らいだ点は否めないが、鶴谷八幡宮への宮入りの場面にその名残をとどめている。他地区の神輿を意識しつつ、二の鳥居をさっそうと駆け抜け、社殿前で神輿を高々と持ち上げる。さらにお仮屋前の広場を所狭しと担ぎ回り、自社の神輿の存在をアピールする。次いでやって来る神輿も負けじと動き回り、そのうえで互いにエールを送り合う形で融和が図られるのである。

なお、安房神社と洲宮神社の神々は夫婦といい、さらにそれらの神々(神輿)の渡御に新宿の山車が加わる、という形で祭りが進行するが、これら三地区の人々は互いに親和感を抱いている。出祭神社加入にあずかった神社と、その恩恵を蒙った二社同士、すなわち莫越山神社と高皇産霊神社、および手力雄神社と子安神社の氏子間も同様である。また、鶴谷八幡宮のお仮屋に集まった神輿のもとに、各地域から参詣者が集まり、時には離郷者たちも加わって交歓している光景が目に止まる。

ヤワタンマチは出祭神社各地域内の人々、および各地区間の人々の交流を促すとともに、安房地方全体の統合を果たす祭りとして、今日なおその機能を充分発揮しているように見受けられる。

【参考文献】

・伊藤邦彦「諸国一宮・惣社制の成立」『日本歴史』三五五号　一九九七年。
・館山市史編さん委員会編『館山市史』館山市　一九七一年。
・田村善次郎「安房の『やわたんまち』—総社の祭りと市—」『あるく・みる・きく』二四五号　日本観光文化研究所　一九八七年。

・千葉県安房郡教育会編『千葉県安房郡誌』館山町　一九二六年。

〔付記〕この報告は、成城大学松崎研究室編刊『安房の「やわたんまち」』（一九九〇年）と一九九七年の補足調査に基づいて執筆したものである。

第九章　七夕まつりの地域的展開

―初七夕の予備的考察―

はじめに

高度経済成長以降、都市化や、産業構造・生活構造、生活意識の変化により民俗事象が大きく変貌するなかで、年中行事の変化にも著しいものがあった。田中宣一によれば、「変化の傾向は消滅か簡略化であるが、期日や形式はほぼ元どおりで意味の大きく変わったもの、新たに生まれたものもある。総じていえば、農林業などの生産儀礼の年中行事化したものや山野路傍の神々を中心にした講行事に消滅・簡略化が著しい。少し意味を変えながらも、七草・三月節供・五月節供・七夕など旧五節供系の行事や盆行事・節分・大正月などは比較的元気だといえる」という。[1]

確かに、正月にはおせち料理や餅、注連飾りを買い求め、七草粥セット、節分の恵方巻、三月や五月節供の人形や菱餅・あられ、柏餅、七夕飾りや盆棚飾りが店頭に並ぶ。スーパーやデパートなどの商業資本やマスコミの影響を受け、各家庭での行事内容や儀礼食は画一化傾向が否めないとはいえ、それなりに行事は執行され、各行事ごとに存在意議が見出されているのである。七夕まつりも、そうしたものの一つにほかならない。

一方、石井研士は、東京の大学に在学する学生へのアンケート調査をベースに、以下三点を指摘している。[2] ①民俗学が年中行事として分析の中心に置いてきたような行事の大半が、都市生活から脱落している。②「正月」「節分」

「雛祭り」「端午の節供」「七夕」「お盆」「七五三」等の伝統行事も、かつての様相と意味をもって存続しているわけではない。③「クリスマス」や「バレンタインデー」など海外から輸入された新しい行事が、戦後になって浸透した。ちなみに石井による平成五年(一九九三)の大学生五六三名へのアンケート調査によれば、七夕まつりを「やっている」が三五・一%、「かつてはやった」が六三・六%となっており、雛祭りや端午の節供、七五三同様の傾向を示している。(3)

ところで七夕まつりといえば、仙台や平塚のそれを思い起こす人が多いだろう。これらは観光化・イベント化されて華やかになり、有名になったものである。一方、家庭レベルでは子どもが小さい頃に実施する、あるいはお孫さんと楽しむ、また幼稚園や小学校では授業の一環として行われている、というのが実状である。したがって雛祭りや端午の節供、七五三同様、「かつてはやった」となつかしく感じられる人が多いのである。本章では、先ず民俗行事としての七夕まつりのさまざまな形を概観した後、七夕の歴史を簡潔にトレースし、近世以降、庶民層に広がるなかで地域的特徴を有するに至ったもの、すなわち松本の七夕人形や濃尾地方の初七夕、戦後急速に展開した仙台や平塚の七夕まつりを取り上げる。これらの研究史を整理しつつ、その実態を把握することが目的である。そして最後に、都市部における七夕まつりの現状を確認し、今後の課題を整理したい。

一　七夕まつりの諸相

七夕まつりを牽牛・織女の二星相会伝承にかかわるものだけに限定すれば、行事内容はきわめてシンプルなものとなるが、それでは日本各地で行われている七夕まつりを把握することはできない。長い歴史のなかで、さまざまな要素が習合して形成されただけに、地域ごとに複雑な様相を呈している。田中によれば、各地域ごとに錯綜している七夕まつりの性格を整理すると、次の五つに集約できるという(4)。

ⓐ牽牛・織女二星の相会を祝うもの。
ⓑ技芸の上達を祈るもの。
ⓒ農耕儀礼的側面(が認められるもの)。
ⓓ子供などによる小屋行事(が伴うもの)。
ⓔ水による穢れの祓除(儀礼が伴うもの)。

なお、(　)の部分は筆者が補足したものだが、埼玉県下の事例をあげつつ確認することにしたい。内田賢作によれば、埼玉県下では東部の真菰の馬を飾る地域と、ネブッタ節供などといって、笹竹に合歓《ねむ》をくくりつけて飾る西部の地域とに二分されるという(5)(図9-1)。この点については、柳正博の作成した「七夕飾り」の分布図によっても確認できる(6)(図9-2)。以下、内田の報告によりながら、埼玉県下の事例をいくつかみることにしたい。

〔事例1〕　新座市野火止

七夕は農家は八月七日、非農家は七月七日に行なう。短冊をつけた笹竹の七夕飾りを立てる。ⓑ里芋の葉にたまった丸い露を集めて短冊の文字を書くと、字が上手になるという。笹の前に、真菰で雌雄二匹の馬を作り、向かい合せて飾る。小麦饅頭と瓜、とうもろこしなどを供える。ささげを供えたり、赤飯をたく家もある。夜はうどん、そばをうつ。ⓒ七夕が終わると、七夕は作神様で作物がよくできるようにと言って、畑に立てると言う家もある。また、川に流してしまう家もある。ⓐ七夕の日には、朝七時半にささげ畑で、牽牛織女がお見合いをする。それで豆畑に入ってはならない。星が入ると頭痛がするからである。七ツ前に茄子畑に入ってはいけないと

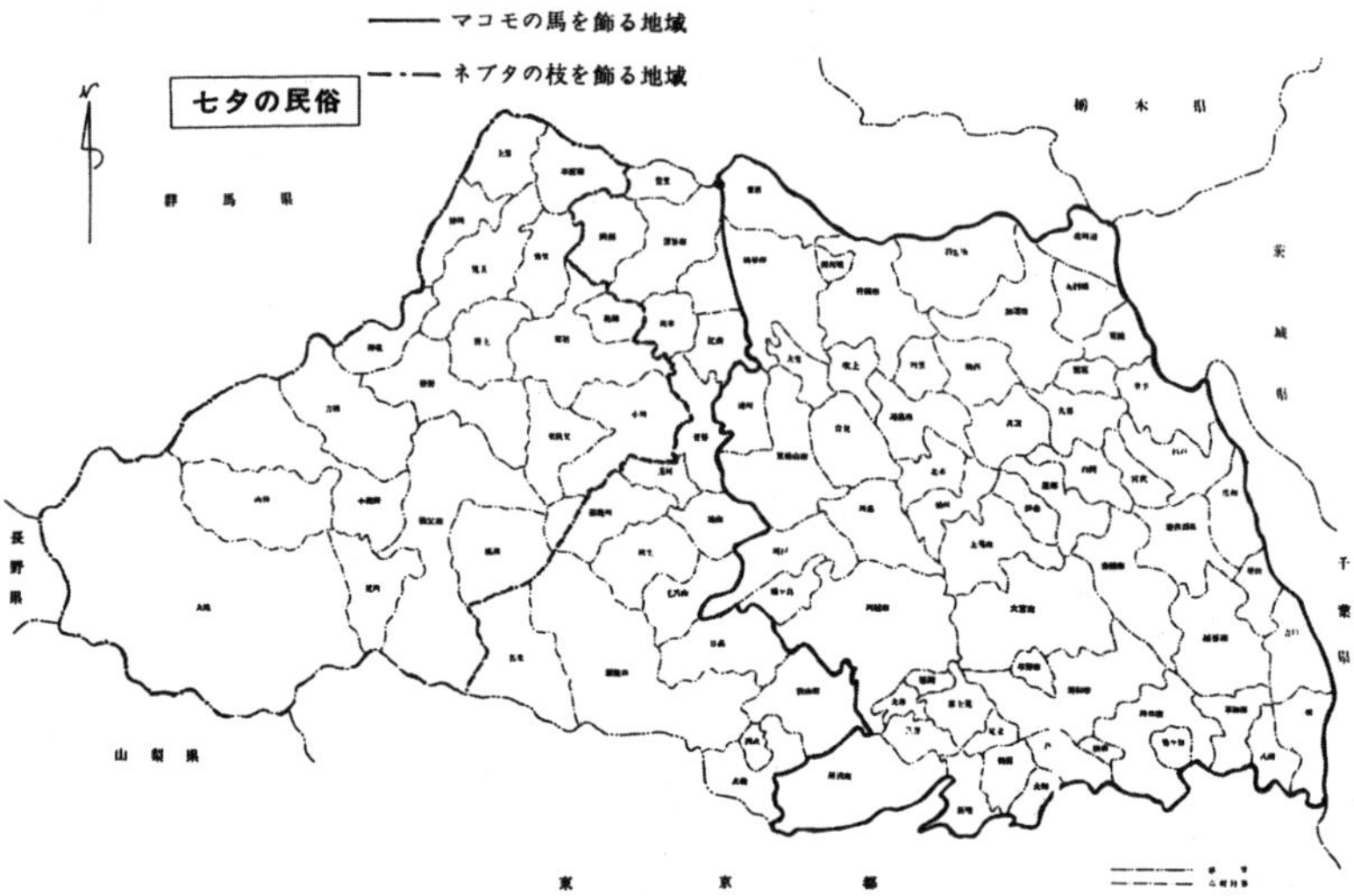

図 9-1　埼玉県下の七夕飾りⅠ（内田註(5) 1973 年より）

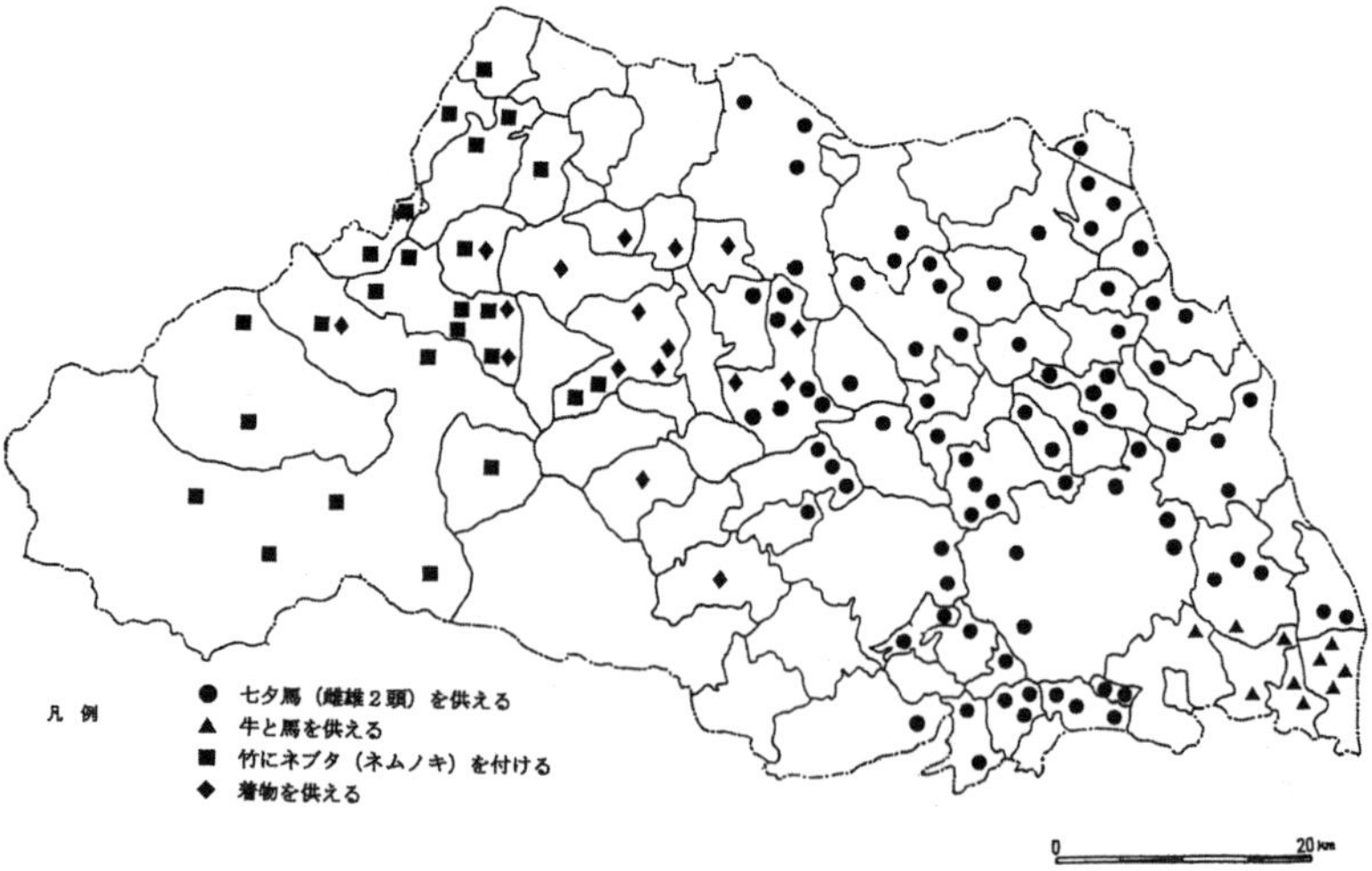

図 9-2　埼玉県下の七夕飾りⅡ（柳註(6) 2005 年より）

もいう。ⓔ七夕に雨がかかると病気がはやらないという。真菰の馬は、あと屋根にほうり上げた。また、ⓔ七日の日に油ものを洗うとよく落ちるという。

〔事例2〕　上尾市沖ノ上

笹竹を立てる。その前に竹を横に渡し、二匹の馬を向き合わせて飾る。あと馬は屋根に投げあげた。笹竹は川に流したり虫よけといって大根畑に立てたりする。ⓔこの日早朝、竹の下で露をあびれば、頭痛にならないという。人の見ていない時にやる。また、ⓒ笹たけのいろ紙を竹に巻いて、大根畑にさすと虫がつかぬという。ⓔ女が十時前に洗髪するとよく落ちるという。昼前に豆畑に入ると馬にけられる。あるいは、野菜畑に入ってはいけないという。

以上二例は、埼玉県東部地域の特徴を有するものである。傍線を付した部分は、田中の指摘する七夕まつりの五つの性格に対応するものである。事例1はⓐⓑⓒⓔと多くの属性を内包するものであり、事例2にはⓒⓔのみのようだが、ⓐの要素も、いうまでもなく認めうるものといえる。なお、技芸上達に関しては、東部地域では「字の上達」が際立っている。

〔事例3〕　東秩父村奥沢

笹竹を立てねぶたに飾る。笹竹は川に流す。「ネブタ流れろ、心はとまれ」と言って、顔を洗ってねぶたを流す。ⓔこの日、子どもたちがよく水あびをする。一日七回あびるものだ。そうすれば、病気をせぬと言われている。ⓑ短冊の文字は芋の露で書く。この日は、朝小麦饅頭を、夜うどんを作って食べる。

〔事例4〕　越生町大満

七夕には笹竹を立てる。馬を作ったり、合歓を竹に飾ったりすることはないが、眠気ざましだと言って、ねぶたの葉を流す。ⓑ芋の葉の露で短冊の文字を書く。ⓑ新しく縫った着物を七夕様に供えると、裁縫の腕が上達するといって、浴衣を縫って七夕様に上げる。ⓔこの日髪を洗うとよいといい、また物を洗うとよく落ちるという。子どもたちは御飯を五回食べて七回水浴びをする。

この二例は西部地域のもので、ねぶた流しと関連するものが多く、技芸上達についても字の上達に加え、裁縫上達が混ざっているのを特徴とする。また、七夕に着物を供える事例4のようなものは、中北部地域にも散見される(図9-2)参照)。一方、西部地域の虫除け等農耕儀礼的要素は、東部地域に比してやや希薄なようにみえる。いずれにせよ埼玉県下には、ⓓ子どもなどによる小屋行事は確認できない。田中によれば、宮城県や神奈川県・高知県等の地域にそれがみられたようである。(7)

たとえば宮城県黒川郡大和町吉田では、明治時代頃までは、七月六日に一二、三歳の男児が河原に七夕小屋を造り、その前に七夕飾りを立てたという。鍋釜や食材を持ち寄って、小屋の前に石を並べてカマを作り、ウーメン・コンニャク豆腐・油揚などの御馳走を石の上に設けた棚に載せ、七夕様に供え、作ったものを食べながらこの小屋に泊まった。この時、他集落の子どもたちが小屋を潰しに来るので、一晩寝ないで守ったとのこと。七日には水浴びなどをして過ごし、終わりに七夕飾りを川へ流し小屋に火をつけて燃やしたそうである。一方、神奈川県大磯町のように、小屋を根拠にして仮装した子どもたちが(ナマハゲのように変装して)家々を巡行する例も稀ではなかった。七夕様への供え物を各家を回って貰い歩いたとするのは全国的で、一月一五日の小正月や十五夜(旧暦八月一五日の名月)における、子どもたちの集団の行動ともきわめて似ている。

このように、かつて広く行われていた七夕まつりをみると、単純に星祭りと決めてかかることはできない。中国から宮廷社会に伝えられ、確かな暦日に位置を占めていた七夕まつりが、地方や民間に伝播する過程において、七月七日前後に行われていた農耕儀礼や禊ぎ・悪霊祓い・盆行事等の要素を吸収して、徐々に多様な性格をもつものへと変質し定着していったものと考えられる。民俗行事を歴史的にトレースすることは、文献上の制約もあって難しいところであるが、貴族・武家の七夕まつりの流れを押さえながら、近世の庶民への広がりを次節で明らかにしたい。

二　七夕まつりの歴史

七夕の歴史については、名辞典というべき鈴木棠三の『日本年中行事辞典』にコンパクトにまとめられており[8]、また諸文献を繙いて分析を試みた稲城信子の「七夕の変遷」に詳しく記されている[9]。そこでこれら先学に導かれつつ、近世までの歴史をトレースしてみたい。

鈴木によれば、七夕まつりは中国に古く伝わる牽牛星・織女星の伝説と、これから発達した星に対して裁縫の上達を願う乞巧奠《きっこうでん》の行事が輸入され、わが国在来の棚機津女《たなばたつめ》の信仰が習合して成立したものという[10]。中国では古くから牽牛星（鷲座のアルタイ）をもって農時を知る基準としたらしく、また織女星（琴座の主星ヴェガ）をもって養蚕や糸・針の仕事を司るとの信仰があった。紀元前一一世紀から七世紀までの話を集めた『詩経』「小雅谷風之什」には、次のように記されている[11]。

（前略）
維天有漢　天の河空にかかりて
監亦有光　うち監《み》れば光りわたり
跂彼織女　三隅なす織女星は

終日七襄　ひねもすに七やどりする
雖則七襄　七やどり日にはすれども
不成報章　織返し章《あや》をも成さず
睆彼牽牛　かがやけるかの牽牛も
不以服箱　いたずらに車をかけず

（後略）

この詩について和歌森太郎は、「七夕の二星相会を明瞭にうたったものではないけれど、その浪漫譚を知らずしては成立し得ぬ歌には違いない」と述べている。(12)

後漢（紀元二〇～二二〇）以後に至るとはっきりと二星を恋人とする伝説が生まれ、後漢末に著わされた『四民月令』には、七月七日に「酒脯（酒と肉）・時果（季節の果物）を設け、香粉を筵に散じ、河鼓（牽牛星の古称）・織女を祈請す。言ふ、この二星当《まさ》に会すべし」と記されているという。(13)

そうして、紀元六〇〇年前後に成立したとされる『荊楚歳時記』には、「七月七日、牽牛・織女、聚会の夜と為す」、「是の夕、人家の婦女、綵縷《さいろう》を結び（やぐらを立て＝筆者注）、七孔の釘を穿ち、或いは金・銀・鍮石《ちゅうせき》を以て針を為《つく》り、几筵《つくえむしろ》、蒲酒・瓜果を庭中に陳《つら》ね、以て巧を乞う。喜子《くも》、瓜上に網することあらば、即ち以て符応ずと為す」とあり、(14)当時の揚子江中流地方の行事の様相が記されている。これをみると、二星が七月七日に相会するという説話に基づく前半部分と、星に対して裁縫の上達を願う乞巧にかかわる後半部分とに分かれるが、唐代（六一八～九〇七）の乞巧奠の行事や、その裏づけとなる伝説が完備されていることがわかる。そうしてこの乞巧奠がわが国に輸入され、宮廷や貴族の間で広まることになるわけである。

ところで、「七夕」と書き、なぜこれを「たなばた」と訓むのか、あまりにもこの呼称に親しみすぎてそうした疑問を抱く人はそう多くはない。「たなばた」という語句が見られる最古の文献は『古事記』上巻である。そこには「天なるや　弟棚機《おとたなばた》ノ　項《うな》がせる　玉の御統《みすまる》　御統に　穴玉はや　み谷　二渡らす　阿治志高日子根《あじしきたかひこね》ノ　神ぞ」とある。[15]阿治志貴日子根神のことを妹の高比売命が歌ったもので、その意味は「天上界にいる若い機織女が頸にかけていらっしゃる一本の緒の貴き統べた首飾りの玉、一本の緒に貫き統べた穴玉よ、ああ、この首飾りは二つの谷に渡って照り輝いていらっしゃる阿治志貴高日子根神よ」といった内容で、兄君をたたえるために、「弟棚機」の美しい首飾りを引き合いに出しただけのものである。なお、ここには二星相会や乞巧奠の意味は全く見受けられず、この語句に七夕まつりが日本に伝わる以前の古代民俗信仰の「たなばた」の原型がうかがえる。

「棚」とは元来神を迎えるために地上から離して造られる建物のことで、この「棚」上で機を織ることが「たなばた」であり、この機を織る若い女性が「弟(乙)棚機」あるいは「棚機津女」である。折口信夫によれば、棚すなわち縣造(水辺の小屋＝筆者註)に設けられた機に倚《よ》って神の来臨を待ち、一夜を神に待して過ごす聖なる乙女(巫女)が乙棚機、または棚機津女である。棚機津女は人里離れた水辺の機屋に籠り、そこを祭場として神を迎え斎《いわ》い祭り、一夜を過ごす。翌日神が帰るのを送るに際し、村人は禊を行い、あるいは送り神に託して穢れを持ち去ってもらうのだという。[16]

先に触れたように、民俗行事としての七夕まつりが、水浴びや悪霊送り(流し)と密接な関係をもっていることは、中国の要素にはみられないもので、日本固有の七夕信仰を残すものと考えられている。この七夕送り、七夕流しが眠り流しとなって風流化したものが、青森県を中心に広がるねぶた流しである。すなわち、水浴びや灯籠流しによって邪気を祓う、あるいは流す習俗のうち、その邪気が睡魔となり、灯籠が巨大化、華美化して歌舞音曲を伴って華やか

なねぶたとなったのである。その点については、柳田國男も「眠流し考」なる小論で言及している。(17)

さて、折口説に話を戻すと、古代日本人の信仰において、ちょうどこの七夕の行われる頃は、春から夏へと季節が移り変わった頃、すなわち交叉《ゆきあい》の季節にあたり、農時暦のうえからも遠くから「水の神」がやって来ると信じられ、交叉のまつりが行われていた。その神を迎えるために、乙女(巫女)が水辺に造った「棚」の上で「機」を織って神の来臨を待っていたというのである。

神まつりが七月七日頃に行われていた証として『日本書紀』皇極天皇元年(六四二)七月七日に、相撲が公の行事として行われていたことが記されている。(18) いうまでもなく相撲は神まつりに伴う行事の一つであり、それによって年占を行うものでもあった。このように相撲が七夕の行事と重ね合わされたことは『続日本紀』天平六年(七三四)七月七日の条に「天皇観二相撲戯一　是夕徒二御南苑一　命二文人一賦二七夕之詩一　賜禄有レ差」とみられることからもわかり、(19) 奈良朝になると「たなはたつめ」の信仰は、伝説の天の河を距てた牽牛・織女の星合と重なっていったという。(20) ちなみに『万葉集』全四五〇〇首のうち、一三三首が七夕を題材にしたものであり、うち過半数を占める九八首は天平初期のものである。

しかし七夕は「なぬかのよ」と呼ばれており、「織女」を当てて「たなばた」としている。『古今和歌集』においても「なぬかのよ」と訓まれている。「七夕」を「たなばた」と訓む例が文献上に現れてくるのは平安初期であり、一〇世紀末から一一世紀初頭に著わされた『宇津保物語』「藤原の君」第二七「七夕、正頼の娘たち　河原に出て歌を詠む」に以下のようにある。(21)

かくて、七月七日になりぬ。賀茂川に御髪洗《みぐしす》ましに、大宮よりはじめたてまつりて、小君たちまで出でたまへり。賀茂の河辺に桟敷《さじき》打ちて、男君たちおはしまさうず。その日、節供河原にまゐれり。君たち御髪洗《みぐしす》ましはてて、御琴調べて、七夕《たなばた》に奉りたまうほどに、東宮より大宮の御もとに、かく聞こえたまへり。

ここに記されているように、当時、賀茂川で髪を洗う習慣があったようで、棚機津女の名残のようにもみえる。いずれにしても『宇津保物語』のようなものにまで「七夕《たなばた》」が登場するようになったということは、それが宮廷生活のなかで年中行事の一つとして重要な位置を占めるようになったことを意味する。そうして七月七日の行事に、徐々に星合のまつりのみならず、乞巧奠の要素を色濃く出すような形に変化していく。一一世紀後半から一二世紀初期の朝儀・公事の次第を詳記した書『江家次第』「七日乞巧奠事《キコウテン》」には、儀礼次第がこと細かに記されている。(22)

すなわち、宮中では清涼殿の東庭に長筵を敷き、その上に朱塗りの高机四脚を据えて桃・梨・茄子・瓜・大豆・ささげ、干鯛、薄鮑などのほか、楸《ひさぎ》の葉に金・銀の針七本を刺して供える。これには七つのめど(針の穴)があって五色の糸を通してある。また琴柱《ことじ》を立てた琴一張を机の上に横たえ、香炉を傍に置き、終始そらだきを絶やさぬようにする。机の周囲やその間に九本の灯台を置いて明かりをともす。天皇は庭に椅子を出され、二星の星合のさまをご覧になり、管弦・作文などの御遊を行われる、と。

このように『江家次第』にはこと細かに乞巧奠の儀式内容が記されているが、『御堂関白記』や『枕草子』『栄華物語』といった一一世紀の文献にも宮中や貴族の乞巧奠の様子が描かれている一方、七夕を題材とした歌は相変わらず盛んに詠まれ、『紫式部集』や西行の『山家集』にも目立ち、鎌倉時代に入って『新古今和歌集』や『金槐和歌集』をみても同様だという。(23)

室町時代の宮中においては、御殿の棟の上に座をつくり、梶の木の御製(天皇の歌)をはじめの廷臣の歌を結び付け、硯・筆・墨を梶の葉に載せたものを広蓋に載せ、それを梶の木の下に置き、季節の物を供えた。つまり、星まつりに歌を供える行事になったこと、行事の簡素化を補うために七遊などと称する風雅の遊びを盛んに行うようになったこ

と、この二点が室町時代の七夕の特色だという。(24)

なお、七遊とは、歌・鞠・碁・花・貝覆・揚弓・香などの七種の遊びをいい、南北朝の頃から始まったとされている。また七〇〇首の和歌を詠じ、あるいは七調子の管弦を奏し、七〇韻の連歌などを行い、これらを七種の法楽などと称した。ちなみにここにある七遊の花であるが、それまでの仏前供花の花から一歩前進し、一定の形が与えられて芸術への足がかりをつかむようになるが、それは一五世紀半ば頃の池坊の登場によってとされている。(25)

江戸時代における宮中の乞巧奠は、芋の葉の露を用いて梶の葉に天皇が和歌を書き、それを内侍が屋根に投げ上げたようである。また、江戸時代後期には御座所の庭に枝付きの竹四本を立てて祀ったとされ、それについて鈴木は、「七夕竹が用いられるようになったのは、民間の行事のしかたが取り入れられたものであるが、直接的には徳川幕府大奥の風儀による影響かと思われる」としている。(26)鈴木は大奥の風儀についても触れており、それによれば、大奥では白木の台を御座の間の縁側に据え、瓜・西瓜・桃・菓子を山盛りにし、その四隅へ葉竹を立て、注連を張りめぐらし、灯明を点じるとし、御台所は短冊に歌をしたため、御側女中が歌を書いた色紙を葉竹に結び付け、翌朝供物などを品川の海へ流したという。(27)

しかしながら、応永末年から永和年間(一三七五～七九)に成立したとされる『太平記』巻一「主上御告文関東へ下さるる事」には、「七月七日夜は、牽牛織女の二星、烏鵲《かささぎ》の橋を渡りて、一年の懐抱解く夜なれば、宮人の風俗、竹竿に願ひの糸をかけ、庭前に嘉菓列ねて、乞巧奠を修する夜なれども云々」とあり、(28)笹竹を用いる風はすでに中世後期に確認することができることから、鈴木説は再考を要しよう。ちなみに笹竹に関しては「神祭りに用いられることが多く」、「本来は神霊迎えのしろ(=依代、筆者注)であった」が、「それが漸次本義を却い、神域斎場に不可欠のもの、或はその装飾物のように思われている今日の実情である」というのが和歌森の見解である。(29)

では、宮中に対して、幕府側の七夕まつりの儀礼はどのようなものであったのだろうか。室町幕府のそれは宮中の様式に倣ったようであり、それに対して鎌倉幕府では行われなかった模様で、正史の『吾妻鏡』にはその記載がない。一方、江戸幕府は七夕を五節供の一つと定め、正式の式日とした。天保九年（一八三八）刊の『東都歳時記』には、旧暦七月七日の項に、

　七夕《シツセキ》御祝儀、諸侯白帷子《カタビラ》にて御礼、今夜貴賤供物をつらねて、二星に供し、詩歌をさゝぐ。家々令素麵を饗す。

と記されている。[30] 為政者を中心として繰り広げられた七夕まつりの歴史的概要は、以上の通りである。これについては稲城信子が整理を試みている。コンパクトにまとめていてわかりやすいことから、ここにあげておくことにした。[31]

たなはたつめの信仰 ＜ 星まつり（牽牛・織姫の恋物語）―七夕の文芸化 ＞ 庶民の七夕
　　　　　　　　　 ＜ 乞巧奠―七遊―七夕法楽―籠花・池坊・花扇使 ＞

この表にある「七夕の庶民化」は、江戸後期に至って急速に進む。『東都歳時記』には、旧暦七月六日の項に、

　今朝未明より、毎家屋上に短冊竹を立てる事繁く、市中には土を尽くしていろいろ作り物をこしらへ、竹とゝもに高く出して、人の見ものとする事、近年のならはし也、

とある。[32] 笹竹を用いる例が『太平記』に記されていることは先に触れたが、この時期そうした風習が江戸で著しく目立つに至ったことが確認できる。文政一三年（一八三〇）に著わされた『嬉遊笑覧』にも、

　江戸にて近ごろ文政二、三年の頃より七夕の短冊つくる篠に、種々の物を色紙にて張りつるす。其頃なべてせしにはあらざりし、只浜辺町辺の町屋などに見しが、今は大かた江戸の内、せぬ所もなきやうなり、

と記されている。[33] また、この頃の庶民の七夕まつりについては、近世の風俗に関する考証的随筆というべき『守貞謾

図 9-3　広重の「江戸百景・市中繁栄七夕祭」

稿』に詳しい(34)。

七月七日　今夜ヲ七夕ト云、今世大坂ニテハ手跡ヲ習フ児童ノミ、五色ノ短冊色紙等ニ詩歌ヲ書キ、青笹ニ数々附之、寺屋ト号ル筆道師家ニ持集リ、七夕ニ星ノ掛物ヲカケ、太鼓ナド打テ終日遊ブコト也、江戸ニテハ児アル家モナキ屋モ、貧富大小ノ差別ナク、毎戸必ズ青竹ニ短冊色紙ヲ付テ、高ク屋上ニ建ルコト、大坂ノ四月八日ノ花ノ如シ、然モ種々ノ造リ物ヲ付ルモ有リ、尤色紙短尺ハトモニ半紙ノ染紙也、如此江戸ニテ此コトノ盛ナルニ及ビ、雛祭ノ昌ナルハ市中ノ婦女多ク、大名ニ奉公セシ者ドモニテ、兎角ニ大名奥ノ真似ヲナシ、女ニ係ル式ハ盛ナル也、故ニ男ノ式ハ行レズ、形バカリニテ女式ハ冒也、作リ物、昔ハ家ニ自造シテ興トス、今ハホ、ヅキ形、帳面ノ形、西瓜ヲ切リタル形、筆形等、又枕ノ引出シヨリ文ノ出タル形ナド売ル、然レドモ、稀ニ自作シテ、種々ノ形ヲ付スル者往々有レ之、作リ物多クハ竹骨ヲ用ヒ、紙ヲ張ル、云々

ここには江戸と大坂の七夕まつりの違いが書かれているほか、帳面の形、西瓜を切った形、枕の引出しより文の出た形などの紙を買って笹竹に吊すことなど、具体的な日常生活の品物が七夕のなかに入り込んできたことがわかる。このような商業主義と結びついた点が、江戸後期の庶民における七夕まつりの一つの特徴といえる。

『東都歳時記』でみたように、江戸では七月六日の夕べから笹竹を立てることを慣例としており、それに先立って笹竹売りが「竹や竹や」と叫びながら売り歩いた。その笹竹を購入してさまざまな形の色紙を飾り、高く屋上に立て

たのである。『絵本江戸風俗往来』にその様子が描かれており、安藤広重の「江戸百景・市中繁栄七夕祭」なる錦絵にも、見渡す限りの街並の屋根上に、笹竹の林立するさまが描かれている(図9-3参照)。竹には五色の短冊や、美しく切って願いの糸に模した切り紙、吹流しなどのほか、ひょうたん、そろばんに大福帳、千両箱など、思い思いに縁起を祝った賑やかな飾り物が風になびいている様子が見てとれる。富士山が七月の空に、このようによく見えるのは現在では稀なことであり、右手遠く千代田城の櫓が見えることから、この絵は江戸市中でも日本橋から中橋広小路あたりまでの通り道だろうという。[35] この絵のような光景は、明治末期までは見られたようである。

ちなみに、こうした七夕まつりが庶民層で盛んに行われるようになった要因として『守貞謾稿』は、町屋の娘が大名家などの奥向きに奉公するケースが多くなり、その者たちが奥向きの風俗を真似した点をあげているが、一方では、これも『守貞謾稿』にあるように寺子屋の果たした役割も無視できず、その点を強調して、七夕まつりの歴史をしめくくりたい。

三　七夕まつりの地域的展開

第一節で言及したように、各地でさまざまな七夕まつりが繰り広げられているが、ここではそうしたなかでも特異な展開を遂げた濃尾地方の初七夕、松本地方の七夕人形、仙台および平塚の七夕まつりを取り上げる。

1　濃尾地方の初七夕

子どもが数え年で七歳になった時、いつもの年よりも盛大に七夕まつりが行われる。これが初七夕であり、男女にかかわらず初生児のみを対象とする成長儀礼にほかならなかった。以下四例ほど紹介しよう。

〔事例5〕岐阜市琴塚

長良川のほとりに位置する琴塚では、初生児が小学校一年になった数えで七歳の八月七日に、初七夕を盛大に祝う。準備は、七歳になった祖母が中心になって前々日より始める。藪から笹竹を切り出し、短冊や切り紙細工で飾り付けをした後、縁側の外の軒先に立てる。縁側には、小机の上に家の畑で収穫したスイカ・ブドウ・カボチャ・トウモロコシ・十六ササゲ・キュウリそして茄子馬が供えられ、嫁の生家から贈られた切子灯籠が吊される。七日の夜は嫁の実家の祖父母をはじめ、親戚一同を招いて食事をし、その後近所の子どもたちを呼んで軒先で花火を楽しむ。翌朝飾った笹竹を持って長良川へ流しに行ったようであるが、現在は流す真似をするだけで、一月のサギチョウの時に燃やすものという。(36)

〔事例6〕岐阜市三田洞

子どもが一年の年の八月七日に行われる。この七夕を特に「初七夕」という。七月中に母親の実家から長子に赤と青が一対になった、「切子灯籠」と「短尺(短冊のことをこう呼ぶ)」を贈ってくる。父親の兄弟姉妹からは「岐阜提灯」が贈られる。「短尺」は贈られてくるものだけでは数が少ないので、家でも買った。八月になると「短尺」に願い事や家族の名前などを書き、切子や西瓜などの絵の飾りを作りはじめる。五日頃には竹を二本採ってくる。竹は淡竹の新竹で、青々とした枝でたくさん付いているものが良いとされた。竹は縁側に置き天井から吊し、下で固定した(座敷の軒に立てる家もある)。竹の間に横棒を渡し、赤・青・白の紙を巻き、横棒の両端には色紙で作った房をつけた。「短尺」、切り子などを、「ジャゴヒゲ」（蛇のひげ）に縛りつけて飾りつけをし、なす・胡瓜（麻殻を切ったものを足として挿し、とうもろこしの毛でしっぽ作り馬の形にする）・とうもろこし・西瓜・メロン・梨・桃・菓子などを、白い布をかけた机に載せて竹の前に供える。そして竹の近くに、「切子灯籠」「岐阜提灯」を飾る。七夕が終わると小枝を折って近所の子どものある家や親戚に配り、二本の竹の本体は、かつては近くの末洞川に流した（今は川に蓋がされたので鳥羽川まで持っていって流す）。夜には花火をした。[37] 次子以降についても行われるが、長子に比べると地味になる。「切子灯籠」が贈られてくるのは長子のみである。

一方、愛知県の例は以下の二つである。

〔事例7〕　大口町金野

　ここでは「一年生になると里方から七夕が来た」といい、二本の笹に長いヒラヒラの飾りがついた切子を吊した。笹はカドに立てて、真中に竹を渡して切子をぶらさげ、野菜・果物を供えた。後から七夕の竹を切って親戚に配り、もらった家では雪除けとして、裏の戸の所に刺しておいたという。[38]

〔事例8〕　瀬戸市山口

　一年生の七夕では里から短冊が届けられ、一軒一軒で七夕馬を飾り立て、お祝いしたという。短冊は一人や二人では書ききれないほどの数であった。七夕飾りも大きな竹で、カドには一、二本飾った。短冊のほか切子などもぶらさげたが、翌日子どもが飾りをもらいに来るので一枚ずつ与え、茄子の畑に立てておくとよかったという。[39]

初七夕の分布をみると、愛知県では尾張地方の北部に集中し（図9-4参照）、岐阜県の美濃地方では、岐阜市東南部から岐南町、各務原市に続く地域で盛んだという。[40] なお、元来は初生児だけに限られていたが、近年は次子以降についても地味ながら行われるようになっていることが知られる。

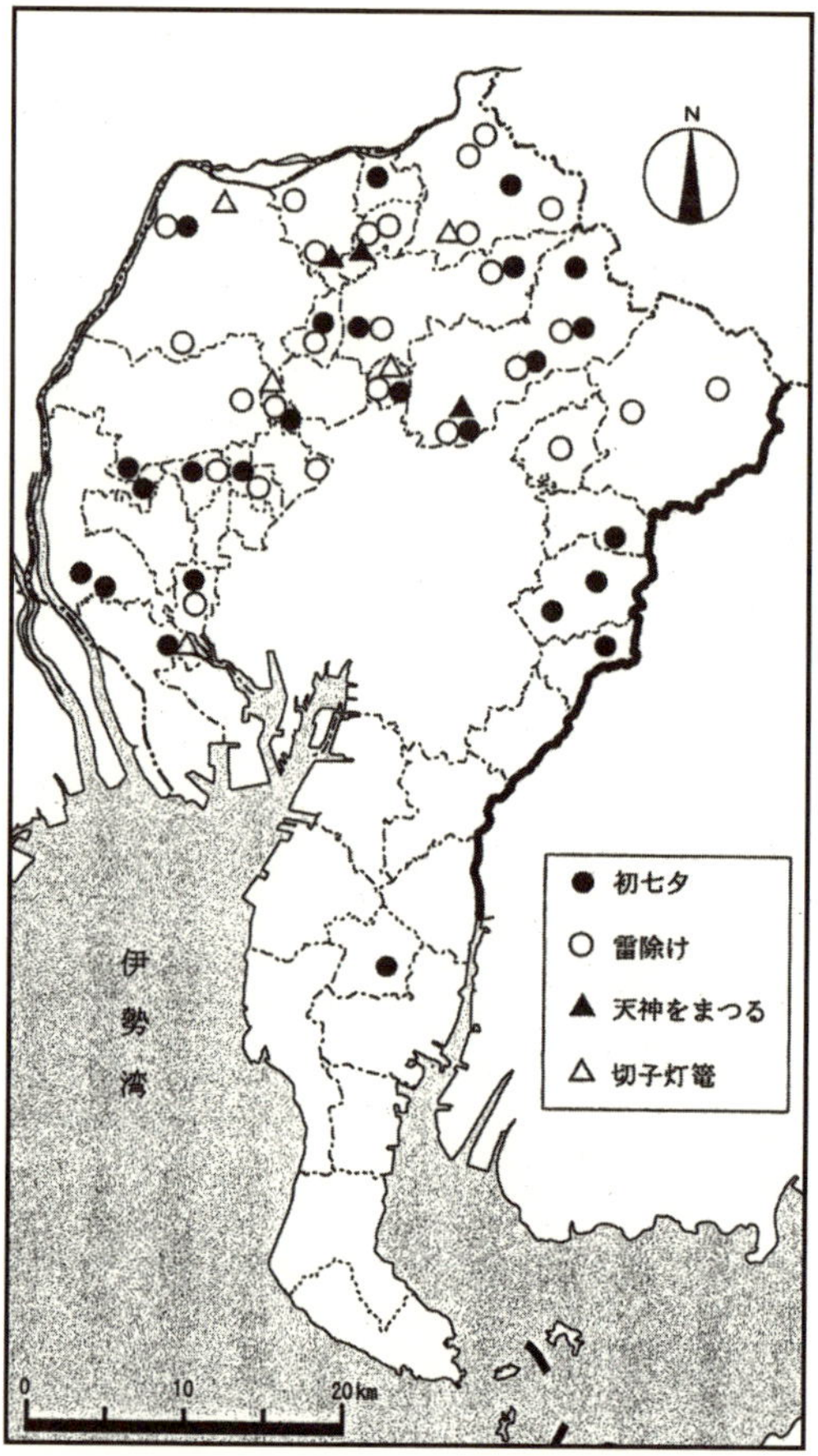

図9-4　尾張地方の初七夕分布図
（愛知県史編さん委員会註(38) 2008年より）

以上、わずか四地域のものしか例示しえなかったが、①数え年七歳の初生児の祝いとして（元来）行われる、②嫁の実家から切り子や短冊（尾張では天神人形）が贈られる、③実家の両親を中心とする親戚や近所の子どもとともに祝う。これが初七夕の特徴といえる。ここで問題となるのは、男女にかかわらず、なぜ初生児に限って行われていたか、という点である。今あげた三つの特徴のうち②が注目される。

嫁の生家からの贈答は、嫁が新たな生命を宿した時から繰り返し行われている。妊娠五ヶ月目の帯祝いには腹帯と餅が贈られ、宮参りに際しては産着が、また百日目のお食い初めの時には子ども用の膳一式が、といった具合である。この初七夕における切り子や短冊は、嫁の生家から婚家へなされる最後の贈答慣行にほかならない。こうしたことから、初七夕は子どもの成長を祝いながら、嫁の生家の結合の節目を意味する場であり、また姑が初七夕を仕切るのは、行事内容も嫁に伝えるためのもので、嫁がやがて主婦となる第一歩であったとの見方がなされている[41]。

正鵠を射た見解といえよう。なお、濃尾地方以外では、姫路市を中心とする播磨地方でも初七夕が繰り広げられている模様である。

2　松本の七夕人形

長野県松本市域の七夕まつりでは、二つの地域的特徴を見出すことができる。一つは七夕人形を飾ることであり、もう一つは、ホウトウといって小麦粉でうどんを幅広に切ったものに、キナコやアンであえた食物を七夕に供えることである。ホウトウを供える所は、松本市を含む中信から南信に広く分布する。ホウトウといえば山梨県の郷土料理といったイメージが強いものの、長野県でも中・南部地域ではよく食べられたようである。一方、七夕人形を飾る地域は、松本市域を含んだ中信地方の平坦部と、東部の一部から、南安曇野郡、大町市、北安曇野郡中南部にかけてである。なお、松本市立博物館には昭和三〇年(一九五五)に指定された国の重要有形民俗文化財「七夕人形コレクション」四五点をはじめ、二〇〇点を超える七夕人形が収蔵されており、我々民俗学徒のあいだではよく知られている。

七夕人形は、子どもの健やかな成長を願って、初子が生まれると母親の実家や親戚から贈られたものという。木下守・中村慎吾によれば、昭和二〇年代半ばから三〇年頃にかけてが製造・販売のピークで、その後はかなり減少したとのことである。今日でも製造・販売されているものの、購入するのはもっぱら観光客だという。ちなみに現在製造・販売されている七夕人形には二つのタイプがあり、一つは人の顔型に切り抜いた板に顔を描き、腕木を付けて着物を掛けて飾るもので(写真9-1)、もう一つは押し絵雛のように厚紙に綿を置いてそれを絹でくるんで顔を描き、色紙で衣と袴を着せた紙人形である。[42]

松本地方で七夕まつりに人形が飾られることについては、珍しい光景として近世中期以降の随筆や紀行文に記され

写真 9-1　七夕人形（松本市立博物館編『七夕と人形』2005 年より）

ている。元禄一〇年（一六九七）頃にまとめられたとされる『塩尻』には、「初秋七夕　町々縄を以て家と家との軒にかけ、道を横切りてこれを張り、夫に木にて人形をいとおろそかに作り、紙衣をきせ、いくつとなく彼縄につくおく事、城下皆おなし」と記されている。[43] さらに『嬉遊笑覧』には、

今も信州松本にて、七夕には家々縄をもて家と家との軒にかけ、横ぎり木にて人形をいとおろそかに造り、紙衣をきせ、いくつとなくかの縄に吊りおくなり。越後塩沢わたりにても、七月朔日より七日の夕迄、家々の軒に縄を引きはへ、人形はすげにて作り、五色の紙衣きせ、大小の刀鎗長刀など竹にて削り、または鎗の鞘等は、かるたなどの厚紙をきりて作り、すべて大名行列のさまなどうつし吊おき、七日の晩方にとりて、川水に流し捨てとなむ云々。

とある。[44] これらに記載されているものは、道切りのように道路に縄を張り渡し、人形を吊すものである。そうして同様の習俗が、松本のみならず越後にあったことが知られる。ここに記された越後塩沢の例は確認していないが、新潟県では、糸井川市根知で現在も道路に綱を渡し、嫁さん、婿さんと呼ばれる男女一対の人形のほか、腰元・子守り・荷かづき等と呼ぶ人形その他を吊している。ここでは、大名行列ならず花嫁行列に模して七夕人形を飾っているのである。[45]

松本のそれに話を戻すと、菅江真澄は『委寧《いな》の中路』で塩尻市洗馬の様子を、また『来目路《くめじ》の橋』で松本市里山辺

の様子を記している。前者には、図9-5のような挿絵があって、「六日より軒はに方なる木にて、めおのかたしろを造りて糸にて曳きはへてけり」、と解説している。[46] 一方、後者には「七日、同じ宿にけふも暮れなんとす。女の童、竹のえだに糸引きはへて、ささやかなる男女のかたしろをつくり、いくらともなうかけならべたるに、秋風、さと吹きなびかいてけり」と書かれ、[47] やはり挿絵がある（図9-6参照）。後者の挿絵は『塩尻』や『嬉遊笑覧』記載の道切り形式のものであるが、前者のそれは軒にさげたもので、今日ではこちらのものがほとんどである。

ちなみに、この七夕人形の系譜については、石沢誠司や木下守の論著に詳しいが、[48] ここでは吊り雛についてのみ言及したい。災厄を祓う形代、送られ流されるべき形代を、軒端や村の外れといった境に吊すことによって儀礼的転換がなされ、災厄を除けるものへと変わったものと筆者は想定している。人形道祖神を思い浮かべれば理解できよう。

一方『塩尻』に「木にて人形をいとおろそかに作り、紙衣をきせ云々」とあるような、板に顔を描いて着物をかける型式のものについて、貞享三年（一六八六）に刊行された井原西鶴の

図9-5　『委寧の中路』に描かれた七夕人形

図9-6　『来目路の橋』に描かれた七夕人形

図9-7　五色の糸と貸小袖を飾った武家の七夕
（『徳川盛世録』より）

『好色五人女』には、七夕に「借小袖」といって仕立てからまだ一度も袖を通していない着物を、いろいろ七つ重ねて供える習慣の記述が認められる。近畿地方の祭礼法会を記した寛文二年（一六六二）刊の『案内者』にも貸小袖の挿絵があり、近世後期の武家風俗を記した『徳川盛世録』にも（図9-7）のような絵画が所載されている。

また、先に紹介した埼玉県下の事例にも、新しく縫った着物を供える例があったが、昭和三七年（一九六二）から三九年にかけて一斉調査を実施しその成果をまとめた『日本民俗地図』Ⅰ「年中行事1」等にも報告例がある。[49]「一番装いを七夕様に貸し申す、と称して晴れ着を着る」（岩手県大野村大野）、「七夕様の織った衣装になぞらえ、廊下・座敷などに衣装をかけた」（福島県安達町上川崎）、「盆に着る着物を作ってもらったら、たなばた様に着ぞめをしてもらえば焼き穴ができぬといって、木刀のまん中をくってマゲ、両袖を通して仏さまの前にさげておいた」（奈良県十津川村谷堀内）等々がそれである。また、『長野県史 民俗編』一～四より、北信・中信・東信・南信各地域に同様の習俗が存在したことを確認できる。

一方、本物の着物でなく、紙で作ったミニチュアの着物「紙衣」を飾る習俗も、やはり『日本民俗地図』Ⅰ「年中行事1」や『長野県史 民俗編』四等々の記載例から確認できる。「笹竹に小袖や小袴の折り紙を吊す」（愛知県新城市大海）、「色紙で、袴・帯・花などを作って長い竹竿の先につけて立てる」（熊本県八代市妙見）、「縫い物が上手になるようにと紙で着物を作って吊す」（長野県長野市戸部）がそうした一例である。[50]

なお、寛政九年（一七九七）の『長崎歳時記』や、文化・文政期（一八〇四～三〇）にまとめられた『肥後国天草郡風俗問状答』等に、女児が紙で衣服を縫って飾る習俗が記述されており、石沢によれば、本物の着物を飾る習俗から、子どもが紙でミニチュアの着物を縫って飾るように変化したものだという。その要因について石沢は、貴族や大人が中心の行事から子ども主体の行事へと変化したことに伴う現象とみている。(51)

ともあれ、松本の七夕人形は、近世の文献にうかがえるように、簡素に作った木の人形に紙衣を着せて成立したものである。以前からあった「貸し小袖」と「紙衣」の習俗を引き継ぎ、紙衣を着させるための人形として簡素なハンガー形式の七夕人形が成立したと考えられている。なお、松本には江戸後期の、本物の着物を着せて飾るための人形も存在するようであるが、現在のような板製の着物掛けの形式は、明治の中頃になってから商品として製造販売されるようになったものという。(52)

3　仙台・平塚の七夕まつり

仙台七夕まつりの伝統的な飾りに、「七つ道具」または「七つ飾り」と称するものがある。「七つ道具」とは、短冊・紙衣・折鶴・投網・屑籠・巾着、そして吹流しの七つで、それぞれに、学問と書道の上達（短冊）、病気や災難などの厄除けと裁縫上達（紙衣）、家内安全と健康長寿（折鶴）、豊漁・豊作（投網）、清潔と倹約（屑籠）、商売繁盛（巾着）、そして技芸上達（吹流し）といった願いが込められているという。この「七つ道具」がいつ定められたのかは不明のようであるが、明治以降のこととされている。(53)

仙台の中心部の商店街では、竹飾りの下方、あるいは逆に最上部に吊されたりしている。なお木下によれば、一番町四丁目商店街の梅原鏡店には、大切に保護されている「七つ道具」があり、それをみるとなかには一ｍを超える二つの大きな紙衣(戦前のものと昭和二五年〔一九五〇〕頃のもの)とがあり、どちらも和紙の縫製仕上げで、絵はどちらも絵師に依頼して描いてもらったものだという。また、仙台市立博物館にも大正のものをはじめとする紙衣一六点が保管されている。なかには紙でなく布製のものもあり、大きさも、一mを超す大きな縫製のものから一五cmほどの小さな紙を切っただけのものまで、さまざまなようである(54)。

仙台七夕まつりの紙衣は、「七つ道具」の説明にあったように、裁縫上達の願いを込めるとともに身代わりの人形として厄除けとする伝承ももち合わせていた。しかしながら観光資源化され、イベント化が進むなかでいつしか忘られ、単なる装飾と化してしまったように思われる。松本の七夕人形との関係で、仙台七夕まつりにおける紙衣に言及したが、以下、佐藤雅也の業績によりながら、仙台七夕まつりについて報告したい(55)。

仙台では、仙台藩の時代から七夕のことを「タナバタさん」と呼び、親しまれてきた。嘉永二年(一八四九)『奥羽一覧道中膝栗毛』第四編巻之下「仙台年中行事大意」には、七月七日は「棚機祭　六日夜より篠竹に式紙短冊くさの形を切て、歌をかき、またてうちんをともし、七日朝評定川または支倉川、澱川へなかす」とあるように、旧暦七月六日の宵から七月七日の朝にかけて七月まつりが行われ、最後に篠竹(笹竹)を広瀬川に流していたことがわかる。七夕飾りについては先に触れたが、「女の人は七日の朝、川で髪を洗うとよく落ちる」とか、「子どもは七日中に七回水を浴び、七回餅を食べるものだ」、「洗い物をすると脂がよくおちる」などと言い伝えられているという。ちなみにこの仙台七夕まつりは、明治六年(一八七三)の改暦以降も、旧暦の七月六日・七日に行われていた。

なお、明治五年一二月三日をもって同六年一月一日とし、従来の太陰太陽暦から西欧式のグレゴリオ暦(太陽暦)に転換する、というのが明治の改暦にほかならない。旧暦の七月七日は、新暦であれば八月上旬か中旬に当たり、梅雨もあけて一年中で一番安定した天候となる。月は上弦で空は少し明るく、天の川は東北の空から南の地平線へとアーチを描き、白く光る鷲座の一等星アルタイ（牽牛）、そして琴座の一等星、北天第一の星ヴェガ（織女星）が空に輝く時である。しかし、平塚をはじめ東京とその周辺の地域では、七月七日の七夕という語呂合せの良さを重視して、新暦の七月七日に実施するようにしているため、梅雨の真只中ということになりかねない。そのうえ、晴れて星が見えたとしても二つの星は空のかなり低い所にあって、現実にはほとんど見ることはできない。現在の仙台まつりのように、月遅れか実質的に旧暦に近い時期に実施すると、晴れて星が見える確率が高い。

ちなみに、仙台七夕まつりが新暦に移行するきっかけとなったのは、文部省告示第三三五号「明治四十三年暦より陰暦の月日を記載セス」が出され、陰暦七月七日に実施しにくくなったためであるが、その後、宮城県教育会の働きかけや「河北新報」の報道もあり、盆行事などとともに、新暦の一ヶ月遅れで行われるようになった。

話を七夕祭りの方に移そう。明治一〇年（一八七七）八月一四日（旧暦七月六日）付の「仙台新聞」に、「旧暦の七夕なりとて市中には色紙を竹に付各々掲げ出し、夜球灯トを照し頗る賑ひました」と報じられている。また明治二一年八月一五日付の「奥羽新聞」には「松操学校の七夕祭り」なるタイトルで紹介されており、それによれば松操学校（現朴沢学園）では七夕まつりの際は毎年手製物を飾ってきたが、明治二一年から七夕飾りの諸物品を制作させ、裁縫教師がそれを一つ一つ点検して、その優劣等を定め、試験をして生徒奨励の一助とすることになったという。これ以降、仙台市内の裁縫学校・女学校などによって盛んに七夕飾りが制作され、継承されていったという。そして大正一五年（一九二六）の七夕まつりでは、懸賞つきの七夕コンクールが行われるようになるものの、その後、戦争が本格化していくなかで下火となり、昭和一三年（一九三八）の七夕まつりはついに廃止となった。しかし戦後の昭和二一年には一〇年振りに復活し、昭和二二年には昭和天皇の東北巡幸の歓迎行事の一環で、大観光行事として復活し、今日に至っている。(56)

その後の動きについては佐藤の報告に詳しいので、そちらを参照されたい。ここでは、明治中期の裁縫学校・女学校の活動に注目しておきたい。

一方、関東で有名な平塚の七夕まつりも、実はこの仙台七夕まつりの「うつし」、つまり仙台から移入したものにほかならない。平塚は、昭和二〇年(一九四五)七月一六日の空襲により市域の七〇%が焦土と化した。平塚市は「復興五ヶ年計画」を樹て、復興のメドがついた昭和二五年七月七日から七日までの三日間、市をあげて「復興まつり」を開催した。このまつりのフタをあけてみると、市の内外から人が集まり、商店をはじめとして関係者を驚かせるほどの人出と売上を記録した。「復興まつりを来年も行って欲しい」との声が高まり、仙台七夕まつりを導入して、これに替えた、というのがその起源にほかならない。今日では三〇〇万の人出(仙台のそれは二〇〇万余り)があり、本家を超える賑わいである。(57)

なお、東京都杉並区阿佐谷の七夕まつりも、地域活性化の手立てとして、ほぼ同じ時期に仙台から移入したものである。今日、阿波踊りや、よさこいまつり、ネブタまつりが各地に広がっているが、仙台の七夕まつりは「うつし」文化の輸出元としては、魁的存在だったのである。

四　七夕まつりの現在

各地で観光化され、イベント化された七夕が繰り広げられる一方、デパートやスーパーでも七夕商戦を繰り広げている。といっても必ずしも七夕とは称さず、「ラブ・スターズデー」「サマー・ラバース・デー」「スター・マジック・デー」などといい、会場にはハート型の短冊などを吊す竹や星座の籠が置かれている。いうまでもなく、購買意欲を起こさせるための演出であり、「大人たちの七夕」は、「露骨に商業主義的な色彩が強い」といった指摘もなされている(58)。年中行事の商品化については冒頭で触れた通りであるが、平成三年(一九九一)六月二〇日付の「朝日新聞」に「記念日商法今度は「ラブ・スターズ・デー」ですって。七夕や　星のロマンに　商売っ気」と題する、いささか揶揄気味の記事があり、次のように報じている。

「ラブ・スターズ・デー」というあまり聞きなれない「記念日」がこの夏、都会をにぎわしている。「愛の星の日」とは、つまり七夕のこと。織姫・ひこ星の伝説にちなんで、現代版恋人たちの特別な一日にしようとデパート業界が仕掛けた。東京の銀座・有楽町地区の七百貨店が、四年前に共同でイベントなどを始め、昨年までは新宿など地域的な催しだったのが、今年は池袋や日本橋、横浜、神戸や大阪など全国にも広がる勢いだ。日本の伝統行事までも横文字にして商売のタネにしようという商魂、さて定着するかどうか。

七夕まつりには、特有の儀礼食というものもなく、また売り込む商品も見当たらないために盛り上りは、いま一つのようである。それはともかく、サラリーマン層や学生層にはそれなりの生活リズムがあるものの、今日の消費社会においては、商戦を展開する企業によって作り出された「ハレの行事」、年中行事によって生活がリズムづけられている、といっても過言ではない。要は消費者である各人が、それらを取捨選択し、また活用しながら生活をいかに豊かにするかにかかっている。

一方今日でも、幼稚園や小学校に行けば笹竹にたくさんの短冊の下がった光景を目にすることができるし、七夕の歌を聞くことができる。笹竹や吹流しなどの飾りを持って、意気揚々と帰ってくる子どもに出くわすこともある。幼稚園や小学校では、授業の一環として七夕まつりが組み込まれている。小学校低学年では笹飾りが作られ、少し年長になると理科の授業で七夕にちなんだ夏の星座が取り入れられている。小学校低学年のカリキュラムを眺めてみよう。

なお以下の内容は、長年、小学校の教諭を務められた佐野和子氏提供の資料に基づいている。先ずは彼女の経験である。

①新宿区立四谷第三小学校(一九八四〜九〇年　各学年二学級か一学級)

七月七日以前に、各学級ごとに学校の予算で購入した笹に自分の願い事を飾りつける。それを決められた日に体育館の両サイドに飾る。翌日の朝、全校児童が集まり、各クラスから一名か二名の児童が自分の願いを発表した。

②新宿区立西戸山小学校(一九九一〜一九九五　各学年三学級か二学級)

たぶん、一年生が近くの竹藪を持っている家から竹をいただき、クラスごとに願いや飾り付けをして、教室に七月七日まで飾る。

③新宿区立戸塚第三小学校(一九九六〜二〇〇一年　全学年一学級)

集会委員の児童が学校で購入した笹を各学級に配り、願い事を書くことや飾り付けを頼む。出来上がったら玄関のピロティに飾る。途中から全校で一本の笹に変わった。七日以前の全校集会の日に、集会委員会が七夕に関する劇や紙芝居をしたり、七夕の由来を話したりする。

このように、東京都新宿区内の小学校では、全学をあげて七夕まつりに取り組んでいることがわかる。ちなみに佐野が補足するところよれば、「飾り付けた笹は、七日に各児童が書いた願いや飾りを、枝ごと切って持ち帰らせる」、「願いを書いたり、飾り付けをする時間は低学年は図工、生活科の授業の中で扱うことが多いが、中高学年は学級会活動(特別活動)の時間に行うか、授業で扱わず休み時間や家庭で書いたり、作ったりさせる」、「児童の書く願いは学習の発展や自分及び家族の健康、欲しい物が入手できるように等々で、戸塚第三小学校の場合、全校が笹一本になってからお金が欲しいと書く児童が出てきた」という。

ちなみに小学校学習指導要領、文部科学省平成二〇年（二〇〇八）告示、平成二三年四月一日施行の「社会と生活」の科目に次のようにある。

社会（第三学年及び第四学年）

内容（5）　地域の人々の生活について、次のことを見学、調査したり年表にまとめたりして調べ、人々の生活の変化や人々の願い、地域の人々の生活の向上に尽くした先人の働きや苦心を考えるようにする。ア（省略）　イ地域の人々が受け継いできた文化財や年中行事　ウ（省略）

生活（第一学年及び第二学年）

内容（9）　身近な自然を観察したり、季節や地域の行事にかかわる活動を行ったりなどして、四季の変化や季節によって生活の様子が変わることに気付き、みんなで遊び楽しむことができるようにする。

こうした指針にのっとって、図画工作や音楽の教科書には必ずといってよいほど七夕に関するものがあり、社会・生活のそれにも、ときおり取り上げられているという。図画工作を例にとると、紙で飾りを作る事例が載っていたり七夕飾り写真が掲載されている、といった具合で、音楽では「たなばたさま」「きらきらぼし」などの曲が載っている（音楽の友社版の教科書では、昭和二九年（一九五四）以降今日まで一年用と、二・三年用）。

このように七夕まつりは教育的要素をもつ行事と位置づけられ、就学前後の子どものいる家庭でもよく行われる。七夕まつりには飾りや短冊作りという親子共同の作業があり、子どもへ読み聴かせのできる織姫・彦星（牽牛）の話もあって〝母と子の蜜月時代〟にふさわしい行事であり、夢を追いかけることのできる行事であるが、五色の短冊に書かれる言葉は、「～が欲しい」が多く、「～になりたい」というのは少ない。先に小学校の例でみた通りの状況である。

平成二五年（二〇一三）の七月、筆者の居住する東京都板橋区成増のスーパー西友入口前に笹竹が立っており、傍の机に短冊が置かれて「自由にお書き下さい」とあった。出入りする母子連れや子どもの小グループが、囁き合ったり、ワイワイ賑わいながら短冊に願いを書き、吊していた。物欲に走る子どもが多いとはいえ、夢を追う行事の一つとして捨て難いものがある。

結びにかえて

以上、先行研究と諸報告に導かれながら七夕の歴史をざっと辿った後、地域的に特色ある三つの七夕まつりを概観し、また現代都市で繰り広げられている七夕まつりの一端に言及した。

中国から移入された二星相会説話は、日本の「棚機津女」信仰と習合しながら独自の展開を遂げた。この恋物語を知った古代文芸人たちは、自らの恋の体験を二星に託して歌を詠むようになったが、その傾向はその後も劣えず、和歌・連歌の発展に大きく貢献した。一方、乞巧奠の儀礼であるが、奈良時代の正倉院御物のなかに乞巧奠で使用された針があり、この儀礼も古くから行われていたものの、平安時代に至って宮廷の年中行事に位置づけられ、ますます盛んになっていった。この乞巧奠は技芸の上達を祈るためのものであり、その後の七夕の展開のなかで大きな役割を果たした。さらに室町時代に至ると、七夕にちなんで「七遊」と呼ばれる「あそび」が上流社会で盛んになり、この七遊のなかからさらに七種の法楽が生まれ、そのなかからやがて日本独自の芸術である「華道」を産むに至った。この点については、稲城がほぼ明らかにしていたが、庶民の生活文化にウェイトを置く民俗学徒からは等閑視される嫌いが否めず、改めて検証を試みたのである。

宮廷や貴族のみならず、幕府(鎌倉幕府は除く)や武家も七夕を重要な儀礼と位置づけ、執り行っていた。庶民層に広がるのは江戸時代に入ってからである。ちなみに、江戸後期に都市部では竹売りが登場し、短冊や飾りも徐々に複雑で華やかなものが売られるようになり、今と変わらない風景が出現した。幼稚園や学校がまつりの実施を促し、商業がそれをサポートするという現代の仕組みがすでに江戸後期に出現していたのである。なお、庶民層への広がりについては、武家文化からもたらされたもの、寺子屋の普及から広がったものとみなされているが、必ずしも充分な論証がなされているわけではない。近代以降の学校教育での取り組みも、仙台七夕まつりでの裁縫学校・女学校でのそれが知られる程度と、筆者が近年のそれに若干触れた程度である。寺子屋以降の教育と七夕まつりのかかわりをきちっとトレースする必要があり、これが今後の課題の一つだろう。

一方、各地域に展開する七夕まつりについては、仙台のそれに比して平塚の七夕まつりに関する調査・研究例が少なかった。また濃尾地方の初七夕については、行政範囲の枠を超えて把握することが必要だが、それが必ずしも充分にはなされておらず、全体像が把握しにくい点が指摘でき、播磨地方や高田市戸出のそれを含めて、現在どのような状況なのか調べる必要がある。松本の七夕まつりに関しては、七夕人形に関心が注がれ、多くの研究蓄積がある。近年改めて木下が「七夕人形と紙衣のルーツ」としてまとめているが[59]、この木下をはじめとする論に批判的な長沢利明は、宮崎県の「精霊着物」を根拠とし、また中国において中元節や七夕にやって来る鬼魂（餓鬼精霊）に食物のみならず衣服等を供える事例を引用しつつ、七夕着物は外精霊や御霊に施しとして与えたもの、との論を展開している[60]。大変興味深い説ではあるが、論証が充分とはいい難く、結論を急ぎすぎた感が否めない。『江家次第』にあるように、宮中では楸の葉に金銀の針七本を刺し、五色の糸を通して供えるというものであり、江戸期には、貸小袖の風がみられるようになり、その後各地に広がるとともに、それに代わって紙衣が登場した。これは小稿でも確認した通りである。こうした流れを丹念にトレースしつつその理由を再度検討する必要があろう。一方、松本地方の七夕には濃尾地方の初七夕同様に贈答慣行が伴っており、親族関係や地域とのつながりを考えるうえで重要な問題と思われるが、七夕人形の方に関心が注がれ、この方面の調査・分析は未開拓といってよいほどである。

以上思いつくままに課題を列挙したが、筆者自身は七つ子の祝いと重ね合せながら、とりあえずは初七夕を手がけたいと考えている。

註

（1）田中宣一「生活革命以降年中行事にはどのような変化が見られるか」『民俗学がわかる事典』実業出版　一九九九年　一五二頁。
（2）石井研士『日本人の一年と一生』春秋社　二〇〇五年　一一～一四頁。
（3）石井研士『日本人の一年と一生』前掲書　一二頁。
（4）田中宣一「七夕まつりの原像」『日本民俗研究大系』3「周期伝承」國學院大學　一九八三年　一六九頁。
（5）内田賢作「埼玉の七夕について」『埼玉民俗』二号　一九七三年。
（6）柳正博「埼玉の七夕習俗―七夕飾りと農耕儀礼をめぐって―」『埼玉県立歴史資料館紀要』二〇〇五年　九三頁。
（7）田中宣一「七夕まつりの原像」前掲論文　一六九～一七一頁、および一八〇～一八一頁。
（8）鈴木棠三『日本年中行事辞典』角川書店　一九七七年。
（9）稲城信子「七夕の変遷」『元興寺仏教民俗資料研究所年報』一九七五年。
（10）鈴木棠三『日本年中行事辞典』前掲書　四七八頁。
（11）目加田誠訳『中国古典文学大系一五・詩経』平凡社　一九六九年　一七四、四四七頁。

(12) 和歌森太郎「七夕習俗の展開」『和歌森太郎著作集』九巻　弘文堂　一九八一年　三一一〜三一二頁。
(13) 鈴木棠三『年中行事辞典』前掲書　四九七頁。ただし、残念ながら鈴木が引用している部分は、平凡社東洋文庫本『四民月令』(渡辺武訳、一九八七年刊)では確認できなかった。なお、『四民月令』には七月七日「経書及び衣裳を曝し」とあり、衣服その他の虫干しの習俗について記録している。このことと関連して、中国の影響を受けて日本でも平安時代に宮中で調度品を曝涼することが行われていたという(山中裕『平安朝の年中行事』塙書房、一九七三年、二一八頁)。これが「貸し小袖」で結びつくかどうかは不明であるが、関連習俗として視野に入れておく必要があろう。
(14) 宗懍　守屋美都雄訳注『荊楚歳時記』平凡社東洋文庫　一九七八年　一七九頁、および一九〇頁。
(15) 青木和夫他校訂『古事記』上巻　岩波書店　一九八二年　八九頁。
(16) 折口信夫「たなばた供養」『折口信夫全集』一七巻　中央公論社　一九九五年。
(17) 柳田國男「眠流し考」『定本柳田國男集』一三巻　筑摩書房　一九六九年。
(18) 黒板勝美他編『国史大系』1下「日本書紀　後篇」吉川弘文館　一九六七年　一九二頁。
(19) 黒板勝美他編『国史大系』2「続日本紀」吉川弘文館　一九六八年　一三四頁。
(20) 稲城信子「七夕の変遷」前掲論文　一四頁。
(21) 中野幸一校訂『新編日本古典文学全集』一四「うつぼ物語(一)」小学館　一九九九年　一九七〜一九八頁。
(22) 神道大系編纂会編刊『神道大系』朝儀祭祀四「江家次第」一九九一年　四〇二〜四〇三頁。
(23) 稲城信子「七夕の変遷」前掲論文　一七〜二〇頁。
(24) 鈴木棠三『日本年中行事辞典』前掲書　四八六頁。
(25) 稲城信子「七夕の変遷」前掲論文　二七〜二八頁。

(26) 鈴木棠三『日本年中行事辞典』前掲書　四八六頁。
(27) 鈴木棠三『日本年中行事辞典』前掲書　四八七頁。
(28) 長谷川端校訂『新編古典文学全集』五四「太平記(一)」小学館　一九九四年　四八頁。
(29) 和歌森太郎「七夕と盆」『和歌森太郎著作集』一二　弘文堂　一九八二年　四三三頁。
(30) 斎藤月岑　朝倉治彦校訂『東都歳時記』二　平凡社東洋文庫　一九七〇年　一五〇頁。
(31) 稲城信子「七夕の変遷」前掲論文　三〇頁。
(32) 斎藤月岑　朝倉治彦校訂『東都歳時記』二　前掲書　一四〇頁。
(33) 日本随筆大成編集部『日本随筆大成別巻　嬉遊笑覧』巻六下「児戯・七夕短冊」吉川弘文館　一九七九年　二一六頁。
(34) 室松岩雄編『類聚近世風俗志(原名　守貞謾稿)』東京出版同志会　一九〇八年。
(35) 宮尾しげを編『浮世絵大系』一七「名所江戸百景(二)」集英社　一九七六年　一〇五頁、二七八～二七九頁。
(36) 向田明弘「初七夕の祝い」『日本の通過儀礼』佛教大学通信教育部　二〇〇一年　三三一～三四頁。
(37) 林直美「初七夕行事の地域差とその要因」『都市民俗研究』五号　一九九九年　一三～一六頁。
(38) 愛知県史編さん委員会『愛知県史　別編』民俗(2)「尾張」愛知県　二〇〇八年　六〇七頁。
(39) 愛知県史編さん委員会『愛知県史　別編』民俗(2)「尾張」前掲書　六〇七～六〇八頁。
(40) 岐阜市教育委員会編刊『岐阜市の年中行事―初七夕・山の子・同族祭祀―』一九九〇年　五頁。
(41) 向田明弘「初七夕の祝い」前掲論文　三六～三八頁。
(42) 木下守・中村慎吾「七夕人形の製造販売」『長野民俗の会会報』三一号　二〇一〇年。
(43) 日本随筆大成編集部『日本随筆大成第三期一五巻　塩尻』巻之五四　吉川弘文館　一九七七年　九七～九八頁。

(44)　濱野知三郎編『日本芸林叢書七　嬉遊笑覧』六合館　一九二八年　七二七頁。
(45)　成城大学民俗学研究所編刊『雛とヒトガタ』二〇〇七年　三六～三八頁。
(46)　内田武志・宮本常一編訳『菅江真澄遊覧記』1　平凡社東洋文庫　一九六五年　一八頁。
(47)　内田武志・宮本常一編訳『菅江真澄遊覧記』1　前掲書　五六頁。
(48)　石沢誠司『七夕の紙衣と人形』ナカニシヤ出版　二〇〇四年　一四〇～一五九頁。
木下守「七夕と人形―松本の七夕人形の系譜をたどる―」『信濃』六一巻三号　二〇〇九年。
(49)　文化庁編刊『日本民俗地図』Ⅰ「年中行事1」一九六九年　二四八～二八一頁。
(50)　文化庁編刊『日本民俗地図』Ⅰ　前掲書　二四八～二八一頁。
長野県編『長野県史　民俗編』四巻2　一九八五年　五〇一～五〇二頁。
(51)　石沢誠司『七夕の紙衣と人形』前掲書　四五～四六頁。
(52)　木下守「七夕と人形」前掲論文　二一七頁。
(53)　木下守「仙台の七夕まつりの紙衣」『七夕と人形』郷土出版社　二〇〇五年　五八頁。
(54)　木下守「仙台の七夕まつりの紙衣」前掲論文　五九頁。
(55)　佐藤雅也「現代仙台における戦後の文化活動(2)―仙台三大祭りを中心に―」『足元からみる民俗』一八号　仙台市歴史民俗博物館　二〇一〇年　五八頁。
(56)　佐藤雅也「現代仙台における戦後の文化活動(2)」前掲論文　五八～五九頁。
(57)　五〇周年記念運営委員会『湘南ひらつか七夕まつり』同実行委員会刊　二〇〇〇年　一一頁。
(58)　石井研士『日本人の一年と一生』前掲書　七九～八〇頁

（59）　木下守「七夕人形と紙衣のルーツ」『長野民俗の会会報』三六号　二〇一四年。
（60）　長沢利明「七夕人形と七夕着物」『民俗学論叢』二七号　相模民俗学会　二〇一二年。

第十章　七つの祝いと七五三
―常総地方を中心に―

はじめに

柳田國男の「社会と子ども」（『家閑談』所収、『定本柳田國男集』一五）なる論考は、昭和一六年（一九四一）刊『岩波講座 倫理学』七に収録された「誕生と成年式」をこのように改題したもので[1]、日本の子どもの通過儀礼を初めて体系化した著作として知られている。しかしながら、この柳田の論考について竹内利美は「誕生から氏子入り（宮詣り）までで終わっていて、後は「成年式まで」として一応の展望を添えているにとどまっている」と手厳しく批判している[2]。さらにそれに続いて、

もともとその原拠になった『産育習俗語彙』（昭和一〇）でも初誕生までの詳しさにくらべ、幼児期の資料はきわめて少なかった。その集大成である『日本産育習俗資料集成』（昭和五〇年刊）についても同様のうらみがある。民俗調査項目に幼児期の問題があまり取りあげられないのも、ひとつにはこうした事情が影響しているらしい。だから『日本の民俗』（昭和四九～五一、全四七巻）をはじめ近年の研究報告でも幼児期のあつかいはひどく粗雑で、せいぜい初誕生以後の慣行を添えものに拾いあげるにとどまっている。そして、「七五三の祝い」は新しく、まだ地方にはその習俗が波及していないといった記述が目立つのである。

と指摘している。[3] 日本民俗学は「柳田民俗学」と称せられるほど柳田の影響力は大きいが、その欠をすべて柳田の責任に帰す考え方には賛意を表しかねる。しかしながら竹内が「七五三祝いと子ども組」なる論考を書き記した、昭和五四年(一九七九)以前の民俗学における記述は、竹内が指摘する通りだったのだろう。けれども近年の自治体史をみると、幼児期の儀礼もそれなりに取り上げられており、七五三にも言及されている。そのことは、七五三が広く全国に定着しているという、その一つの証なのかもしれない。近年の田口祐子の「現代の七五三に関する一考察」をみれば、それは一目瞭然である。[4] 一方で、七五三を視野に入れつつも、七歳への関心を示す民俗学徒は多く、八木透の「七つ前は神の内—七五三の源流—」、小川直之の「七五三の祝い」などの論考を収めた著書が近年公刊されている。[5] そうして、八木は同論文のなかで、七五三の祝いについて次のように述べている。[6]

七五三の慣習は、そもそも関東や東日本中心の習俗であり、関西や西日本の各地では、かつては一般的ではなかった。北関東の、特に茨城県や千葉県などでは、子どもの七五三を特に盛大に祝う風があり、今日でもホテルの宴会場を借り切って、婚礼の披露宴に勝るとも劣らないようなきわめて盛大な披露の祝宴が行なわれているという。

関西では、十三詣りの方が盛んで、七五三は一九七〇年代あたりから広がっていったようである。それよりも何よりも、八木の指摘で気になるのは、茨城県や千葉県での盛況振りである。同様のことは鈴木明子も指摘している。[7] 千葉県や茨城県のある地方では、ホテルなどの式場を借りて七五三祝いの披露宴が行なわれている。お色直しやくす玉割、ケーキカットなど盛大に祝っている様子は結婚式とかわらない。少子化にともなって、年々派手になりつつあり、ホテルなどでは、衣裳や料理など七五三にあわせたサービスを用意し、七五三をイベントとして盛りあげている。

そこで早速、茨城県鹿嶋市出身で筆者のゼミ学生の野口佳奈子に問い合わせたところ、七歳の祝いは本人も盛大に祝ってもらった経験があるとのことで、筆者自身関心をもつに至ったが、彼女も「七つ子の祝い」を卒論のテーマとすることになった。

本章は、七五三を視野に入れつつ、常総地方の「七つの祝い」の歴史と現状を把握し、併せてその特徴を明らかにすることを目的とする。野口の平成二五年(二〇一三)三月の卒業論文提出後、彼女の協力を得て常総地方の調査を実施した。なお、千葉県下のこの種の習俗については、『千葉県の歴史　別編　民俗1』のなかで小川が的確にまとめており[8]、本章では小川論文を参照しつつ、主として常総地方の「七つの祝い」に焦点を当てて分析することになる。

一　七五三と「七つの祝い」

田口は七五三について、「古くから日本で行われてきた幼児期の儀礼といえるかもしれないが、七五三の原型と考えられる多くの儀礼は類似の名称であっても時代によって、地域によって、そして儀礼を執り行う社会階層によっても内容や主旨が異なり、整理し総括することは甚だ難しい」と指摘している[9]。確かにその通りなのであるが、さりとてそのままにしておくわけにもいかず、先行研究に依りながら、まがりなりにも整理しておくことにしたい。

小川は、「七五三と言う言い方自体が一般化するのは戦後以降だった」、「七五三以前の庶民にとっての年齢の祝いは何かといえば、それは七歳祝いだった」としながらも、平安期から近世の諸文献を繙いたうえで「このように文献記録をたどっていくと、三・五・七歳の髪置、袴着、帯解というのは、平安時代の三歳から七歳の「着袴《ちゃっこ》」の儀礼がもとになりこれが分化して独立したもので、江戸時代になって定型化し、後に今日の七五三となったという歴史がたどれる」としている。「髪置」が平安期までは溯れないことから、もっぱら着袴に注目して先のような整理を試みているのであるが、その着袴については、倉林正次が『国史大辞典』のなかで次のように記している。[11]

はかまぎ　着袴、袴着とも書く。音読して「ちゃっこ」ともいう。幼児から児童に成長することを祝って、はじめての袴をつける儀式。古くは三歳を主とし、七、八歳まで及ぶこともあり、特に一定していなかったが、江戸時代には、五歳または七歳とされるようになった。期日は、適宜吉日を選んで祝っていたが、江戸時代以降、十一月十五日を中心に行われるようになった。『東都歳事記』に、十一月十五日を宮参り・髪置・帯解などとともに袴着の祝い日としている。しかし、公家や将軍家では、正月の吉日を選ぶ例が多かった。(中略)民間では、新調の衣服を着、産土神に参拝し、その帰りに親戚の家を訪問し、自宅に親類・知人を招き、祝宴を催すといった風習がみられた。

どうやら七五三が江戸後期に今日のように定型化されたとみる点で、小川と倉林の見解は一致する。その根拠の一つとしているのが『東都歳事記』であるという点でも共通する。ところで、倉林の記述には「民間でも云々」とあるが、公家や武家の間で行われていた習俗が、いつ頃から庶民層に広がっていったのか、気になるところである。この点については菅原正子の「七五三の源流」なる論考が参考になる。

菅原は、「中世社会ではまず三歳までが乳幼児であり、七歳までは死んでも葬式・仏事がなく、人間と見なされていなかった」、「親は子女の成長の節目に髪置・袴着・深曽木・帯直・元服・髪曽木等の儀式を行い、徐々に大人の姿に近づけていった」との前提のもと、一五世紀後半の中流公家山科家と、同家の家司・家人、同家領である山科東庄の子どもたちの具体例に分析を加えた。それによれば、一五世紀後半の京都周辺では髪置・袴着は三歳、深曽木は五歳、帯直は九歳の時であったという。特に菅原は九歳の儀礼に着目し、これまでの中世の子どもの成長の節目として三歳・七歳が特に注目されてきたが、九歳の時に帯直で大人と同じ小袖に変わるものであるとして、九歳は子どもから大人に変身する転期の一つであった点を強調している。[12] このことに関連して小川も、「現在に近い形で江戸などの大都市で髪置、袴着、帯解の祝いが行なわれていたのであるが、文化年間にはまだ全国化してはいない」、「一方では九歳や十三歳の祝いがあった」として、『諸国風俗問状答』から、各地の例を紹介している。[13]

いずれにせよ菅原論文は、年齢にはバリエーションがあり、しかも京都周辺の地域に限られるものの、中世後期には庶民層も髪置・着袴・帯直の儀礼をしていたことを明らかにした点で評価される。さらにその日程については、二〇例のうち一一月が一〇例(五〇％)、一二月が七例(三五％)、正月が二例(一〇％)、六月が一例(五％)であり、一一・一二月に多い理由として、一〇月の年貢の収納の後、「十二月の暮まで農事や他の行事が少なかったことが可能として考えられる」と結論づけている。[14]

さて、近世の文献では、享保二〇年(一七三五)刊の『続江戸砂子』所収の「江府年中行事」に、

(十一月)十五日　髪置《かみおき》　三歳の小児《せうに》今日《けふ》より髪《かみ》を置初《そむ》る也。白髪《しらか》と名付けて一名たすきかけと云、麻苧《まさう》真綿《まわた》に末広、松梅の作り花を五彩の水引を以かざり結《むす》び、かつかしめて氏社へ詣る也。五歳は袴着《はかまぎ》、七歳は帯解《おびとき》此としより、ひこ帯を取る。或元服・初鉄漿《はつかね》、おほく此日を用ゆ。

と書かれている。[15] また、研究者が再三引き合いに出す、天保九年(一八三八)刊、斎藤月岑の『東都歳事記』には、

(十一月)十五日　嬰児宮参、髪置(三歳男女)、袴着(五歳男子)、帯解(七歳女子)等の祝ひなり、当月始の頃より下旬迄、但し十五日を専らとす、尊卑により分限に応じて各あらたに衣服をととのへ産土神へ詣じ、親戚の家々を廻り、その夜、親類知己をむかへて宴を設く。女児の祝ひに、白髪又たすきかけと号して麻苧真綿に末広松梅の作り、花を五彩の水引を以て飾り、結びかづかしめて生土神へ詣るよし、「江戸砂子」ニ云り、此事近年市中

に少し。

と記されている。[16] この頃は日程が一一月一五日に統一されているが、菅原が指摘しているように、一般に収穫祭後であり、一一月が古くからの祭り月で、一五日が鬼宿日に当たるということもその理由のようである。ちなみに、この『東都歳事記』の記述内容について竹内は、「三歳髪置五歳袴着七歳帯解」と一応けじめは示してあり、幼児の成長段階を奇数年で刻み、「髪型」と「衣服型」の改変にそれがシンボライズされていたことがわかる」、「いわば「七五三の祝い」は幼児期通過儀礼の合体化・簡略化であり、ただ神参り衣裳の華美を誇る風潮だけがさかんになっていった」との見解を示している。[17]

すなわち竹内は、丸剃り（坊主頭）―童髪（垂髪・放髪）―若衆髷（前髪）―成人髷（月代）といった前代の年功的髪系列が、明治期の洋風型化で消失したものの、三歳の祝いを「カミオキ」と呼ぶ地方がなお多いが、「儀礼の内容は髪形にほとんどかかわらず、実態は衣服型の改変と帯の着用にふりかわっている」との見解を示した。さらに「一つ身」、「三つ身」の衣服には「ツケヒモ」があり、「四つ身」になると、通例ツケヒモはなくなり帯の着用が必要になるわけである。おそらく三歳の祝いは「童髪」に仕立てる儀礼、五歳・七歳の祝いは「四つ身」の着物に改変し帯を着用する形で、旧い袴着・裳着に比当するものとして生じたのであろう。そして髪置祝いの空白化によって、三歳の祝いが繰り下がって行って時には「三つ身」の着物の改変とふりかわったのではなかろうか。「七五三祝い」が神参り衣裳の新調のみに集中して行ったのも、そのためといえるが、むしろ地方に残るこうした衣服型改変儀礼の方に「七五三祝い」の原義はうかがえる」と自説を展開している。[18] 竹内説は諸文献を渉猟したうえで『日本産育資料集成』や『日本の民俗』を分析しながら導き出した結論であり、説得力がある。竹内の論は、「こうした帯シメ・紐オトシなどの習俗はすべて「神参り」が伴なう」、として「七つ参り」に言及し、最も得意とする「子ども組への参加」へと進む形で完結する。

このほか七歳をめぐる民俗については多くの民俗学徒が言及しており、武田正も『子どものフォークロア』のなかで次のように述べている。(19)

民俗社会では、七歳になって初めて「子ども」と認められ、子供組に加入する。見よう見真似で仕事を覚え、十二、三歳から本式に仕事を身につけ、十五歳(女の場合は十三歳)になれば一人前の仕事ができる能力を身につけねばならないものとされた。七歳の人生の折り目に、そのような重要なものであったから、単にイエの中で祝うというだけでなく、社会的承認が必要であったとも言える。社会的承認を明確にするために、近畿地方から中国地方に於いては、改めて氏子入りを正式に行なうことがあり、神社から氏子札といって名刺形の札が出されるといったことを、大藤は『児やらい』で指摘している。そのこともあってか、三歳の祝い、五歳の祝いに吸収されてしまい、七歳の祝いはますます盛大に行なわれるようになったのであろう。反面、七五三の祝いが全国的にひろがりを持つようになった面も見られなくない。

七歳で改めて氏子入りをし、社会の一員として認められ、子供組に加入し、年中行事等を担いながら試練を乗り越えて一人前となる七歳というのは、そのような節目の年として把握されてきた。武田はそのことを力説しているものの、「七つの祝い」と七五三との関係がもう一つあいまいである。その点については柳田が、先に紹介した「社会と子ども」の「氏子入」の中でわかりやすく記している。柳田は関西方面の入頭《いりとう》に言及した後、

関東の方ではオシメイリ(御注連入)と謂つて、通例七歳になつた年に神に近づく儀式があるが、是はすべて男の子に限られて居た。都市に今でも行はれて居る袴着の祝といふものが、元は一つであつたろうことは想像し得られるが、女の髪置き紐落としが是と併行して、東京などの十一月十五日の宮参りに、寧ろ女の方が花やかなもの

になつて居るのは、近世の変化と見るべきであろう。

と指摘している[20]。つまり、元来村の公共のためにだけ神を祀り、その祀りに奉仕するのはもっぱら男子であり、あらかじめ神の承認を得るために宮詣りをした、それが個人各自の幸福を祈るようになり、宮参りの主旨が変わって女子も訪れるようになり、むしろ彼女たちの方が華やかで目立つようになった、これも近世の七五三が定型化されて以降のこと、といっているのである。ともあれ、七歳の重要性を強調している点では両者に差はない。そこで筆者も「七つの祝い」に焦点を当て、今日でも盛大に行われているとされる常総地方の例に分析を加えることにしたい。

なお、民俗学徒がしばしば引き合いに出す「七歳までは神の内」といった常套句について一言申し添えておきたい。このことについては猿渡土貴もすでに言及しているが[21]、近年歴史学専攻の柴田純は、このフレーズは伝統心性だとして柳田國男が提唱し、民俗学の通説となった学説だが、昭和になって一部地域で成立した俗説にすぎない、と痛烈に批判している[22]。この点については早くから塩野雅代が指摘していることで[23]、マイナーな雑誌に掲載されたためか、あまり注目されなかった。いずれにしても筆者自身はこのフレーズについて、民俗社会における幼児の地位・属性をそれなりに捉えた表現と思っている。なお、もし柴田のように歴史的検討を試みようとするならば、「取子」を視野に入れて考える必要があろう。

二　千葉県下の「七つの祝い」

『日本産育資料集成』は昭和五〇年(一九七五)に刊行されたものだが、調査自体は昭和一〇年を中心に昭和一三年頃までに実施されたその成果にほかならない。「18ひも落とし・袴着」と「19氏子入り」が七五三の祝いとかかわる項目で、報告例は相対的に少ない。このうち「紐落とし・袴着」の千葉県の項をみると、小児三歳の髪置きに関する報告が、安房郡七浦町(現南房総市)と香取郡の二例なされているにすぎない。一方、男女三歳の一二月一五日の三ツ身の祝いについては、市原郡菊間村(現市原市)の例があげられ、

里方・親戚・取り上げ、近隣などより祝儀を贈り、その児女には新調の三つ身裁ちの祝着をきせて産土神および氏神へ参らせる。前記の人々を招待して祝宴を開き、餅を配る。これは初生児の場合のみで、二男女以下は内祝いをして宮に参るのみである。

と報告されている。[24] 三歳の祝いは、一般に「髪置」とされているが、衣服にかかわる儀礼として位置づけられていた地域もあり、竹内説を裏づけるデータとなっている。他県の場合、五歳の袴着に関するものも見受けられるが、千葉県下の場合、五歳の祝いの報告例は見当たらない。

一方「19氏子入り」の項では、男女七歳の一二月一五日に行われる紐解き祝い・帯解き祝いを取り上げ、「婚礼・葬式と相並び、人間一代における三大盛典とする」とまとめている。[25] 昭和の初期頃も、こうした行事が盛んに行われていたことが知られるが、なかにはそのため「産を傾ける者」もいたようである。なお『南総の俚俗』を引用しつつ、長生郡本納町・本郷村(現一宮町)では、「子供は七つまでは神様だ」と伝承されている旨を記している。このこともつけ加えておきたい。

次いで、記述が大変詳しい市原郡菊間村の例を取り上げる。[26]

男女七歳の一二月一五日。以前は数日前からかまどを築き、多人数集まって米をつき、前夜半から餅をつく。それを里方や祝儀を贈った家々へ、籠餅と称して籠に大小の餅を多く入れ、わらを編んだもので覆い、杉葉に立てて馬、車、あるいは二人でかつぎなどして配る。馬の馬具も新調、腹掛けにはその家の定紋を染めぬき、こご

み綱には松虫と称する鈴をつける。人々も当家の印半天をきせて運ばせる。家も畳をかえ植え木の手入れをし大準備である。魚の買い出しだけでもなかなかの人出であった。〔市原郡菊間村〕

祝い子はヒモトキゴ（ひも解き子）と称して新調の立派な祝い着を着飾らせ、産土神と氏神その他各社に参拝させる。トリアゲノジイサンバアサン（取り上げの爺さん婆さん）を正座にすえ、その中央に子供を置き、祝杯をあげ、取り上げから実の親に対して子を渡す式をする。取り上げはこれで責任を解除される。〔同〕

トリアゲノジイサンバアサンから、実の親に対して子を渡す式がすむと、ついで無礼講に入り、来客は持ち合わせの口中肴と称して順番に歌いかつ踊る。〔同〕

この祝いに対して母の里からは米二俵に祝儀および祝い着を贈る。その他からは祝儀をくれる。〔同〕

以上は中産以上で行われるひも解き祝いの概略であるが、下流もそれぞれ相応に催す。とにかく総領のこの祝いは結婚および葬式と並んで人一生の三大式典とされていて、男女にかかわらず盛大を期している。昔はこの地方は長子は女でも家をつぐ習慣であった。〔同〕

この地方は長子相続を基本とするため、男女にかかわらず七歳の紐解き祝いを一二月一五日に盛大にしたこと、祝儀をいただいた家々に籠餅を配ること、取り上げの爺さん婆さんから実の親に子を渡す儀式があり、すなわち幼児と取り上げ親との擬制的親子関係がこの時点で解消されること、等々が知られる。

ちなみに、千葉県下の七五三行事の整理を試みた小川によれば、県内で広く行われているのは七歳の祝いで、この祝いを「紐解き」と呼び、外房から下総地方にかけては「帯解き」と呼ぶものの、県南部にはこうした名称を伝えていない所もあるという（図10-1）。さらに一宮町大村（東浪見《とらみ》）の例をあげつつ、

① 「籠餅」と呼ばれる大きな餅を作って配ること。

② 七歳の祝いをもって仲人との関係が一区切りつくこと。
③ 子供の七歳の祝いを機に若夫婦に所帯譲りを行うこと。
④ 浅間神社への参詣と七歳の祝いが結びついていること。

以上四つをその特徴としてあげている。[27] ①については戦前の市原郡菊間村のそれにも記載があったが、②については、取り上げ爺・婆と仲人との関係という相違があった。それに関連して小川は、睦沢町の伝承から、「子供を預かるのはトリアゲから仲人に変わったことがうかがえる」と指摘している。[28] 出産が、産婆の手によるものから病院でのそれへと変わる過程でおこったものと筆者は考えているが、しっかり検証して導き出した結論ではない。③の所帯譲り（家督譲り）については、上総・下総で広くみられ、安房地方の例も確認されている（図10-2）。

④の浅間信仰とかかわるものとして、次に船橋市の事例を取り上げることにしたい。ちなみに、表10-1は『船橋市史　民俗・文化財編』の記述をもとに、幼児期の儀礼と関係者のつきあい、贈答慣行について整理したものである。筆者の視点から調べたものでもなく、仲人と取り上げとのかかわりも不明だが、一つの傾向を読み取れるものとしてご覧いただきたい。[29] ここでは、七五三、初浅間・終い浅間、紐解き・帯解きについてのみ記す。

三歳・五歳の祝いは内々ですませることが多く、浅間参りに関しては生まれてすぐのそれを初浅間、七歳のそれを終い浅間と称するものの、初浅間だけを行う所、逆に終い浅間だけという所もあるという。いずれにしても七月の行事で、親元から夏着が贈られ、これを着せて稲毛の浅間神社などにお参りし、お礼に団扇・桃などを買ってきて、お祝いを貰った家に配った。

一方、七歳になった惣領の子どもの祝いを紐解きとも帯解きともいい、仲人が子どもの着物から紐を取る所作をする例もあったようである。また、地域の一員として認められることをウブスナに報告し、これを契機に、仲人のかか

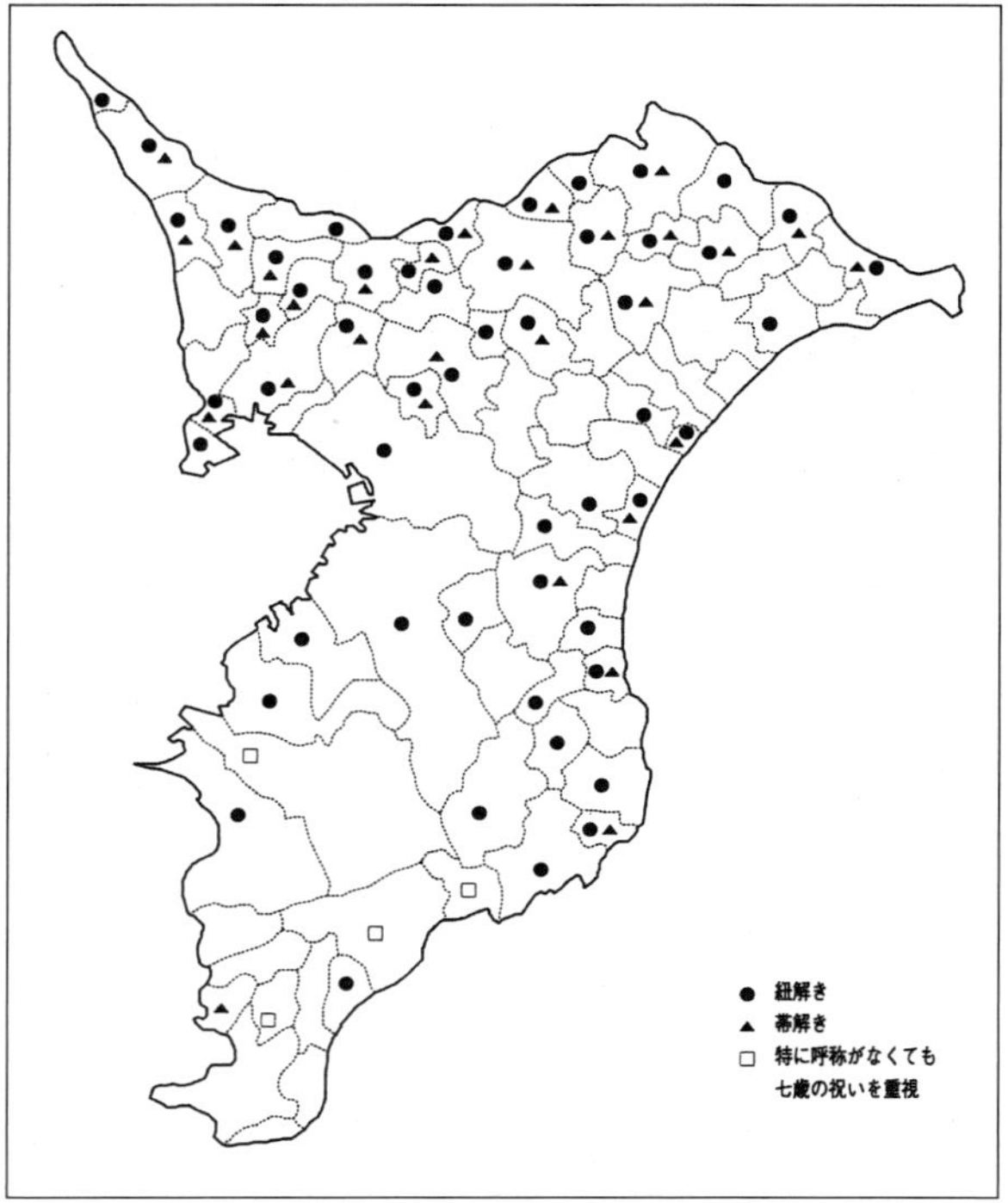

図 10-1　千葉県における七つの祝いの呼称
(小川註(8) 1999 年より)

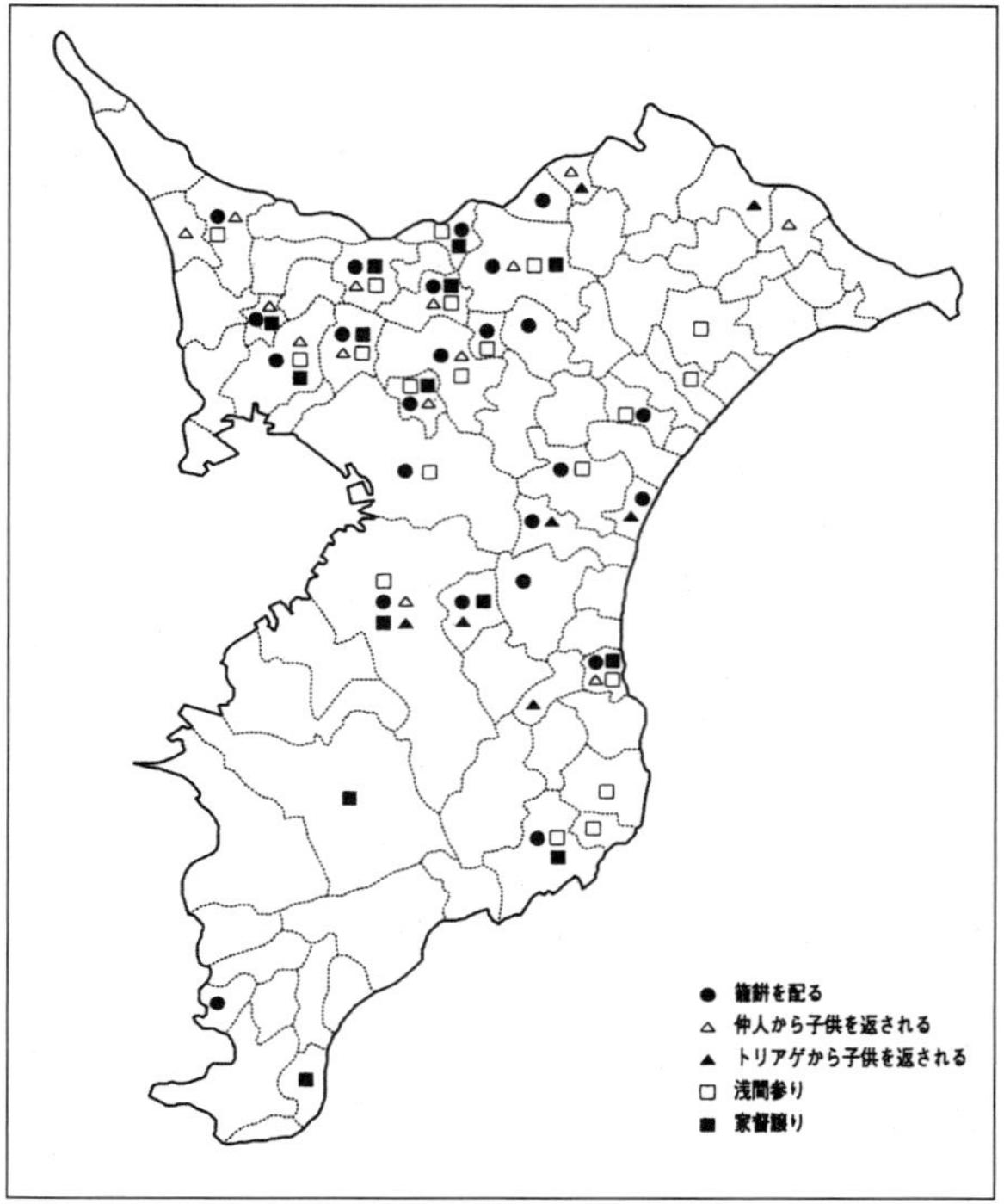

図 10-2　千葉県下における紐解き・帯解きの儀礼内容
(小川註(8) 1999 年より)

表10-1　成育儀礼と贈答慣行（船橋市史編さん委員会註(29)二〇〇一年より松崎作成）

儀礼	子のいる家	嫁の実家	親戚	仲人	近隣	神仏の関与
出産祝い	（オビアキまで）		着物・反物（→お金）	着物・反物（→お金）	着物・反物（→お金）	
	赤飯、スルメ		○	○	○	
ミツ目祝い		総領娘が実家で出産した時、近所・親戚を呼んで祝宴を開く	みやげ○	みやげ○	みやげ○	
名付						神主や僧侶に相談することもある。
初宮参（オボダテ）	男児42日目、女児33日目が多い。		祝い着		イナギ（祝い着の上を覆うチャンチャンコ）	お宮参り
	赤飯	○	○	○	○	赤飯を供える
お食い初め	内々で祝う					
初浅間		夏着				
	団扇・桃	○	○	○	○	
初正月		破魔矢・弓（男）羽子板（女）		お年玉		
	仲人宅へ年始の品			○		
初節供	節供祝いに招待	晴れ着・家飾りの人形	鯉幟や金太郎（男）藤娘・雛道具（女）	鐘馗の人形（男）高砂の人形（女）		
	餅	○	○	○		
3歳、5歳の祝い	内々で祝う	長子だと祝い着				お宮参り
ヒモトキ（オビトキ）	ヒモトキ祝いに招待	祝い着	カマス（米2升）	？	カマス（米2升）	ウブスナ参り
	カゴモチ（重ね餅）	○	（○）	○	（○）	

破線の右側は、子の祝いに贈られる物を、左側は、子のいる家から贈る物とその範囲を示した。

わりから放たれ、子どもの親である若い夫婦がシュウトたちから身上(家の財産と管理権)を譲られ、そのお披露目をも兼ねる意味合いが強いという。お祝いとして親元からヒモトキッコの祝い着が贈られる。男児は縞の着物に袴・羽織、女児は花柄のちりめんやキンシャなどを、四ツ身または本裁ちに仕立てて裾や肩を縫い詰めた。女児は二枚重ねで着せることが多く、上にチリメン下に銘仙など少しランクが下がるもので作った。この時期の晴れ着は、男女とも本裁ちに作り裾や肩あげをして着せ、その後、成長に合わせてあげおろしを着たり、縫い直して嫁入りの時にもたせた。男の子の着物と羽織は自分の祝言の時に着ることができたが、女の子の着物は柄がかわいすぎて、大人になるとあまり着られず、色をかけたり地色を染め直して着ることはあったとのことである。

なお、紐解きのある家では、親戚・近所・両隣のハタラキに頼み(初節供・祝言・葬式なども同様のハタラキとのつき合いになる)、籠餅を搗いてもらうほか、当日の折詰や定められた膳以外の、オチツキの赤飯や皿盛り料理、本膳のソバなどを作り、配膳、客の取り持ちをする。主な料理となる折詰や椀物、膳の料理は、料理人と称する魚屋や仕出し屋が当家に材料を持ち込んだり、あるいは店から作って届けた。折詰は祝言同様の尾頭付き。きんとん・かまぼこなどの盛り合わせで、丁寧な家は一の折・二の折をつけた。当日は親元・仲人・親戚・産婆・両隣・近所などがお客として席につき、途中でヒモトキッコは仲人の女親、シュウトメに連れられて産土にお参りに行く。帰ってくると、客のなかでヒモトキッコが仲人の女親に腰の紐を解いてもらう(車方)。その後、ヒモトキッコがお客に酒を注いで回り、お客はおひねりを渡す。

以上は、昭和三〇年代あたりまでの様相を記したものであるが、同書は「こうしたヒモトキは従来自宅でするものであったが、近年ホテルや結婚式場などの外の会場で行うことがほとんどである。加えて、オヤモトなどからの祝いもタンスや机、自転車など子供の家具や玩具を贈ることが盛んになっている」と結んでいる。[30]『昭和史世相篇』のなかで近代史家の色川大吉は、昭和六〇年（一九八五）の歴史を二分する昭和三〇年代に分水嶺を認め、それ以降の生活革命により通過儀礼も著しい変貌を遂げたが、その一つが、儀礼を家の外で行うようになったことだと指摘し、これを「通過儀礼の外化現象」と名づけた。(31) 家屋構造の変化や地域社会の崩壊等により、人（手伝い人）と場所を提供してくれるホテルや結婚式場などに儀礼会場が移り、贈答品も今様に変化したものの、盛大さはそのまま引き継がれたのである。

なおここでは、浅間参りと紐解き・帯解きとのかかわりについて多少整理しておきたい。というのも、富士浅間信仰が茨城県北部地方のゴダチ（五立ち、男子五歳の祝い）とかかわると思われるからである。

小川によれば、紐解き・帯解きと子どもの浅間参りが結びついているのは、一宮町のほか外房地域と印旛地域から東葛東部にかけてだという。(32) 一方、立野晃によれば、千葉県下の浅間神社は中世末から近世初頭の期間に、ムラを見下ろす地点に勧請された浅間神社と、これらの分布のうえに近世末から近代初頭にかけて、主として浅間講社によってムラ氏神クラスの境内に勧請されたものがあり、特に前者に浅間参りの民俗が存在することが注目される、としている。また、初浅間や終い浅間の折に参詣するばかりでなく、一歳から七歳まで毎年行く場合があって（船橋もそうであった）、その日取りは六月一日か七月一日に集中しているという。さらに印旛郡印旛村萩原の七歳の時の七月一日のお参りを「ごんだち」「はだし参り」というとし、また、真新しい着物を身につけたり、幣束を背負って出発する事例を紹介したうえで、「これらの諸民俗は、主要参拝者たる小児に対して、心身共に清浄な状態での浅間神社への参詣を要求する観念に基づくものと思われる」と結んでいる。(33)

ここでは、一歳から七歳までの連年の浅間参りがあったこと、浅間参りを「ごんだち」と称する地域があったこと、この二点を確認しておきたい。なお、鈴木明子によれば八千代市でも、初浅間と終い浅間を「ゴダチ」と称していたとのことであり、[34] 七歳のそれに限らなかったことをつけ加えておきたい。

三　茨城県下の「七つの祝い」

『日本産育資料集成』の「18ひも落とし・袴着」「19氏子入り」の項には、茨城県の報告例が見当たらない。各自治体史をみると、たとえば、「明治生まれの人たちは、七歳・五歳・三歳の祝いはやらなかったと答える人が多い」、「大正時代には七歳五歳三歳と子どもの歳が揃った家のみに行った」、「またオビトキのみ行った人もいた」といった記載がある。[35] なお今様の七五三は第二次大戦後数年してから行うようになったが、五歳では男子が袴着、七歳では男女の帯解きの祝いをし、「今までの付紐を取って帯をしめるようになった。この時四ツ身の新しい着物を作ったり、女の子はオカッパから、カラコに結いあげたりする」といった報告例も認められる。[36] 地域や階層によってバリエーションがあるものの、五歳の男子、七歳の男女の祝いは、かなり盛大に行われていた模様で、前者をゴダチ（五立ち）と称し、後者は紐解き、あるいは帯解きと称している。さらには、いわゆる七五三のことをオビトキといっていることから、[37] 七歳の祝いの古さと重要性を推しはかることができる。先ずはゴダチを取り上げることにしたい。

藤田稔は、茨城県下の民俗文化圏を三つに区分している。すなわち、①那珂川の線を境とする北部地域、②霞ヶ浦・北浦を中心とする東南部の平野および湖沼地域、③小貝川・鬼怒川を境とする南西地域、の三つである。そうしてこのゴダチについては、那珂川と久慈川の流域（すなわち北部地域＝筆者註、図10-3参照）に報告例が多いとしている。またゴダチの儀礼内容に関しては、

ⓐ男児五歳のときに行う精進潔斎で、子供の成長儀礼にほかならない。

ⓑ潔斎の態様からみて、修験者の関与があったとみられ、大正初年まで残存した。
との見解を示した。[38] しかし、図10-4をみると、分布域はもう少し南北に分布が広がるようである。[39]
また、藤田は茨城・栃木だけにみられる習俗としているが、[40] 竹内は福島県下の羽山祭りにみられるゴンダチ（権達、すなわち七歳になった男子が新調の羽織袴にワラジばき、さらに一升餅を背負って早朝にヤマガケする習俗）を紹介しており、[41] 年齢を別にすれば、精進潔斎を伴うゴダチと称する子どもの成長儀礼は、より広範な地域に認められるのであり、千葉県下の浅間参り等もその範疇に入る。ちなみに、茨城県南部地域には、千葉県下同様、七歳の浅間参りを行っている所もある。[42] さらにはヒモオトシと称しつつ五歳の男子が富士権現を祀る山に出向き、出世成長を祈願した旧那珂郡大宮町（現常陸大宮市）小倉のような例もある。[43]
ところで茨城県下のゴダチについて、藤田は大正初期まで残存したとしているが、旧勝田市域（現ひたちなか市）では、昭和初期まで行われていたようである。それは次のようなものであった。[44]
男の子が五歳のときにおこなうもので、ゴダチの祝い、オショウジン（お精進）ともいわれる。土用のころ七日間、精進潔斎する。屋敷のホンカドに竹を二本たて注連縄をはり、一部屋を精進の場にあてる。七日間、父親またはシンセキの年配の男が禊ぎや炊事の世話をし、精進料理、白飯で火も別火にした女人禁制であった。禊ぎは白鉢巻、白い帳子をかけ、「ザンゲ、ザンゲ、ロッコンショージョー」と唱え、金上では那珂川、稲田では精進池、上高場では精進洞とよばれる沼でおこなわれた。朝、昼、晩の三回、特定の場所でやった。七日目の満願の日に親戚をよんでお祝いをした。
ちなみに、旧勝田市域にみられる産育儀礼と贈答・交際は表10-2の通りである。[45] 仲人が外されている点が気がかりであり、子どもが生まれた家からの答礼（内祝い）がどのようなものか記されていない点でも問題を残したといえる

図 10-3　茨城県におけるコダチ習俗の分布
（藤田註(38) 2002 年より）

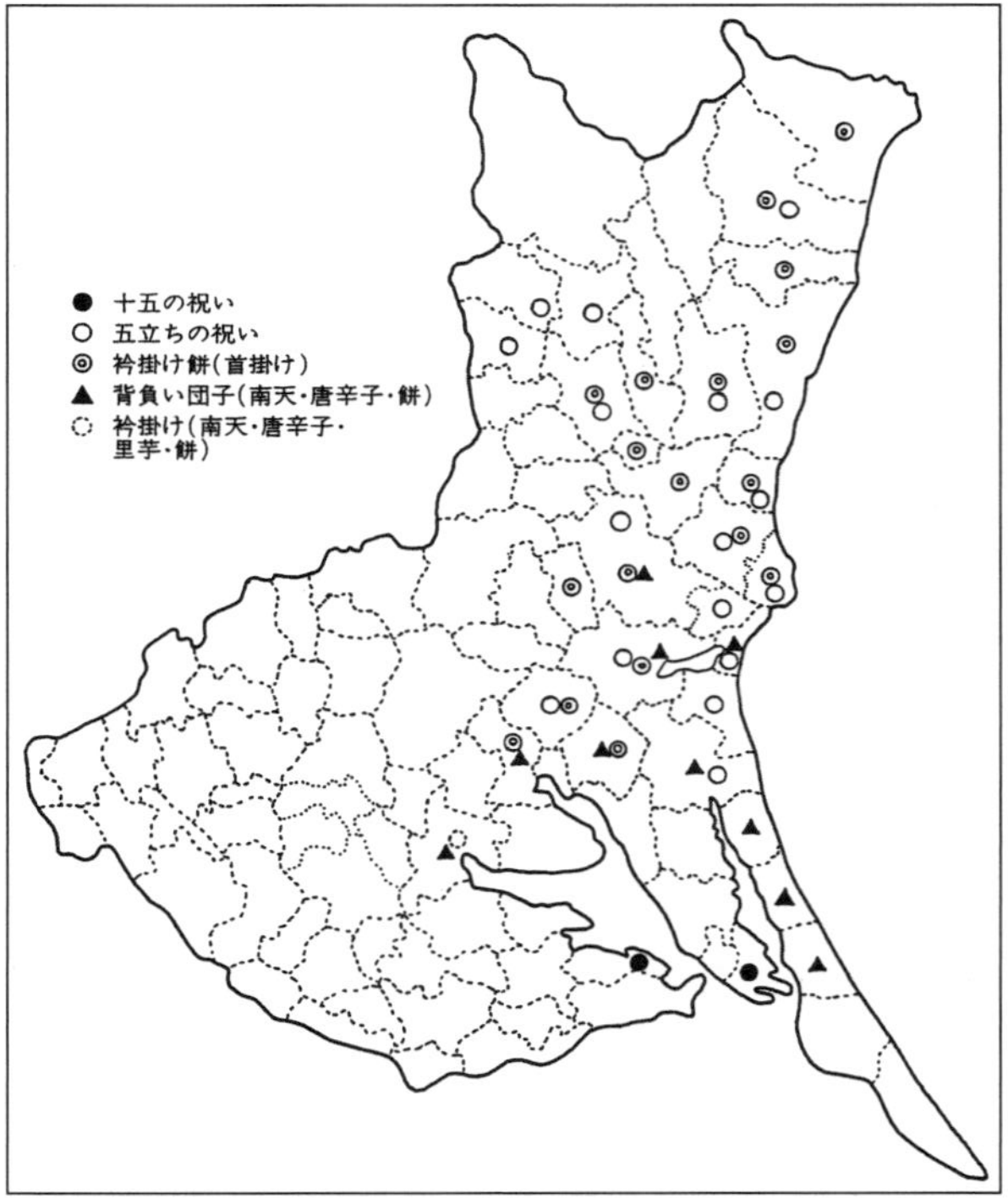

図 10-4　茨城県における子どもの成長祈願
（潮来町史編さん委員会註(54) 1996 年より）

表 10-2　産育儀礼にみられる贈答と交際(勝田市史編さん委員会註(44)1975 年より)

儀礼＼家の関係	母親の実家	親戚	近隣	祝いの参加者	神の関与
出産	米と鰹節				
三日祝い	米と産衣	産衣	米　産衣	産婆 親戚 近隣	ウブ神
名付					
初外出				産婆近隣の子ども	屋内の神
忌明け	重ね物の産衣	産衣	米　産衣	産婆 親戚 近隣	
宮参り	カケイショウ				鎮守
食初め					
初正月	破魔弓　羽子板	破魔弓　羽子板			
初節供	ひな人形　幟	ひな人形　幟			
初誕生					
七五三の祝い					鎮守
ゴダチの祝い				親戚	
エリカケモチ					
十三参り					

が、試みとしては興味深い。なお、那珂郡東海村竹瓦に残る明治一〇年（一八七七）丑年六月二五日付の「安治郎五立祝儀到来帳」によると、招かれた人は、子ども用の夏衣一枚か一枚相当分の反物（一四尺か一六尺ぐらい）、または金を祝儀として贈り、当家ではもち米二斗五升、小麦七斗、醤油五升、酢一升、酒代二分を用いたとあり[46]、これによってゴダチがいかに盛大であったかが知られる。

ところで、お籠り・禊ぎ・精進潔斎などの試練を経て次のステップへと進む習俗は、氏子入や山岳信仰とかかわる成人式によくみられるが、ゴダチの精進潔斎の際、旧山方町（現常陸大宮市）では「帰命頂礼　懺悔〳〵、六根清浄、おしめに初竹、富士浅間権現　大日如来」と唱えたとのことであり[47]、富士浅間信仰の影響がみてとれる。これは先に紹介し旧大宮町小倉の事例からも確かだろう。小倉では、五歳の浅間詣りをヒモオトシと称しており、あるいは七歳の祝いがゴダチの五にかかわらせて、五歳の祝いになったのではないかと推測している。なお茨城では「五立ち」と表記しているが、羽山信仰とかかわる福島県下の七歳の行事について竹内は「権達」と記していた。千葉県安房地方では、浅間参りの時に奉納する幟を「ゴダチ」と称しているもののその語源は不明である。どうやら山岳信仰の精進潔斎とかかわるようである。

改めて図10-4をみると、このゴダチの分布とほぼ重なる形で衿掛け(背負い団子ともいう)なる習俗が分布している。[48]明治三四年(一九〇一)刊行の『新編常陸国誌』の「襟懸団子」の項には、次のように記されている。

二月八日ニ水戸辺ニテ、小児アル家ニテハ団子ヲ手マリノ大キサニツクリテ、其児ノ年ノ数ニアワセテ倍ニシテ、藤ノ弦ニ貫ヌキ数珠ノ如クニ結ヒ合セテ、男女トモニ小児ノエリニ掛ケサスコトアリ。(中略)八歳ヨリハコノ事ヲナサズ、コレヲカクレバ長寿ナリト云、(下略)

このように、「衿掛け餅」は七歳まで子どもの無事成長を願って毎年二月八日に行われた。七歳まで連年でというのは、千葉県下の浅間参りと共通するものである。またこの儀礼が二月八日に行われるということもあって、事八日の儀礼と錯綜している事例もままみられた。

たとえば東茨城郡茨城町石崎地区では、二月八日に背負い餅、ニンニク豆腐が行われる。背負い餅は衿掛け餅ともいわれ、特別に大きな丸餅を作り、七歳までの男の子に、年の数より一個多く背負わせ、親戚や近所へ売ってくる。餅は麻に通し、間に柊の葉、サイカチの葉、つけ木などを入れる。この二月八日には、疫病神が通るといわれ、柊の小枝にサイの目に切った豆腐とニンニクをつけて家の入口にさす。とげとその臭いによって、疫病神は退散すると伝承されている。また、この日にはサオの先に目籠を吊して軒に出すことも行われているという。[49]

この石崎の事例は、衿掛け餅と事八日が並在して行われているとみてよいが、前者についてみると県南部になるほどそれが変形し、土浦市小山崎では唐辛子・南天・里芋・つけ木・せいかじ・豆腐を糸で通して首から背に下げるという形になり、餅が欠落してしまったものも見受けられる。[50]土浦市域ではもう行われていないようであるが、平成四年(一九九二)刊の『東海村史　民俗編』には、この時点でも「現在も行なっている家がある」とされ、「この餅は早く食べると良い。また買ってもらうと良いともいわれ、里方の人や祝い客に買ってもらう」としたうえで、「当村で七五三があまり行われなかったのは、この衿掛け餅による成長儀礼が存在していることによるようだ」と述べて結んでいる。[51] しかしながら、千葉県下で連年の浅間参りと紐解き・帯解き、すなわち「七つの祝い」とが重なるように、茨城県下でも、図10-4から予想されるように、衿掛け餅とゴダチの双方を行っている所は少なくなかった。

一方、紐解き・帯解きであるが、ゴダチ・衿掛け餅が茨城県北部で広く認められるのに対して、こちらは南東部および南西部といった千葉県に近い地域に広がっている。

旧麻生町（現行方市）島並の高橋家文書に、大正一一年（一九二二）「年中行事」と題する農事日記があり、当時の紐解きの様子が描かれている。[52]

（旧十一月五日　十二月）

二十二日　昼から米搗をなす。モチ一俵、ウルチ二。

二十三日　（略）

二十四日　（前略）晩ヒゲコモチを搗く。

二十五日　ヒゲコモチを持ち出す。堀の内、組内、□崎、水原方面。

二十六日　ヒゲコモチを持ち出す。小高二軒、高岡、中根方面、村内へ平に、分家、喜平と四ヶ全部にて十一ヶ。

二十七日　（略）

二十八日・二十九日（略）

三十一日　紐解のよし支度をなす。手伝人喜平、源之丞、勘助より女等一人づつ、平より二人、分家より二人手伝。料理人、今泉勘次。

（旧十五日　大正十二年一月）

一日　紐解祝をなす。招待員、村四十二軒、親戚全部。
二日　紐解の後始末をなす。
三から五日　（略）
六日　紐解の道具を返し。

この日記から、当時は旧暦で行っており、新暦の一月元日に紐解きの祝いをしていたことがわかる。また大勢の人の手を借りて幾日にもわたって準備し、料理人を頼んで料理を作っていたことが知られるとともに、招待を告げるために、各家々にヒゲコモチを持参して回ったようである。さらに、六日の「紐解きの道具を返し」とある記述から、諸道具を地域で共有していた様子がみてとれる。

この日記に分析を加えた島立理子によれば、「招待客は村内から四二軒親戚全部」だったという。加えて、近年の自宅ではなく会場を借りた結婚式同様の祝いに触れた後、「ヒモトキを盛大に行うのは、男であれ女であれ惣領(長子)の場合のみである、そして仲人に対して中元や歳暮を贈るのは、この長子のオビトキが終わるまでというのが一般的である、また、これを契機に姑・舅が子供夫婦に身上を渡すということも一般的に行われている」と指摘している。(53)ヒゲコモチの慣行も含めて、千葉県北部地域同様の儀礼内容と意味をもって行われていることが以上から判明する。

茨城県南西部では、鹿嶋市・神栖市・鉾田市・潮来市・行方市といった鹿行《ろっこう》地方で七つの祝いがとりわけ盛んに行われていることから、次に旧潮来町の事例をみることにしたい。

平成八年(一九九六)刊の『潮来町史』には「七五三の祝い」とあって、女の七歳の帯解き・紐解きが重視されていると記されている。しかし潮来町潮来地区では、男は五歳と一五歳、女は三歳と七歳の時に祝うとある。ちなみに男子一五歳の祝いは昭和二〇年代まで行っていたものの、二〇歳の成人祝いに取って替わられたようである。いずれにしてもこの地域では、男女とも七五三には一一月前後の日曜日に氏神へお参りし、宮参りの後、親戚・知人等を招き、盛大な宴が開かれる。もとは自宅であったが、現在は料亭やホテルを利用することが多くなり、帯解きの場合、招待者の祝儀、またそのお返しは結婚式のようであったという。「七五三の祝いは、とくに長男、長女の場合盛大であった」とも記している。(54)

旧潮来町域の場合、地域の神社や香取神宮で合同紐解き祝いをし、その後、祝宴（もとは自宅・現在は料亭・ホテル・飯食店）はそれぞれが行う、という地域もある。これも、千葉県の成田市や銚子市・勝浦市等が公民館その他で合同で祝っているのと同様である。

一方、津知地区では、旧暦霜月一五日に三歳・四歳・五歳・七歳の子どもの健康と成長を祈願し、親戚知己を招待し、祝膳を用意し祝盃をあげる。子どもは正装し、女児は化粧をして、額に紅で点を描き、神社に参詣してお祓いを受ける。お神楽をあげたり、お神酒をいただくという。(55)この記述では男女それぞれを何歳で祝うかはっきりしないが、旧潮来町域では幼児・子どもを祝う年齢に幅があり、七五三という形で統一されていたわけではなさそうである。

また津知地区で興味深いのは、「取子」慣行がまだ存在することである。この地区では、一月二三日（もと旧一一月二三日）に、辻の二十三夜尊で、「取子講振舞」を行っている。この地域で行っている「取子」とは、生まれた児が健康で成長するように三夜様に守護を祈願することで、なかには終身の人もいるという。この日、取子の人々は身を潔め、服装を整え、幼児は保護者が付きそって参籠し、神官よりお祓い、ご祈禱を受け、銘々に酒肴をいただいて帰る。取子の年齢は早い者で生まれてすぐ、三、四歳、幼稚園くらい、取子の期間も七歳までとか、成人に達するまでとか、終身などと人によってまちまちである。家によっては取子にあげない所もある。平成五年（一九九三）現在の取子は三名ぐらいという。(56)延方地区では七歳まで鎮守に取子に出すとされているが、津知では契約を切る年齢幅がかなり広いことが知られる。

一方、県南部牛久市域でも、一一月一五日に男女いずれであれ七歳の祝いが行われ、これを紐解きあるいは帯解きと称した。招待する客の範囲が広く、祝いの何日か前に紅白の餅を搗き、それを竹屋に頼んで作った編み放しの竹籠に入れ、仲人、嫁の実家、本家分家、組合、親戚の家に配り、さらに紅白の餅を一個ずつ町内にくまなく配ることになっていた。当日は鎮守に参詣し、氏神に手を合わせて祝宴となる。もっとも龍ケ崎市の富士浅間神社に出かけてお祓いを受ける家もあって、この場合には宴が終わってから出かけたものという。親元(嫁の実家)では着物などを贈ったが、年々贈りものが派手になって、なかにはピアノとかタンスなどを贈るようになり、地区で自粛を呼びかけたことも何度かあるという。祝宴では結婚式とほぼ同様な席順とし、途中でお色直しをやる風もある。ただし、祝宴には必ずお汁粉を出すことになっている。終わりにウドンとかソバを出すのは、長くつきあって欲しいという意味を込めてであり、客への引出物は笹折が多く、祝言以上に費用が嵩んだという(57)。

以上から、牛久市域の紐解きの盛大さが知られるが、新夫婦と仲人との関係も密接で、祝言が終わってからしばらくして、仲人を招待して労をねぎらう酒宴を設けることがあったという。また新夫婦として盆暮の挨拶は少なくとも三年はするものだとされ、お中元・お歳暮は欠かさなかった。仲人の方も、夫婦に子どもが誕生すると、その子の食い初め、初節供、年越し初誕生に行う「立ったら餅」から、子の七歳の折の祝いの帯解きまでは、祝いを包まねばならないとされ、また仲人が死去した時には、子ども分として葬儀に参加するものとされていたとのことである(58)。仲人は、新夫婦の子どもの成長に伴う儀礼に参加しつつ、その成長にそれなりの責任をもっており、それも「七つの祝い」を一つの区切りとしてその関係が断たれたのである。この点については再三指摘しているように、千葉県下の慣行と通ずるものである。

ちなみに、茨城県南部の特徴としては「取子」慣行がみられることであり、牛久市域にもそれが認められる。体が弱く生まれたりすると、神仏の取子にしてもらうことがよくあり、小学校に入るまでとか、男の子なら戦前は徴兵検査までという習俗がみられた。特に第二次大戦中に生まれた子については、取子が一時流行したことがあったという。つくば市泉の観音は特に知られており、そのほか龍ケ崎の子育て地蔵尊の取子にしてもらうこともあって、毎年縁日には祈禱してもらったそうである。[59]戦時下の取子の習俗は特異なものであり、一般にこの慣行は「小学校に入るまで」、すなわち数え年七歳までの間に取り交わされるものであったと考えられ、七歳までは仲人の庇護下にあるとともに、神仏の加護を受けながら育てられたことが知られる。

最後に茨城県南西部の岩井市(現坂東市)の事例を確認することにしたい。この地域でも、子どもが数え年七歳になる年に紐解き(帯解きともいう)のお祝いをする。長子の時はきわめて盛大に祝われるが、次子以下では近くの親戚を招くにとどめる。古くは旧暦一一月一五日に行われていたが、今では新暦のこの日に祝う。しかし駒跿のように月遅れにする地域もある。紐解きに招待する家(お七夜の折に招いた家と重なるともいわれる)へ、事前に紅白の餅を搗いて、竹笊に入れて贈る。嫁の実家だけは臼抜き餅(臼から出したのし餅)をもって催促餅とする。招待を受けた家では、お返しの祝い品を持っていく。ちなみに、家によっては七歳の紐解き祝いまでは神仏の子にしてもらえば丈夫に育つとか、賢く育つというので、筑波山神社や加波山にお願いに出掛けることもあったし、近くの地蔵尊や観音に取子にしてもらうこともあった。その縁日の祭礼に米を一升持参して、帯解きまで毎年祈禱してもらいに行ったものだという。[60]

以上、茨城県下の「ゴダチ」と「紐解き祝い」をみてきたが、「ゴダチ」は昭和初期に消滅し、「衿掛餅」もあまりみられなくなった。取子の慣行はそれなりに行われているものの、宮参りと記念写真撮影を中心とする七五三の行事が広く行われるようになった。そうしたなかで、「七つの祝い」と称される行事・儀礼はどうなったのだろうか。茨城でもこの種の行事が盛んとされる鹿行地方の宴会場やホテルといった会場側の聞き取り調査からそのことを確認しておきたい。

鹿嶋市の鹿島神宮正面に位置する新仲家は、昭和四二年（一九六七）に開業した料理旅館（宴会場）である。七つの祝いは多い時で年間二〇件ほどで、一〇月初めから一一月二〇日前後までの時期に行われ、多くの人を呼ぶ都合上、土曜日・日曜日に集中し、多い日には五、六件行うという日もあったようである。新仲家では特に宣伝はしなかったようで、その理由は、あまり宣伝するとやりたいという人が多く出てきて、会場を回すことができなくなってしまうというのが主たる理由のようである。一七、八年前がピークでそれ以後は激減したという。「親族や近所の方々を呼ぶのが悪くなってきた」、「式を行うと呼ばれた側もご祝儀を包まなければならないので、そのことに対して悪いのではないかという思いが出てきて、行う人が減ったのではないか」というのが新仲家側の認識である。長びく景気の低迷と、血縁・地縁関係の希薄化がその背景にあるものと理解される。

ちなみに儀礼そのものは結婚式に準じたものであるが、メインテーブルに座るのは、祝われる子どもと仲人、そして主催者としての祖父母であり、子どもの両親は下座で、もっぱら挨拶回りとお酌役だという。なお、餅を配る習慣があり、招待者に催促餅・紅白餅を配った。餅米がある家では祖父母が家で搗くことが一般的なものの、式場に餅米を持って行けば式場側で搗いてもらえるそうで、この点は今まで報告したこととは異なる。また、その餅は式の招待状を持っていく時に渡す場合のほか、引出物に入れる場合もあるとのこと。式の招待客は、多いケースだと二〇〇名に及ぶこともあり、費用は一人当たり二万五〇〇〇円ほどという。

具体的事例を一例だけあげると、先にあげた筆者のゼミ生の野口は、平成三年（一九九一）鹿嶋市小山生まれで、双子の姉妹と一緒に小学校にあがった年の一一月一五日に、帯解きの祝いを行った。二人とも早生まれであり、数え年七歳で祝ったことになる。しかもこの時点でも帯解きと称しているのである。当日は鹿島神宮にお参りし、新仲家で祝宴を開いた。祝宴が始まる前に、両親、母方の祖父母、父方の祖父母と並んで招待客を出迎えた。その後、招待客より一段高くなっているステージに上がったが、隣に母方および父方の祖父母が座っており、また同じステージに両親の仲人夫婦が座っていた。招待客は八〇名弱であり、二五～三〇名が親族、小山地区の組内（南組）の人が四〇名余り、その他、祖父母の仕事（農業・漁業）の仲間であった。祝宴のなかでくす玉開きが行われ、また二回おめしかえをした。始まった時は赤い着物であったが、おめしかえでは二回ともドレスを着た。おめしかえが行われている間は、来賓者は余興としてのカラオケを楽しんでいたとのこと。式の終盤には、招待客にキャンデーを配り歩くという催しも行われた。式が終わると来賓の方々に引出物を渡した。なお、紅白餅は前日の午後から近所の人に手伝ってもらって搗き、仲人・親戚・組内に配ったという。

ちなみに、野口の両親の仲人は父方の親戚の方であったが、付き合いは冠婚葬祭の時ぐらいだった。しかし一般には「七つまでは仲人の責任」という考えがあって、七つの祝いを盛大に行っているのではないか、というのが新仲家の見解であり、地域の人々も同様の認識を持っていたものと判断できる。

さて、鹿嶋市に隣接する神栖市には昭和四七年（一九七二）オープンの鹿島セントラルホテルがあり、夏季七月に七五三フェアを開催しているホテルとして知られている。子どもの通過儀礼を戦略的に取り込んだのである。七五三の祝いを行う時期は一〇月から一一月であり、毎年三〇件から四〇件の祝宴を行っており、八名ほどの小人数から一五〇名という大人数のものまであって、予約は一年前からする例もみられるが、ふつう三、四ヶ月前からという。野口の場合、三歳の祝いは鹿島神宮を参拝し、ごく内輪で祝う程度だったとのことである。鹿島セントラルホテルでも七歳の帯解きの祝いを盛大に行うケースが多いものの、やはり景気との関係か、規模は縮小傾向にある。規模は別として、逆に三歳・五歳の祝いは増える傾向にある。

結びにかえて

七五三の原型と考えられる儀礼は、時代により、また地域・階層によって異なっていたが、近世後期に定型化されたとするのが大方の見方であり、七五三という言い方が一般化するのは戦後以降である。ちなみにその原型について小川は、平安時代の着袴の儀礼が分化独立して成立したとみ、それに対応するかのように竹内も、地方に残る衣服型改良儀礼に七五三の原義がうかがえるとの見解を示した。本章では、こうした先行研究を受けて常総地方の「七つの祝い」、すなわち紐解き・帯解きを中心に、幼児の成育儀礼に分析を加えた。紐解き・帯解きの結婚式さながらの盛大さは先学の指摘する通りであり、また、自宅での祝いから、料亭やホテルでの宴席といった家庭機能の外化現象も、結婚式同様、昭和三〇年代後半のあたりから広がっていったことも確認できた。

千葉県下の事例を分析した小川によれば、ⓐ籠餅を配る風習がある、ⓑ仲人との関係に一区切りつける、ⓒこれを機に若夫婦に所帯譲りを行う、ⓓ浅間神社の参詣と結びついている、以上四点がその特徴だという。一方、茨城県下では、北部地域でゴダチと称する男子五歳の祝いが盛んなものの、南西部・南東部地域では男女七歳の紐解き・帯解きが広く認められ、こちらは千葉県のそれとほぼ同様の形で行われていることがわかった。ただし、長子相続とのかかわりについては確認できていない。ちなみにゴダチとは、五歳男子の成長儀礼に精進潔斎を伴うものを指し、浅間信仰(山岳信仰)と結びついていた。しかしこの習俗は、昭和初期には消滅してしまったようである。このゴダチと分布が重なるような形で、二月八日に衿掛け餅なる呪術儀礼が行われていた。これも毎年七歳までの子どもの無事成長を願う行事にほかならず、初浅間から終い浅間まで参詣する茨城県南部や千葉県下の儀礼と対応している。

再び「七つの祝い」に戻るが、茨城県下では贈答に用いる餅を籠餅ではなく、ヒゲコ餅と称しており、その点は千葉県下と異なる。さらには、茨城県南部地域では取子の習俗が盛んで、これもこの地方の特徴の一つといえる。何歳まで神仏とこの関係を結ぶかはまちまちで、生まれた時から成人に達するまでというのもあるものの、七歳までが一応の目安となっている。この年までは神仏の子として、不安定な紐解きまでの幼児期を乗り越えようとしたものと理解される(初浅間と終い浅間までの一連の儀礼も、取子習俗との対応で把握することも可能である)。

なお、七五三をはじめとする近年の人生儀礼に分析を加えた田口は、その特徴として、①社会的承認の縮小・喪失、②霊魂とのかかわりの希薄化、③社寺参拝への画一化、以上三つをあげている[61]。常総地方の紐解き・帯解きを中心とした儀礼についてみると、景気の低迷で縮小傾向にあるとはいえ、多くの人を招き、餅を中心とする贈答をし合うとともに、仲人との関係の一区切りの機会としていることがみてとれる。しかし、この地方の結婚式も近年は仲人不在となり、また結婚しても独立して住むケースが多くなって、所帯譲りのもつ意味も薄れている。他方、人間関係の希薄化から、多くの儀礼は私的儀礼化しつつある。取子慣行・浅間参りとともども、紐解き・帯解きの行方を注視したい。

註

(1) 柳田國男「社会と子ども」『定本柳田國男集』一五巻　筑摩書房　一九六九年　(初出一九四一年)。
(2) 竹内利美「七五三祝いと子ども組」『講座日本の民俗宗教』1「神道民俗学」弘文堂　一九七九年　二九四頁。
(3) 竹内利美「七五三祝いと子ども組」前掲論文　二九四～二九五頁。

（4）田口祐子「現代の七五三に関する一考察」『女性と経験』三六号　女性民俗学研究会　二〇一五年。

（5）八木透「七つ前は神の内—七五三の源流—」『日本の通過儀礼』佛教大学通信教育学部　二〇〇一年　二四〜三一頁。
小川直之「七五三の祝い」『日本の歳時伝承』アーツアンドクラフト　二〇一三年　二七六〜三〇八頁。

（6）八木透「七つ前は神の内—七五三の源流—」前掲論文　三〇頁。

（7）鈴木明子「七五三」『人生儀礼辞典』小学館　二〇〇〇年　六六頁。

（8）小川直之「七五三と紐解き・帯解き」『千葉県の歴史　別編　民俗1』千葉県　一九九九年　三〜一〇頁。

（9）田口祐子「現代の七五三に関する一考察」前掲論文　一二三頁。

（10）小川直之『日本の歳時伝承』前掲書　二七九〜二八〇頁。

（11）倉林正次「はかまぎ」『国史大辞典』一一巻　吉川弘文館　一九九〇年　四八五頁。

（12）菅原正子「七五三の源流—中世後期の髪型・帯直・元服等—」『日本歴史』六三〇号　吉川弘文館　二〇〇〇年。

（13）小川直之『日本の歳時伝承』前掲書　二八〇〜二八一頁。

（14）菅原正子「七五三の源流—中世後期の髪置・帯直・元服等—」前掲論文　五一頁。

（15）菊田沾涼　小池章太郎編『続江戸砂子（温故名跡志）』東京堂　一九八六年　三三九頁。

（16）斎藤月岑　朝倉治彦校訂『東都歳事記』平凡社東洋文庫　一九七二年　六六〜六七頁。

（17）竹内利美「七五三祝いと子ども組」前掲論文　二九五〜二九六頁。

（18）竹内利美「七五三祝いと子ども組」前掲論文　二九六〜三〇一頁。

（19）武田正『子どものフォークロア』岩田書院　一九九七年　九二頁。

（20）柳田國男「社会と子ども」前掲論文　二二八〜二二九頁。

(21) 猿渡土貴「子どもの成長」『日本人の一生』八千代出版　二〇一四年　七二～七三頁。
(22) 柴田純『日本幼児史』吉川弘文館　二〇一三年　一六八～一七八頁。
(23) 塩野雅代「柳田國男の「子ども」観について」『社会民俗研究』一号　社会民俗研究会　一九八八年。
(24) 恩賜財団母子愛育会編『日本産育資料集成』第一法規出版　一九七五年　五二一頁。
(25) 恩賜財団母子愛育会編『日本産育資料集成』前掲書　五三四頁。
(26) 恩賜財団母子愛育会編『日本産育資料集成』前掲書　五三五頁。
(27) 小川直之「七五三と紐解き・帯解き」前掲論文　三～五頁。
(28) 小川直之「七五三と紐解き・帯解き」前掲論文　七頁。
(29) 船橋市史編さん委員会『船橋市史　民俗・文化財編』船橋市　二〇〇一年　一九七～二〇二頁。
(30) 船橋市史編さん委員会『船橋市史　民俗・文化財編』前掲書　二〇一頁。
(31) 色川大吉『昭和史世相篇』小学館　一九九〇年　二五～三三頁。
(32) 小川直之「七五三と紐解き・帯解き」前掲論文　八頁。
(33) 立野晃「千葉県下のセンゲンマイリ」『西郊民俗』一一八号　一九八七年。
(34) 鈴木明子「ムラの一生―習志野市・八千代市―」『千葉県の歴史　別編　民俗2』千葉県　二〇〇二年　三六三～三六四頁。
(35) 東海村史編さん委員会『東海村史　民俗編』東海村　一九九二年　四二二頁。
(36) 勝田市史編さん委員会『勝田市史　民俗編』勝田市　一九七五年　二二八～二二九頁。
(37) 今瀬文世『季節の民俗』下巻　筑摩書房　一九九二年　二六九頁。

(38) 藤田稔『茨城の民俗文化』茨城新聞社　二〇〇二年　四〇八頁。
(39) 潮来町史編さん委員会『潮来町史』潮来町　一九九六年　八五三頁。
(40) 藤田稔『茨城の民俗文化』前掲書　四〇八頁。
(41) 竹内利美「七五三祝いと子ども組」前掲論文　三〇一頁。
(42) 東町町史編さん委員会『東町史 民俗編』東町　一九九七年　二〇三頁。
(43) 今瀬文世『季節の習俗』下巻　前掲書　二六九頁。
(44) 勝田市史編さん委員会『勝田市史 民俗編』前掲書　二二九頁。
(45) 勝田市史編さん委員会『勝田市史 民俗編』前掲書　二三四頁。
(46) 東海村史編さん委員会『東海村史 民俗編』前掲書　四二二頁。
(47) 山方町史編さん委員会『山方町誌』文化財保存研究会　一九八二年　五七四頁。
(48) 中山信名『新編常陸国誌』下巻(加納・平野刊)　一九〇一年　九八九～九九〇頁。
(49) 今瀬文也『季節の習俗』上巻　筑波書林　一九九一年　九一頁。
(50) 土浦市史編さん委員会『土浦市史 民俗編』土浦市史刊行会　一九八〇年　一九七頁。
(51) 東海村史編さん委員会『東海村史 民俗編』前掲書　四二三頁。
(52) 麻生町史編さん委員会『麻生町史 民俗編』麻生町　二〇〇一年　四八一～四八二頁。
(53) 麻生町史編さん委員会『麻生町史 民俗編』前掲書　四八二～四八三頁。
(54) 潮来町史編さん委員会『潮来町史』前掲書　八五二～八五三頁。
(55) 潮来町史編さん委員会『潮来町史』前掲書　八五三頁。

(56)　潮来町史編さん委員会『潮来町史』前掲書　八五二頁。
(57)　牛久市史編さん委員会『牛久市史　民俗編』牛久市　二〇〇二年　三三三～三三四頁。
(58)　牛久市史編さん委員会『牛久市史　民俗編』前掲書　三一六頁。
(59)　牛久市史編さん委員会『牛久市史　民俗編』前掲書　三三五頁。
(60)　岩井市編さん委員会『岩井市史　民俗編』岩井市　二〇〇一年　二三一～二三四頁。
(61)　田口祐子『現代の産育儀礼と厄年観』岩田書院　二〇一五年　二九九～三一七頁。

〔付記〕本章の執筆に当たっては、二〇一二年度成城大学文芸学部文化史学科松崎ゼミ卒業生の野口佳奈子氏より多大な協力を得たことを記すとともに、感謝申し上げたい。

あとがき

『現代供養論考』あるいは『地蔵と閻魔・奪衣婆』など(いずれも慶友社、二〇〇四、二〇一二年刊)近年刊行した拙著の多くは仏教民俗学的な色彩が強く、抹香臭さは否めない。しかし角館祭り、輪島大祭、安房のヤワタンマチなど地方都市の祭礼調査も手がけ、躍動感あふれる明るいテーマに関しても少なからず研究例がある。一方、成城大学民俗学研究所の共同研究『人神信仰の歴史民俗学的研究』(岩田書院、二〇一四年刊)では、信長・秀吉の信仰と祭祀を分担執筆したが、同共同研究の過程で京都市八瀬の秋元神社、館林市・秋元宮と、会津・土津(はにつ)神社の調査・研究を思いつき、中間報告、あるいは後日報告としてまとめた。

人神信仰は、現世利益信仰と並んで民俗信仰の基調をなすものであり、今後も調査を進めていくつもりだが、他方、現世利益信仰については縁切習俗に関心をもち、板橋区の縁切榎、足利の門田稲荷、福岡の野芥縁切地蔵など、この種の習俗ではよく知られた場所を訪れ、比較を試みた。いずれも小絵馬の絵柄に願いを託す祈願から、願文を通した祈願へと変化し、その願文の内容も多様を極めていた。病気との絶縁はオーソドックスで相変わらず多いものの、貧乏やいじめとの絶縁を求めるものも多く、現代の世相をもろに投影している。また夫婦間のみならず、さまざまな人間関係との絶縁を願うものも目立ち、錯綜する人的ネットワークのなかで煩わしさを覚える人々の悲鳴が聞こえてくるような気もした。

長年民俗にかかわっていると多方面に関心をもつようになり、現在では初七夕や七つの祝い(七五三)に関心をもち、その洗い直しをし始めたところである。しかし関心がこれだけ分散すると収拾がつかなくなってしまう。そこで、とり急ぎまとめを行い、体勢を立て直そうと思い立ったのが本書の刊行である。岩田書院の店仕舞の噂も聞き及び、あわてて駆け込み刊行にありつけた。原稿・写真の整理に際しては、成城大学民俗学研究所の林洋平氏の手を煩わせてしまった。御礼の言いようもない。また、無理を承知で引き受けて下さった岩田書院（岩田博氏）には、衷心より感謝申し上げる次第である。

二〇一六年九月吉日

松崎　憲三

初出一覧

第一章　現代社会と民俗信仰―不安解消と癒しを求めて―
　原題「現代社会と民俗信仰」谷口貢・宮本袈裟雄編『日本の民俗信仰』八千代出版　二〇〇九年。
第二章　夢占いおよび初夢をめぐって―逆夢、夢違えに着目して―　書き下ろし
第三章　縁切習俗の現在―板橋　縁切榎、足利　門田稲荷、福岡　野芥縁切地蔵尊―
　『日本常民文化紀要』第三〇輯　成城大學大學院文學研究科　二〇一四年。
第四章　野神信仰―奈良盆地における地域的展開―
　原題「ノガミ（野神）信仰再考―奈良盆地における地域的展開―」『日本常民文化紀要』第二七輯　成城大學大學院文學研究科　二〇〇九年。
第五章　人神信仰―京都市八瀬　秋元神社、および館林市　秋元宮―
　原題「京都市八瀬の秋元神社及び館林市の秋元宮―人を神に祀る風習―」『民俗学研究所紀要』第三六集　成城大学民俗学研究所　二〇一二年。
第六章　神社の消長と地域社会―会津・土津神社を事例として―
　『グローカル時代に見られる地域社会、文化創造の様相』成城大学グローカル研究センター　二〇一六年。
第七章　千葉県下の式年祭―船橋市三山の七年祭を中心に―
　原題「式年祭の予備的考察―千葉県下の事例を中心に―」『民俗学研究所紀要』第二九集　成城大学民俗学研究所　二〇〇五年。

第八章　安房のヤワタンマチ―国府祭《こうのまち》の一例として―
　原題「安房のヤワタンマチ」『千葉県の歴史　別編　民俗Ｉ（総論）』千葉県　一九九九年。
第九章　七夕まつりの地域的展開―初七夕の予備的考察―
　原題「七夕まつりの予備的考察―その歴史と地域的展開―」『民俗学研究所紀要』第三九集　成城大学民俗学研究所　二〇一五年。
第十章　七つの祝いと七五三―常総地方を中心に―　書き下ろし

著者紹介

松崎 憲三（まつざき・けんぞう）

1947年　長野県生まれ
東京教育大学理学部地学科地理学専攻卒業
成城大学文芸学部（大学院文学研究科併任）教授　博士（民俗学）

主要著書
『巡りのフォークロア』名著出版　1985年
『東アジアの死霊結婚』（編）岩田書院　1993年
『同郷者集団の民俗学的研究』（編）岩田書院　2002年
『現代教養論考』慶友社　2004年
『ポックリ信仰』慶友社　2007年
『諏訪系神社の御柱祭』（編）岩田書院　2007年
『小京都と小江戸』（編）岩田書院　2010年
『地蔵と閻魔・奪衣婆』慶友社　2012年
『人神信仰の歴史民俗学的研究』（編）岩田書院　2014年

民俗信仰の位相 —変質と多様性をさぐる—

2016年（平成28年）11月30日　第1刷　300部発行　　**定価［本体6200円＋税］**

著　者　松崎 憲三

発行所　有限会社岩田書院　代表：岩田　博　http://www.iwata-shoin.co.jp
〒157-0062 東京都世田谷区南烏山4-25-6-103　電話03-3326-3757 FAX03-3326-6788

組版・印刷・製本：株式会社 三陽社

ISBN978-4-86602-978-8　C3039　￥6200E

岩田書院 刊行案内（民俗学関係９）

			本体価	刊行月年
742	松井・野林・他	生業と生産の社会的布置＜民博論集１＞	7500	2012.04
743	小長谷・平山	アメリカ民俗学	9500	2012.04
745	後藤麻衣子	カマクラと雪室	7900	2012.04
746	佐異学会編	怪異学入門	1600	2012.04
747	松尾　恒一	琉球弧＜歴博フォーラム＞	3200	2012.04
748	内田　忠賢	都市民俗生活誌文献目録＜都市民俗 別２＞	4800	2012.04
752	岡田　照子	瀬川清子－女性民俗学者の軌跡	8200	2012.05
758	吉川　祐子	西浦田楽の民俗文化論	4800	2012.05
762	首藤　善樹	大峯葛城嶺入峯日記集＜史料叢刊６＞	7900	2012.07
766	石井　正己	柳田国男を語る	2800	2012.08
767	田中　久夫	皇后・女帝と神仏＜田中論集１＞	8900	2012.09
768	大高　康正	参詣曼荼羅の研究	7900	2012.09
769	佐藤　弘夫	ヒトガミ信仰の系譜	2800	2012.09
770	菅原　壽清	木曽御嶽信仰とアジアの憑霊文化	12800	2012.09
772	西海　賢二	山岳信仰と村落社会	6900	2012.10
782	福田アジオ他	「20世紀民俗学」を乗り越える	2000	2012.12
785	田中　久夫	海の豪族と湊と＜田中論集２＞	9500	2012.12
789	内藤理恵子	現代日本の葬送文化	9500	2013.02
790	菅原　寿清	オカルト・ジャパン	8900	2013.02
793	青木　隆浩	地域開発と文化資源＜歴博フォーラム＞	2200	2013.02
795	山田　慎也	近代化のなかの誕生と死＜歴博フォーラム＞	2400	2013.03
797	市川　秀之	「民俗」の創出	2800	2013.04
798	大迫　徳行	相馬・双葉の原風景	6900	2013.04
811	田中　久夫	山の信仰＜田中論集３＞	9500	2013.07
812	松本三喜夫	「語り」をよむ	3800	2013.07
822	宮家　　準	修験道と児島五流	4700	2013.09
823	倉石　忠彦	身体伝承論	6900	2013.09
829	四国遍路研究会	巡礼の歴史と現在	7900	2013.10
839	酒向　伸行	憑霊信仰の歴史と民俗＜御影民俗21＞	9500	2013.12
840	倉石　忠彦	道祖神と性器形態神	7900	2013.12
841	大高　康正	富士山信仰と修験道	9500	2013.12
844	四国地域史	四国遍路と山岳信仰＜ブックレットH16＞	1600	2014.01
850	松崎　憲三	人神信仰の歴史民俗学的研究	6900	2014.03
851	常光　　徹	河童とはなにか＜歴博フォーラム＞	2800	2014.03
855	群馬歴史民俗	歴史・民俗からみた環境と暮らし＜ブックレットH18＞	1600	2014.03
859	松尾　恒一	東アジアの宗教文化	4800	2014.04
864	長谷部・佐藤	般若院英泉の思想と行動	14800	2014.05
868	田村　貞雄	秋葉信仰の新研究	9900	2014.05

岩田書院 刊行案内（民俗学関係10）

			本体価	刊行月年
870	田中　久夫	生死の民俗と怨霊＜田中論集４＞	11800	2014.06
871	高見　寛孝	巫女･シャーマンと神道文化	3000	2014.06
878	宗教史懇話会	日本宗教史研究の軌跡と展望	2400	2014.08
879	首藤　善樹	修験道聖護院史辞典	5900	2014.08
881	由谷・佐藤	サブカルチャー聖地巡礼	2800	2014.09
882	西海　賢二	城下町の民俗的世界	18000	2014.09
883	笹原亮二他	ハレのかたち＜ブックレットH20＞	1500	2014.09
885	田中　久夫	陰陽師と俗信＜田中論集５＞	13800	2014.09
889	福田アジオ	民俗学のこれまでとこれから	1850	2014.10
892	保坂　達雄	神話の生成と折口学の射程	14800	2014.11
898	倉石　忠彦	民俗地図方法論	11800	2015.02
902	田口　祐子	現代の産育儀礼と厄年観	6900	2015.03
904	東北大思想史	カミと人と死者	8400	2015.03
905	菊地　和博	民俗行事と庶民信仰＜山形民俗文化２＞	4900	2015.03
906	小池　淳一	現代社会と民俗文化＜歴博フォーラム＞	2400	2015.03
907	重信・小池	民俗表象の現在＜歴博フォーラム＞	2600	2015.03
908	真野　純子	近江三上の祭祀と社会	9000	2015.04
910	松本三喜夫	歴史と文学から信心をよむ	3600	2015.04
917	矢島　妙子	「よさこい系」祭りの都市民俗学	8400	2015.05
919	西海　賢二	山村の生活史と民具	4000	2015.06
926	有安　美加	アワシマ信仰	3600	2015.08
930	野本　寛一	牛馬民俗誌＜著作集４＞	14800	2015.09
933	山崎　一司	「花祭り」の意味するもの	6800	2015.09
934	長谷川ほか	修験道史入門	2800	2015.09
936	橋本　裕之	儀礼と芸能の民俗誌	8400	2015.10
938	首藤　善樹	修験道聖護院史要覧	11800	2015.10
945	板谷　　徹	近世琉球の王府芸能と唐・大和	9900	2016.01
948	菅原　壽清	シャーマニズムとはなにか	11800	2016.02
951	佐々木美智子	「産む性」と現代社会	9500	2016.02
959	福原･西岡他	一式造り物の民俗行事	6000	2016.04
966	日野西眞定	高野山信仰史の研究＜宗教民俗８＞	9900	2016.06
967	佐藤　久光	四国遍路の社会学	6800	2016.06
968	浜口　　尚	先住民生存捕鯨の文化人類学的研究	3000	2016.07
969	裏　　直記	農山漁村の生業環境と祭祀習俗・他界観	12800	2016.07
971	橋本　　章	戦国武将英雄譚の誕生	2800	2016.07
975	福原・植木	山・鉾・屋台行事	3000	2016.09
976	小田　悦代	呪縛・護法・阿尾奢法＜宗教民俗９＞	6000	2016.10
977	清水　邦彦	中世曹洞宗における地蔵信仰の受容	7400	2016.10

松崎憲三編　既刊書籍

009	松崎　憲三	東アジアの死霊結婚	11800	1993.12
265	松崎　憲三	同郷者集団の民俗学的研究	6900	2002.12
456	松崎　憲三	諏訪系神社の御柱祭	8900	2007.03
598	松崎　憲三	小京都と小江戸	5900	2010.02
850	松崎　憲三	人神信仰の歴史民俗学的研究	6900	2014.03